PRÓS AGUS FILÍOCHT

Leabhar Saothair na hArdteistiméireachta

GNÁTHLEIBHÉAL

TOMÁS Ó MADAGÁIN

g GILL EDUCATION

Gill Education
Ascaill Hume
An Pháirc Thiar
Baile Átha Cliath 12
www.gilleducation.ie

Is inphrionta é Gill Education de chuid M.H. Gill & Co.

ISBN: 978-1-8045-83579

Cló churadóireacht bhunaidh arna déanamh in Éirinn ag Síofra Murphy
Léaráidí: Derry Dillon agus Katie Allen

Agus an leabhar seo á chur i gcló, bhí gach seoladh idirlín beo agus bhí eolas cuí ar fáil ar na suíomhanna a bhain le topaicí an leabhair. Ní ghlacann Gill Education freagracht as ábhar ná tuairimí a léirítear ar na suíomhanna idirlín seo. Is féidir athrú teacht ar ábhar, ar thuairimí agus ar sheoltaí, agus níl smacht ag an bhfoilsitheoir ná ag na húdair air sin. Ba cheart stiúrthóireacht a dhéanamh ar dhaltaí agus iad ag breathnú ar shuíomhanna idirlín.

Gabhann na húdair agus an foilsitheoir buíochas leis na daoine a leanas a thug cead ábhar clóite dá gcuid a úsáid:
'An Bóthar go Santiago' le Mícheál de Barra, foilsithe le cead ó Chló Iar-Chonnacht. *An Féileacán agus an Crann Úll* le Mícheál Mac Cárthaigh, foilsithe le cead ó Chló Iar-Chonnacht. 'An tIriseoir' le Michelle Nic Pháidín, foilsithe le cead ó Chló Iar-Chonnacht. 'Athair' le Micheál Ó Conghaile, foilsithe le cead ó Chló Iar-Chonnacht. 'Clann Lir' le Séamus Ó Searcaigh, foilsithe le cead ó Fhoras na Gaeilge. 'Cuairteoir' le hOrna Ní Choileáin, foilsithe le cead ó Chló Iar-Chonnacht.'Deireadh na Feide' le hAilbhe Ní Ghearbhuigh, foilsithe le caoinchead ón údar agus ó The Gallery Press, Loughcrew, Oldcastle, County Meath, Ireland ó *The Coast Road* (2016). 'Dínit an Bhróin' le Máirtín Ó Direáin, foilsithe le cead ó Chló Iar-Chonnacht. 'Glantóir' le Seán Ó Muireagáin, foilsithe le cead ó Éabhlóid. 'Glaoch Abhaile' le hÁine Ní Ghlinn, foilsithe le cead ó Chló Iar-Chonnacht. 'Iníon' le hÁine Durkin, foilsithe le cead ó Chló Iar-Chonnacht.

Gabhann na húdair agus an foilsitheoir buíochas leis na daoine a leanas as cead a thabhairt grianghraif a fhoilsiú:
© Adobe Stock: viCR, 3, 5, 30, 51, 71TR, 129, 137, 179, 180, 181, 183, 184, 187, 216, 217, 219, 220, 234; © Alamy: 8, 68, 70BR, 71BR, 73BR, 74CL; © Cló Iar-Chonnacht: 44; © Conradh na Gaeilge: 165; © Éabhlóid: 64; © Mícheál de Barra: v, 69, 70C, 71C, 72, 73TR, 83, 87; © Seán Ó Mainnín: 85, 105, 124; © TG4: viTR, 130, 134, 135, 138, 141.

Rinne na húdair agus na foilsitheoirí a ndícheall sealbhóirí cóipchirt a aimsiú. Má fágadh duine ar bith ar lár de thaisme beimid sásta na socruithe cuí a dhéanamh chomh luath is a bhíonn an deis sin ann.

Chomh fada agus is eol dúinn, cloíonn an leabhar seo go hiomlán leis an Rialachán Sábháilteachta Táirgí Ginearálta (GPSR). Le haghaidh tuilleadh eolais agus cabhair le fiosrúcháin sábháilteachta, déan teaghmháil linn ag productsafety@gill.ie.

5 4 3 2 1

CLÁR

RANNÓG 2 Filíocht Comónta Ainmnithe

Réamhrá

Cuireann *Prós agus Filíocht*, cur chuige úr, dalta-dhírithe ar fáil i gcás phrós agus fhilíocht ainmnithe scrúdú Ardteistiméireachta na Gaeilge 2027 agus ina dhiaidh sin.

Tá treoir shoiléir, phraiticiúil agus scrúdaithe-dhírithe sa leabhar saothair gnáthleibhéil seo, a thacaíonn le fíordhul chun cinn sa seomra ranga agus sa bhaile. Is cuma má úsáidtear le croí-théacsleabhar nó mar acmhainn aonair é, tacaíonn sé le gach cur chuige a bhaineann le teagasc na litríochta Gaeilge.

Tuigimid, mar mhúinteoirí, na dúshláin a bhíonn ag daltaí dul i ngleic le téacsanna casta liteartha, i nGaeilge go háirithe. Is mar gheall air sin a sholáthraíonn an leabhar seo cosán inrochtana agus scafláilte leis an litríocht ainmnithe a thuiscint, agus tuilleadh dianmhachnaimh agus anailís neamhspleách a mhealladh. Tá struchtúr ar leith ar gach caibidil a chuireann le muinín na ndaltaí de réir a chéile, chomh maith le tacaíocht spriocdhírithe agus tascanna cleachtaidh a ullmhaíonn iad le rath a bheith orthu sa scrúdú scríofa.

Tá nótaí cuimsitheacha ar an bhfilíocht agus prós ainmnithe chomh maith le meabhairmhapaí, léaráidí grafacha agus freagraí samplacha chun an fhoghlaim a threisiú agus chun athbhreithniú a éascú. Cuirtear téarmaíocht litríochta, ceisteanna samplacha scrúdaithe agus frámaí scríbhneoireachta ar fáil freisin.

Acmhainní Digiteacha

Le breis tacaíochta a thabhairt do dhaltaí agus do mhúinteoirí, cuirfear acmhainní digiteacha ar fáil ag www.gillclassroom.ie, taifead fuaime ar na dánta san áireamh.

Nóta Buíochais

Ní bheadh ann don leabhar seo murach an tacaíocht a fuair mé uathu siúd is gaire dom. Buíochas ó chroí le mo bhean chéile, Nicola, as a cuid foighne agus tuisceana le linn an phróisis seo. Lig do chuid tacaíochta – idir thacaíocht phearsanta agus phraiticiúil – dom an t-am agus an fócas a theastaigh a thabhairt don obair seo.

Buíochas freisin leis an bhfoireann ag Gill Education, ar thug a dtiomantas, aiseolas agus gairmiúlacht beocht don tionscnamh seo. Buíochas ar leith le Margaret Burns as do chuid treorach agus tacaíochta leanúnaí. Ba phléisiúr dom é a bheith ag comhoibriú le daoine a bhfuil an fhís chéanna acu le haghaidh acmhainní tarraingteacha, inrochtana Gaeilge.

Agus ar deireadh, buíochas leis na daltaí agus na múinteoirí trasna na tíre a thugann beocht do na téacsanna seo gach lá; is daoibhse a scríobhadh an leabhar seo. Tá súil agam go gcuidíonn sé le rath a chur ar bhur gcuid oibre, agus sibh ag ullmhú le haghaidh míreanna litríochta chúrsa Gaeilge na hArdteistiméireachta.

RANNÓG 1

An Scrúdú: Páipéar 2

Mairfidh Páipéar 2 dhá uair an chloig agus fiche nóiméad. Beidh tríocha cúig nóiméad agat don phrós agus tríocha cúig nóiméad agat don fhilíocht.

Páipéar 2			
Ceist 1	Léamhthuiscint	100 marc	60 nóiméad
Ceist 2	Prós	30 marc	35 nóiméad
Ceist 3	Filíocht	30 marc	35 nóiméad

Freagair gach ceist (Ceist 1, Ceist 2 agus Ceist 3).

Ceist 1
Freagair Léamhthuiscint A (50 marc) **agus** Léamhthuiscint B (50 marc).
Tá Ceist 1–5 ar aon mharc. Glacfar le freagraí i d'fhocail féin nó i bhfocail an tsleachta, de réir mar a éilíonn an cheist.
Ní mór Ceist 6(b) a fhreagairt i d'fhocail féin, áfach.

Ceist 2
Freagair Ceist 2A (30 marc) nó Ceist 2B (30 marc).
2A Prós Ainmnithe
Freagair ceist **amháin** as do rogha de 2A (a) nó 2A (b).
nó
2B Prós Roghnach
Freagair ceist **amháin** as do rogha de 2B (a) nó 2B (b).

Ceist 3
Freagair Ceist 3A (30 marc) nó Ceist 3B (30 marc).
3A Filíocht Ainmnithe
Freagair ceist **amháin** as do rogha de 3A (a) nó 3A (b).
nó
3B Filíocht Roghnach
Freagair ceist **amháin** as do rogha de 3B (a) nó 3B (b).

Moltaí don scrúdú

- Bí in am don scrúdú.
- Bíodh peann agat.
- Freagair gach ceist! Ní féidir marcanna a fháil mura scríobhann tú aon rud.
- Bíodh codladh sámh agat an oíche roimh an scrúdú.
- Tabhair buille faoi thuairim muna bhfuil freagra ar eolas agat. Is fearr sin ná spás a fhágáil.
- Scríobh do chuid freagraí i nGaeilge amháin.
- Bí gníomhach agus tú ag staidéar. Bí ag scríobh agus tú ag déanamh amach pointí duit féin.
- Téigh siar ar an bpáipéar scrúdaithe agus do chuid freagraí ag an deireadh. Ná fág aon cheist ar lár.

Cuimhnigh!

- Dírigh ar an gceist agus freagair an cheist amháin. Má tá freagra ar eolas de ghlanmheabhair (*off by heart*) agat, athraigh é ionas go bhfreagróidh sé an cheist.
- Bí cruthaitheach, soiléir agus uathúil (*unique*) i do chuid freagraí.
- Déan forbairt ar do chuid smaointe le sliocht ón saothar.
- Bíodh do fhreagra eagraithe (*organised*).
- Bíodh leaganacha cainte, litriú agus poncaíocht i gceart agat agus tú ag scríobh.
- Caithfear léiriú maith (*good insight*) a thaispeáint. Chomh maith leis sin, caithfidh do chuid gramadaí a bheith go maith agus bíodh stór focal (*vocabulary*) maith agat.

Pointí tábhachtacha eile

Freagra maith	Drochfhreagra
✓ Úsáid frásaí maithe sa fhreagra	✗ Gan aon fhócas sa fhreagra
✓ Tuairimí uathúla agus pearsanta nuair is féidir	✗ Gan frásaí maithe
✓ Bíonn forbairt ar na smaointe	✗ Níl aon rud uathúil sa fhreagra
✓ Bíonn struchtúr (*structure*) ar an bhfreagra	✗ Níl an freagra forbartha
✓ Bíonn an litriú agus an ghramadach go maith	✗ Níl struchtúr sa fhreagra
	✗ Níl an litriú go maith
	✗ Drochghramadach sna habairtí

Treoracha Maidir leis an bPrós Roghnach

1(b) Prós: Ábhar Roghnach

Is den riachtanas é go gcloífear leis na treoracha agus na critéir ar leith atá leagtha síos maidir le téacsanna cuí a roghnú. Agus téacsanna oiriúnacha próis á roghnú, ba chóir na critéir seo a leanas a chur san áireamh:

1. Cineálacha

Cúig ghiota próis agus ceann amháin díobh ag freagairt do gach ceann ar leith de na cineálacha (i) go (v) thíos:

- (i) Sliocht béaloidis
- (ii) Giota as saothar dírbheathaisnéise/dialann taistil
- (iii) Gearrscéal (ceann iomlán)
- (iv) Giota as úrscéal
- (v) Dráma [nó giota as] nó Scannán Gaeilge

2. Fad, leibhéal agus caighdeán na teanga san ábhar a roghnaítear

Glactar leis an ábhar próis ainmnithe mar threoir chinnte don ábhar atá le roghnú, maidir le fad [toirt], cineál, leibhéal agus caighdeán na teanga.

3. Téamaí

Tá sé tábhachtach na critéir seo a leanas a chur san áireamh, maidir le téamaí a roghnú sna giotaí:

- an t-ábhar féin a bheith spéisiúil agus baint a bheith aige le raon eispéireas na scoláirí
- baint a bheith ag na téamaí le topaicí agus le feidhmeanna teanga an tsiollabais
- meascán d'ábhar trom agus d'ábhar éadrom a bheith i gceist
- cothromaíocht inscne maidir le roghnú údar

4. Ábhar nach bhfuil inghlactha

- Ní bheidh cead ag iarrthóir ar bith giota ar bith próis atá ainmnithe faoi réir Alt 1(a) 'Prós Comónta Ainmnithe' a úsáid mar ghiota roghnach i bhfreagra ar cheist ar an gcúrsa roghnach.
- Ní bheidh cead ag iarrthóirí úsáid a bhaint as aistriúchá(i)n.
- Caithfidh gach uile théacs a roghnaítear a bheith ina bhuntéacs Gaeilge.
- Caithfidh gach uile théacs a roghnaítear a bheith foilsithe.
- Caithfidh gach téacs roghnaithe a bheith ar fáil go poiblí agus go héasca.
- Ní cheadófar giotaí ar bith as Díolaim Próis na Meánteistiméireachta.
- Ní cheadaítear téacsanna atá ina dtéacsanna dualgais faoi láthair nó a bhí ina dtéacsanna dualgais roimhe seo do Ghaeilge na Sraithe Sóisearaí ná téacsanna Gaeilge ar bith a bhí ina dtéacsanna dualgais / ina dtéacsanna molta do chúrsa staidéir ar bith eile de chuid na hArdteistiméireachta, mar shampla, Léann na Drámaíochta, na Scannánaíochta agus na hAmharclannaíochta.

2(b) Filíocht: Ábhar Roghnach

Nuair a bhíonn ábhar Roghnach agus téacsanna oiriúnacha filíochta á roghnú ba chóir na critéir seo a leanas a chur san áireamh:

1. Cineálacha

Déantar staidéar ar chúig dhán ar fad. Agus na cúig dhán á roghnú ní mór gur sa tréimhse roimh 1850 a cumadh dán amháin díobh sin.

2. Fad, leibhéal agus caighdeán na teanga san ábhar a roghnaítear

Glactar leis an ábhar filíochta ainmnithe mar threoir chinnte don ábhar atá le roghnú, maidir le fad [toirt], cineál, leibhéal agus caighdeán na teanga.

3. Téamaí

Tá sé tábhachtach na critéir seo a leanas a chur san áireamh, maidir le téamaí a roghnú sna dánta:

an t-ábhar féin a bheith spéisiúil agus baint a bheith aige le raon eispéireas na scoláirí, baint a bheith ag na téamaí le topaicí agus le feidhmeanna teanga an tsiollabais, meascán d'ábhar trom agus d'ábhar éadrom a bheith i gceist, cothromaíocht inscne maidir le roghnú filí, ceol agus liriciúlacht a chur san áireamh.

4. Ábhar nach bhfuil inghlactha

- Ní bheidh cead ag iarrthóir ar bith dán ar bith atá ainmnithe faoi réir Alt 2(a) 'Filíocht Chomónta Ainmnithe' a úsáid mar dhán roghnach i bhfreagra ar cheist ar an gcúrsa roghnach.
- Ní bheidh cead ag iarrthóirí úsáid a bhaint as aistriúchá(i)n.
- Caithfidh gach uile théacs a roghnaítear a bheith ina bhuntéacs Gaeilge.
- Caithfidh gach uile théacs a roghnaítear a bheith foilsithe.
- Caithfidh gach uile théacs a roghnaítear a bheith ar fáil go poiblí agus go héasca.
- Ní cheadófar dánta ar bith as Duanaire na Meánteistiméireachta.
- Ní cheadaítear téacsanna atá ina dtéacsanna dualgais faoi láthair nó a bhí ina dtéacsanna dualgais roimhe seo do Ghaeilge na Sraithe Sóisearaí ná téacsanna Gaeilge ar bith a bhí ina dtéacsanna dualgais/ina dtéacsanna molta do chúrsa staidéir ar bith eile de chuid na hArdteistiméireachta, mar shampla, Léann na Drámaíochta, na Scannánaíochta agus na hAmharclannaíochta.

Ag Foghlaim

- Bíodh achoimre ar an bpíosa próis ar eolas agat.
- Bíodh tréithe na bpríomhcharachtar ar eolas go maith agat.
- Bíodh na príomhthéamaí ar eolas go maith agat.
- Cleacht ceisteanna ó na ceisteanna samplacha sa leabhar seo. Mar a deir an seanfhocal, 'Cleachtadh a dhéanann máistreacht'.

nod don scrúdú
Bí cinnte go bhfuil na príomhthéamaí agus na príomhcharachtair ar eolas agat.

Sa Scrúdú

- Léigh an cheist go cúramach agus cabhróidh sé sin leat an méid atá le déanamh agat a thuiscint.
- Bí cinnte go bhfuil tú soiléir maidir le hainm an scríbhneora, ainm an phíosa próis agus cén píosa atá i gceist agat agus tú ag freagairt na ceiste.
- Is féidir an freagra a scríobh san aimsir chaite nó san aimsir láithreach. Roghnaigh aimsir amháin.
- Beidh ort do shamhlaíocht a úsáid sa chuid seo den scrúdú. Tabhair buille faoi thuairim muna bhfuil freagra ar eolas agat. Is fearr sin ná spás a fhágáil.
- Bí cinnte go bhfreagraíonn tú an cheist. Úsáid an cheist sa fhreagra go minic leis seo a chinntiú.
- Coinnigh do fhreagra simplí ach cruinn.

TÉARMAÍ LITRÍOCHTA

Seo iad na téarmaí is tábhachtaí don Phrós ag leibhéal na hArdteiste.

Carachtar: Is duine é carachtar agus tá sé/sí lárnach (*central*) i ngach aon ghearrscéal. Forbraíonn an scríbhneoir an carachtar.

Atmaisféar: Bíonn atmaisféar diúltach nó dearfach (*positive or negative*) sa scéal agus cabhraíonn sé le mothúcháin a chur in iúl sa scéal.

Tuairim: Bíonn tuairimí ag léirmheastóirí (*reviewers*) faoin scéal. Is é seo an méid a cheapann duine den ghearrscéal.

Cúlra (*background*): Tugann gach scríbhneoir cúlra sa chéad chuid den ghearrscéal. Cabhraíonn an cúlra le tuiscint dhomhain a fháil ar na carachtair.

Téama: Seo an príomhábhar atá á phlé ag an scríbhneoir, mar shampla, spórt, an nádúr nó an teaghlach.

Mothúcháin: Léiríonn mothúcháin sna carachtair na rudaí atá tábhachtach dóibh.

TÉARMAÍ LITRÍOCHTA

Suíomh: Seo an áit nó an ceantar ina dtarlaíonn an scéal.

Plota: Baineann an plota leis an scéal féin. Is é seo an bealach ina bhforbraíonn (*develops*) an scríbhneoir an scéal.

Scríbhneoir: Seo an duine a scríobhann an scéal. Tagann an scéal ó shamhlaíocht (*imagination*) an scríbhneora.

Stíl: Bíonn stíl scríbhneoireachta ar leith ag gach scríbhneoir. Seo na focail agus na nathanna éagsúla a mbaineann an scríbhneoir úsáid astu.

CLEACHTAÍ

Meaitseáil na focail leis na habairtí cearta. (Ceangail le líne iad.)

(a) Atmaisféar	**1.** Tugann gach scríbhneoir cúlra sa chéad chuid den ghearrscéal. Cabhraíonn an cúlra le tuiscint dhomhain a fháil ar na carachtair.
(b) Cúlra	**2.** Is duine é carachtar agus tá sé/sí lárnach i ngach aon ghearrscéal. Forbraíonn an scríbhneoir an carachtar.
(c) Carachtar	**3.** Seo an áit nó an ceantar ina dtarlaíonn an scéal.
(d) Plota	**4.** Bíonn tuairimí ag léirmheastóirí faoin ngearrscéal. Is é seo an méid a cheapann duine den ghearrscéal.
(e) Mothúcháin	**5.** Bíonn atmaisféar diúltach nó dearfach sa scéal agus cabhraíonn sé le mothúcháin a chur in iúl sa scéal.
(f) Scríbhneoir	**6.** Baineann an plota leis an scéal féin. Is é seo an bealach ina bhforbraíonn an scríbhneoir an scéal.
(g) Stíl	**7.** Seo an duine a scríobhann an scéal. Tagann an scéal ó shamhlaíocht an scríbhneora.
(h) Suíomh	**8.** Seo an príomhábhar atá á phlé ag an scríbhneoir, mar shampla, spórt, an nádúr nó an teaghlach.
(i) Téama	**9.** Bíonn stíl scríbhneoireachta ar leith ag gach scríbhneoir. Seo na focail agus na nathanna éagsúla a mbaineann an scríbhneoir úsáid astu.
(j) Tuairim	**10.** Léiríonn mothúcháin sna carachtair na rudaí atá tábhachtach dóibh.

Aidiachtaí úsáideacha le cur síos a dhéanamh ar charachtair sa ghearrscéal

áthasach	*joyful*	cabhrach	*helpful*	cainteach	*talkative*
cairdiúil	*friendly*	ceanndána	*headstrong*	ceolmhar	*musical*
cliste	*intelligent*	cróga	*brave*	cúngaigeanta	*narrow-minded*
dána	*bold*	dícheallach	*diligent*	ealaíonta	*artistic*
feargach	*angry*	fial flaithiúil	*generous*	géilliúil	*submissive*
glic	*sly*	goilliúnach	*sensitive*	greannmhar	*funny*
ildánach	*skilled*	láidir	*strong*	macánta	*honest*
mífhoighneach	*impatient*	olc	*bad*	soineanta	*innocent*
spórtúil	*sporty*	stuama	*sensible*	suimiúil	*interesting*
trioblóideach	*troubled*	tuisceanach	*understanding*	uaigneach	*lonely*

CLEACHTAÍ

Líon isteach an ghreille thíos leis na focail cheart.

joyful		helpful		talkative	
friendly		headstrong		musical	
intelligent		brave		narrow-minded	
bold		diligent		artistic	
angry		generous		submissive	
sly		sensitive		funny	
skilled		strong		honest	
impatient		bad		innocent	
sporty		sensible		interesting	
troubled		understanding		lonely	

Abairtí úsáideacha le cur síos a dhéanamh ar an bpíosa próis

nod don scrúdú

Cabhróidh na habairlí seo leat cur síos a dhéanamh ar an scéal. Bain úsáid astu sa scrúdú.

Tuairimí ginearálta maidir leis an bprós	
Chuir an scéal ag smaoineamh mé mar gheall ar...	The story made me think about...
Chuir an scéal áthas/brón orm mar...	The story made me happy/sad because...
Nuair a léigh mé an scéal, thosaigh mé ag smaoineamh ar...	When I read the story, I started to think about...
Is scéal nua-aimseartha é an scéal seo.	This is a modern story.
Is scéal seanaimseartha é an scéal seo	This is an old-fashioned story.
Pléann an scríbhneoir téama an teaghlaigh/ghrá/dóchais/éadóchais/nádúir/na timpeallachta sa ghearrscéal seo.	The writer discusses the theme of family/love/hope/lack of hope/nature/environment in this story.
D'úsáid an scríbhneoir friotal/focail éifeachtacha sa ghearrscéal.	The writer used effective expression/words in the story.

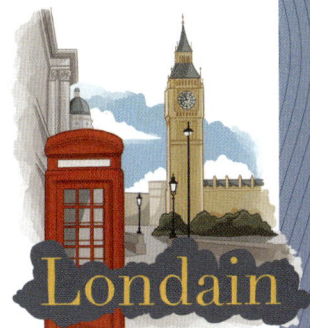

Londain

CLEACHTAÍ

1. Cuir na habairtí seo a leanas san ord ceart.

   (a) ag mar gheall ar smaoineamh Chuir an scéal mé...

   _____

   (b) mé thosaigh mé an Nuair a léigh scéal ag smaoineamh ar...

   _____

   _____

   (c) nua-aimseartha Is scéal é an scéal seo.

   _____

   (d) téama Pléann an scríbhneoir an teaghlaigh sa scéal seo.

   _____

   _____

2. Cuir isteach an focal ceart.

   (a) Chuir an scéal _____ orm mar...

   (b) Is scéal _____ é an scéal seo é.

   (c) D'úsáid an _____ friotal/focail éifeachtacha sa scéal.

3. Aistrigh na habairtí seo a leanas:

   (a) The story made me think about...

   _____

   (b) The story made me happy/sad because...

   _____

   (c) When I read the story I started to think about...

   _____

   (d) This is a modern story.

   _____

   (e) This is an old-fashioned story.

   _____

   (f) The writer discusses the theme of family in this story.

   _____

   _____

   (g) The writer used effective expression/words in the story.

   _____

   _____

Tuairimí maidir le carachtair sa scéal	
Bhí príomhcharactar an scéil an-chliste.	*The main character of the story was very smart.*
Bhí an príomhcharachtar an-chineálta.	*The main character was very kind.*
Is déagóir míshona, goilliúnach í an príomhcharactar.	*The main character is an unhappy and sensitive teenager.*
Cailín óg, cliste agus éirimiúil a bhí inti.	*She was a young, smart and intelligent girl.*
Buachaill óg, sciliúil, cróga é.	*He is a young, skilful, brave boy.*

CLEACHTAÍ

1. Cuir na habairtí seo a leanas san ord ceart.

    (a) príomhcharachtar mar dhuine Bhí an an-chineálta.

    _____

    _____

    (b) óg Buachaill, , cróga é sciliúil.

    _____

2. Cuir isteach an focal ceart.

    (a) Bhí _____ an scéil an-chliste.

    (b) Is déagóir _____, _____ í an príomhcharactar.

    (c) Cailín _____, _____ agus _____ a bhí inti.

3. Aistrigh na habairtí seo a leanas:

    (a) The main character of the story was very smart.

    _____

    (b) The main character was very kind.

    _____

    (c) The main character is an unhappy and sensitive teenager.

    _____

    (d) She was a young, smart and intelligent girl.

    _____

    (e) He is a young, skilful, brave boy.

    _____

Achoimre Shimplí

Bhí ceathrar páistí ag Lear. Chuir a bhean nua, Aoife, mallacht orthu agus rinne sí ealaí díobh. Chaith siad 900 bliain ag snámh. Thug Fionnuala aire dá deartháireacha. Nuair a tháinig an Chríostaíocht, tháinig deireadh leis an mallacht. Fuair siad bás le chéile.

Clann Lir le Séamus Ó Searcaigh

Bhí Tuatha Dé Danann scaipthe ar fud na hÉireann ag fónamh ar Chlanna Míleadh ó **briseadh orthu**[1] i gCath Thailteann. Tháinig siad i gceann a chéile as gach aird dá raibh siad gur shocraigh siad ar rí dá gcuid féin a thoghadh. Badhbh Dearg mac an Daghdha a rogha. Rinne siad **rí**[2] de. Bhí Lear Shí Fionnachaidh ag súil leis an **ríocht**[3]. D'fhág sé an cruinniú agus **fearg an tsaoil**[4] air nuair a chonaic sé an suíomh a bhí ar na gnóthaí. Leanfadh na huaisle é go mbainfeadh siad **sásamh**[5] as, ach **chomhlairligh**[6] Badhbh Dearg dóibh cead a **chinn a ligean leis**[7].

Tamall ina dhiaidh sin fuair bean Lir bás. Nuair a chuala Badhbh Dearg faoi bhás na mná dúirt sé go dtabharfadh sé bean de na trí daltaí a bhí aige, Aoibh, Aoife agus Ailbhe, mar bhean chéile dó, dá mba rogha leis caidreamh agus cairdeas a dhéanamh leis féin.

Is ar Lear a bhí an **lúcháir**[8] caoi a fháil ar dhul i gcaidreamh agus i gcairdeas le Badhbh Dearg. Fuair sé **cuireadh**[9]. Tháinig agus phós Aoibh, an cailín ba shine den triúr.

I gceann tamaill[10] bhí ceathrar clainne acu – triúr mac, mar a bhí Aodh, Conn agus Fiachra, agus iníon amháin, mar a bhí Fionnuala. Fuair an mháthair bás sula raibh **méid iontusan**[11] agus d'fhág sin an t-athair go mór **faoi ghruaim**[12], ach go raibh an chlann aige le cuid den chian a thógáil de.

Ar theacht don scéala faoi bhás na mná go dún Bhaidhbh Dheirg dúirt an rí go dtabharfadh sé deirfiúr, Aoife, ina bean chéile do Lear. Phós Lear Aoife **go gearr ina dhiaidh sin**[13] agus thug chun an bhaile leis í. Bhí gean agus grá ag Aoife ar Chlann Lir ón bhomaite a tháinig sí chun an tí chucu.

Ba mhó ná sin an gean agus an grá a bhí ag an athair orthu. Bhí an oiread sin geana agus grá aigesan orthu go dtáinig **éad**[14] ar Aoife, mar shíl sí nach raibh meas ar bith aige uirthi féin. Tháinig fuath chuici do Chlann Lir. Chuir sé ina ceann a marú.

Chuir sí i gcéill gur mhaith léi cuairt a thabhairt ar dhún Bhaidhbh Dheirg agus na páistí a thabhairt léi ann. Gléasadh an **carbad**[15] agus d'imigh siad, cé go raibh Fionnuala ag diúltú roimh an turas, óir a d'inis a croí di go raibh **feall**[16] á bheartú ag Aoife lena gcur chun báis.

[1]*Defeated*

[2]*King*
[3]*Kingdom*
[4]*Very angry*

[5]*Satisfaction*
[6]*Advised*

[7]*To let them go*

[8]*Joy*
[9]*Invitation*
[10]*After a while*
[11]*Grown*
[12]*Gloomy*

[13]*Soon after that*

[14]*Jealousy*

[15]*Chariot*
[16]*Betrayal*

Ar theacht go **lúb**[17] an bhealaigh mhóir dóibh d'ordaigh Aoife don tiománaí stad, thug i leataobh é agus d'iarr air Clann Lir a mharú. Dhiúltaigh seisean. Rug sí féin ar an **chlaíomh**[18] ansin ach ní ligfeadh a croí di an drochghníomh a dhéanamh.

Ar aghaidh leo arís go dtáinig go trá Loch Dairbhreach. D'iarr Aoife ar Chlann Lir dul a shnámh ar an loch. Chuaigh. Níor luaithe ar an tsnámh iad ná bhuail sí le **slaitín draíochta**[19] iad go ndearna ceithre healaí geala bána díobh.

Ba thrua leat a staid agus iad ag tabhairt **achasáin**[20] d'Aoife cionn is a gcur sa riocht ina raibh siad. D'fhiafraigh Fionnuala di cá fhad a bheadh siad sa riocht sin.

'Trí chéad bliain,' arsa sise, 'a bheas sibh ar Loch Dairbhreach, agus trí chéad bliain ar Shruth na Maoile, agus trí chéad bliain in Iorras Domhnann, agus níl cumhacht ar dhroim an domhain a chuirfeas as an riocht sin sibh go ceann na naoi gcéad bliain sin.'

Tháinig **aithreachas**[21] beag ar Aoife ansin agus d'fhág sí a gcaint dhaonna féin acu agus **ceol sárbhinn**[22] a chuireadh gach duine **dá gcluinfead é**[23] a chodladh.

Chuaigh Aoife go dún Bhaidhbh Dheirg agus bhí iontas ar Bhadhbh Dearg nach raibh na páistí léi. Chuir sí i gcéill dó nach ligfeadh a n-athair chun a dhúin iad. Níor chreid Badhbh Dearg sin agus chuir sé teachtaire faoi choinne na clainne.

Ba ansin a tháinig an t-amhras ar Lear gur imir Aoife feall ar a chlann. Ar aghaidh leis ina charbad agus níor stad go raibh ar bhruach Loch Dairbhreach. Chonaic sé na healaí ag snámh ar an loch agus shonraigh gur **glór**[24] daonna a bhí acu. Nuair a chuir sé ceist cad é ba chiall do ghlór daonna a bheith acu labhair Fionnuala gur inis an scéal go hiomlán dó. D'fhan sé féin agus a mhuintir an oíche sin ag éisteacht lena gcuid ceoil gur thit **toirchim suain**[25] agus codlata orthu.

Bhain Lear dún Bhaidhbh Dheirg amach **lá arna mhárach**[26] gur inis sé don rí mar a rinne Aoife ealaí dá chlann. Tháinig fearg ar Bhadhbh Dearg agus bhuail sé Aoife le slaitín draíochta go ndearna **deamhan aeir**[27] di.

I gceann na dtrí chéad bliain dúirt Fionnuala lena dearbháireacha go raibh a **ré**[28] ar Loch Dairbhreach caite agus go gcaithfeadh siad imeacht go Sruth na Maoile. D'imigh, agus ba orthu a bhí an chumha i ndiaidh Loch Dairbhreach. Ba gharbh **anróiteach**[29] Sruth na Maoile agus **d'fhulaing siad**[30] fuacht agus léan agus leatrom ann nár fhulaing siad ar Loch Dairbhreach.

Tháinig oíche léanmhar agus stoirm uafásach agus iad ar Shruth na Maoile. Mhol Fionnuala dá dearbháireacha socrú ar ionad coinne dá mba i ndán is go **scarfaí ó chéile**[31] iad le linn na doininne. Shocraigh siad ar theacht go Carraig na Rón.

Lean an stoirm **gan maolú**[32] ar feadh i bhfad. Shéid an ghaoth agus d'éirigh na tonna agus bhí na healaí bochta á gcaitheamh anonn is anall ar bharr na farraige i rith na hoíche léanmhaire sin. Ar theacht an chiúnais bhí Fionnuala léi féin ar Shruth na Maoile agus gan aon duine de na dearbháireacha le feiceáil aici thall ná abhus. D'imigh sí á gcuartú ó charraig go carraig agus ó chuan go **cuan**[33].

[17]*Bend (in the road)*
[18]*Sword*
[19]*Magic wand*
[20]*Reproaches*
[21]*Regret*
[22]*Very sweet music*
[23]*If they could hear it*
[24]*Voice*
[25]*Deep rest*
[26]*The next day*
[27]*Air demon*
[28]*Era*
[29]*Annoying*
[30]*They suffered*
[31]*Would be separated*
[32]*Without reduction*
[33]*Harbour*

300 Bliain

Bhain sí Carraig na Rón amach. Ní raibh aon duine acu ann roimpi. Tháinig an oíche agus ní fhaca sí Aodh, Conn, ná Fiachra. B'fhada an oíche í ar an charraig **lom**[34] uaigneach. Tháinig bánú an lae agus ní raibh aon duine le feiceáil thall ná abhus fad a hamhairc uaithi in aird ar bith. Sa deireadh chonaic sí chuici Conn agus é fliuch báite. Is aici a bhí an fháilte roimhe. Ba ghearr ina dhiaidh sin go bhfaca sí Fiachra ag tarraingt uirthi, a cheann ar **crochadh**[35] leis agus deor as gach cleite leis. Is í a bheadh seasta dá mbeadh tásc nó tuairisc ar Aodh. Leis sin chonaic sí Aodh chuici gur bhain **mullach na carraige**[36] amach go cróga.

Dhá chéad bliain a bhí Clann Lir ag fulstin léin agus **anró**[37] ar Shruth na Maoile go dtáinig oíche **léanmhar**[38] eile orthu. Idir shioc agus shneachta níor mhothaigh siad a leithéid riamh. D'éirigh an ghaoth agus thosaigh **an síobadh**[39] go raibh Carraig na Rón ina ráth amháin sneachta. Ní tháinig ach oíche amháin eile ba mheasa ná í, oíche dá raibh siad ar Charraig na Rón tamall ina dhiaidh sin agus Sruth na Maoile ina leac oighir. Ar mhéad is a bhí de shiocán ann **ghreamaigh**[40] a gcosa agus a gcluimhreach den charraig, ar dhóigh nach dtiocfadh leo bogadh as an áit a raibh siad.

D'fhág siad craiceann na gcos agus **cluimhreach a n-uchta**[41] greamaithe de Charraig na Rón sular fhéad siad aghaidh a thabhairt ar an fharraige athuair. Ba iad a d'fhulaing pian agus **piolóid**[42] ag an tsáile ghoirt gur **chneasaigh**[43] na cosa agus gur fhás an cluimhreach arís.

Chuir Clann Lir **a seal**[44] isteach mar sin ar Shruth na Maoile. Fionnuala a d'inis do na deartháireacha go raibh na trí chéad bliain istigh acu agus gur mhithid dóibh a n-aghaidh a thabhairt siar go hIorras Domhnann. Ba orthu a bhí an lúcháir a bheith scartha le Sruth na Maoile agus d'éirigh siad ar **eiteog**[45] agus níor stad go raibh thiar. D'fhulaing siad fuacht agus anró in Iorras Domhnann, ach de réir mar a bhí na blianta á gcaitheamh bhí **a ndóchas**[46] ag méadú, mar bhí a fhios acu go raibh lá a bhfuascailte ag teacht.

Casadh óghfear d'**uaisle**[47] na tíre orthu lá. Aibhric ab ainm dó. Ba mhinic a chonaic sé na healaí ar an chuan agus a chuala sé a gcuid ceoil bhinn. Thug sé **gean**[48] agus taitneamh dóibh. Eisean a chruinnigh agus a d'inis ina dhiaidh sin a scéal truamhéalach.

Faoi dheireadh tháinig an lá deireanach de na **geasa draíochta**[49] a bhí orthu. Nuair a dúirt Fionnuala gur mhithid dhóibh imeacht go Sí Fionnachaidh d'éirigh siad go háthasach agus ghluais go héadrom éasca gur shroich an áit. Faraor géar! Ní raibh dún ná teach ná cónaí ansin rompu. Ní raibh ann ach **maolrátha glasa**[50] agus **neantóga**[51] agus lustan. D'fhan siad go tromchroíoch brónach ina luí ar scáth na neantóg go maidin.

D'éirigh siad ar eiteog ar maidin agus d'imigh go raibh siad in Inis Gluaire. Chruinníodh **éanlaith**[52] na tíre chucu ansin go Loch na hÉanlaithe. Thigeadh siad gach oíche go hInis Gluaire a éisteacht an cheoil bhinn a níodh na healaí.

---

34 *Bare*

35 *Hanging*

36 *Top of the rock*

37 *Grief*
38 *Agonising*

39 *The snow drift*

40 *Secured*

41 *The plumage of their breasts*

42 *Torment*

43 *Healed*

44 *Their turn*

45 *Flap*

46 *Their hope*

47 *Nobles*

48 *Affection*

49 *Magic spells*

50 *Green sedges*
51 *Nettles*

52 *Birds*

Bhí siad mar sin, ag cur isteach a seala ar Inis Gluaire, go dtáinig Pádraig go hÉirinn agus go dtáinig Mochaomhóg go hInis Gluaire. An chéad oíche a tháinig an naomh chun na hinse chuala Clann Lir cling a chloig in am chantain na dtráth. Chuir guth an chloig eagla ar na deartháireacha ach dúirt Fionnuala gurbh é Mochaomhóg a bhí ar a urnaithe a bhí ann agus gurb é a shaorfadh ar phian agus ar phiolóid iad. Mhol sí dóibh éisteacht le clog an chléirigh agus a gcuid ceoil síorbhinn féin a chantain.

Chan agus chuala an **cléireach**[53] iad. Ghuigh sé Dia go dúthrachtach faoina fhoilsiú dó cé a bhí ag cantain an cheoil iontaigh sin. D'fhoilsigh Dia dó gurbh iad Chlann Lir a bhí á dhéanamh.

[53]*Clerk*

Chuaigh Mochaomhóg go bruach an locha ar béal maidine agus d'fhiafraigh de na healaí arbh iad Clann Lir iad. Dúirt siadsan gurbh iad.

'Míle altú do Dhia,' arsa an naomh, 'ar shon an eolais sin. Is é Dia a **threoraigh**[54] chun na háite seo mé thar gach áit eile in Éirinn. Taraigí i dtír agus taobhaigí sibh féin liomsa. Is anseo atá i ndán daoibh dea-oibreacha a dhéanamh agus maithiúnas a fháil in bhur bpeacaí.'

[54]*Guided*

Tháinig siad i dtír agus **ghluais**[55] leo in éineacht leis an naomh. Uaidh sin amach bhíodh siad ag éisteacht Aifrinn, ag guí agus ag urnaí, agus ag déanamh **diagantachta**[56] i mainistir Mhochaomhóg. D'iarr an naomh ar **cheardaí**[57] oilte slabhraí airgid a dhéanamh a chuirfeadh sé idir gach beirt acu. Chuir sé **slabhra**[58] idir Conn agus Fiachra agus an slabhra eile idir Aodh agus Fionnuala.

[55]*Moved*
[56]*Divinity*
[57]*Skilled craftsman*
[58]*Chain*

Lairgneán mac Colmáin ba rí ar Chonnachta san am agus ba í Deoch, iníon rí na Mumhan, ba chéile dó. Níor luaithe a chuala Deoch iomrá ar na healaí ná thug sí gean agus **searc**[59] agus grá dóibh, agus dúirt leis an rí nach mairfeadh sí mí mura bhfaigheadh sí iad. Chuir an rí **teachtaire**[60] ionsar Mhochaomhóg á n-iarraidh. Dhiúltaigh an naomh an teachtaire.

[59]*Love*

[60]*Messenger*

Shíob[61] an rí ar an daoraí agus amach leis agus níor stad go raibh **sa mhainistir**[62], rug greim ar na slabhraí agus streachail leis na healaí ón altóir. Sular shroich sé an doras thit an **cluimhreach**[63] de na héanacha, rinneadh seanfhir chaola sheanga d'Aodh, de Chonn, agus d'Fhiachra, agus seanbhean lom chaite chrom d'Fhionnuala. Bhain sin léim as an rí agus as go brách leis chun an bhaile. Labhair Fionnuala i bhfilíocht leis an naomh ansin agus d'iarr air a mbaisteadh agus a bpeacaí a mhaitheamh dóibh agus a n-uaigh a dhéanamh, nó gur ghairid uathu an bás.

[61]*Went*
[62]*In the abbey*
[63]*Plumage*

Bhaist Mochaomhóg iad agus d'éist a **bhfaoiside**[64]. Ba ghearr ina dhiaidh sin go bhfuair siad bás, agus cuireadh in aon uaigh le chéile iad, mar a d'iarr Fionnuala – Conn agus Fiachra sínte, duine ar gach taobh di, agus Aodh ina hucht. Tógadh leacht os a gcionn agus cuireadh cloch ina seasamh ar an leacht agus scríobhadh a n-ainm in ogham ar an chloch agus chuaigh a n-anam chun na bhflaitheas.

[64]*Confession*

Scríobh achoimre ar an scéal i do chuid focal féin.

1
- **Lear:** Taoiseach cumhachtach
- Bean chéile bás

2
- **Phós** Lear Aoife
- Ceathrar páistí

3
- Éad ar Aoife
- Claíomh

4
- Lear agus Badhbh Dearg
- A chlann
- Brón agus fearg

5
- Saol mar ealaí
- **300 bliain** ar Loch Dairbhreach
- **300 bliain** ar Shruth na Maoile
- **300 bliain** in Iorras Domhnann

6
- Críostaíocht go hÉirinn
- Clog Mhochaomhóg
- Seandaoine

ACHOIMRE

Bhí Lear ina thaoiseach cumhachtach[65] in Éirinn agus bhí ceathrar clainne aige lena bhean chéile, Aoibh. Ba iad Aodh, Fionnuala, Conn agus Fiachra a bpáistí. Fuair Aoibh bás go hóg, agus d'fhág sin brón agus uaigneas ar Lear.

Chun síocháin a choinneáil[66], thug Badhbh Dearg, rí Thuatha Dé Danann, deirfiúr Aoibh, Aoife, mar bhean chéile do Lear. Bhí grá ag Aoife do na páistí ar dtús, ach tháinig éad uirthi mar gheall ar an ngrá mór a bhí ag Lear dóibh. Cheap sí plean gránna le díoltas a bhaint amach.

Lá amháin, thug Aoife Clann Lir léi ar thuras. Nuair a shroich siad Loch Dairbhreach, d'úsáid sí slaitín draíochta[67] chun iad a athrú ina gceithre heala bhána. D'ordaigh sí dóibh fanacht mar sin ar feadh 900 bliain. D'fhág sí a nglór daonna agus a gceol binn acu, ach ní fhéadfadh siad filleadh ar a saol mar pháistí.

Lear agus Badhbh Dearg

Nuair a chuala Lear an scéal, rith sé go dtí Loch Dairbhreach agus glaoigh sé ar a chlann. D'inis Fionnuala an tragóid dó. Bhí brón agus fearg air. Chuaigh sé go Badhbh Dearg agus d'inis sé an scéal dó. Bhí fearg ar an rí, agus mar phionós[68], d'athraigh sé Aoife ina deamhan aeir[69] agus chuir sé an ruaig uirthi.

An Fulaingt agus an Taisteal Fada

Thosaigh Clann Lir ar a shaol mar ealaí agus chaith siad 300 bliain ar Loch Dairbhreach. Bhí an saol réasúnta maith ann, ach bhí brón orthu fós. Ina dhiaidh sin, chuaigh siad go Sruth na Maoile, áit a raibh gaotha móra, stoirmeacha agus fuacht uafásach. Chaith siad 300 bliain eile ag fulaingt ann. Oíche amháin, tháinig stoirm mhillteach[70] agus scaradh Fionnuala óna deartháireacha. Chaith sí an oíche á gcuardach agus fuair sí ar deireadh iad, fliuch, lag agus gar don bhás.

Tar éis 600 bliain, chuaigh siad go hIorras Domhnann, áit a raibh siad fós ina n-ealaí. Bhí an saol crua, ach bhí siad ag fanacht go mbeadh deireadh leis na geasa.

An Chríoch Thragóideach

Nuair a tháinig an Chríostaíocht go hÉirinn, chuala siad clog Mhochaomhóg. Thuig siad go raibh a ngeasa ag teacht chun deiridh. Chuaigh siad go dtí an naomh agus ghlac sé leo go cineálta. Chuir sé slabhraí airgid timpeall orthu mar shiombail dá gcaidreamh le Dia.

Ach bhí rí amháin, Lairgneán, ag iarraidh na healaí a ghoid dá bhean chéile. D'ordaigh sé dá shaighdiúir greim a fháil ar na slabhraí agus iad a thabhairt leis. Ach an nóiméad a bhain sé greim astu, d'athraigh siad ina seandaoine laga. Bhí Fionnuala críonna, Aodh lag, Conn agus Fiachra caite amach. Thuig siad go raibh a saol thart.

D'iarr siad ar Mhochaomhóg iad a bhaisteadh agus a gcur in aon uaigh amháin le chéile. Rinne sé é sin agus chuaigh a n-anamacha chun na bhflaitheas.

Gluais

[65]Powerful leader

[66]To keep the peace

[67]Magic wand

[68]As a penalty
[69]Air demon (spirit of the air)

[70]Destructive storms

Déan cur síos ar na ceithre phictiúr.

1. _____
_____
_____
_____

2. _____
_____
_____
_____

3. _____
_____
_____
_____

4. _____
_____
_____
_____

1. Úsáid na téarmaí seo i do chuid scríbhneoireachta: ceathrar clainne aige, Ba iad a bpáistí

2. Úsáid na téarmaí seo i do chuid scríbhneoireachta: tháinig éad uirthi, slaitín draíochta, ceithre eala

3. Úsáid na téarmaí seo i do chuid scríbhneoireachta: Thosaigh Clann Lir ar a, chuaigh siad go

4. Úsáid na téarmaí seo i do chuid scríbhneoireachta: Ach bhí rí amháin, d'athraigh siad

CLEACHTAÍ

Leigh na habairtí agus líon na bearnaí leis na focail thíos.

1. **Focail le cur isteach:** éad, thrí, mallacht, phós, ríoga

   Ba leanaí _____ iad Clann Lir: Fionnuala, Aodh, Fiachra agus Conn. Tar

   éis bhás a máthar, _____ a n-athair Lear bean nua darb ainm Aoife. Bhí

   _____ ar Aoife leo agus chuir sí mallacht orthu, ag iompú ina n-ealaí iad.

   Chaith siad na céadta bliain ar _____ uiscí éagsúla. Fuair siad fuascailt nuair

   a tháinig deireadh lena _____.

2. Meaitseáil na habairtí Gaeilge agus Béarla.

Abairt Ghaeilge	Abairt Bhéarla
A. Bhí Tuatha Dé Danann scaipthe ar fud na hÉireann.	1. Lear married Aoibh and they had four children.
B. Phós Lear Aoibh agus bhí ceathrar clainne acu.	2. Aoife said they would be swans for 900 years.
C. Tháinig éad ar Aoife mar bhí grá ag Lear dá pháistí.	3. Aoife became jealous because Lear loved his children.
D. Rinne sí ceithre eala díobh le slaitín draíochta.	4. They turned back into old men and an old woman.
E. Dúirt Aoife go mbeidís ina n-ealaí ar feadh 900 bliain.	5. She turned them into four swans with a magic wand.
F. Bhí siad 300 bliain ar Loch Dairbhreach.	6. The waves were high and the wind was cold on Sruth na Maoile.
G. Bhí na tonnta ard agus an ghaoth fuar ar Shruth na Maoile.	7. The Tuatha Dé Danann were scattered across Ireland.
H. Bhain siad Inis Gluaire amach faoi dheireadh.	8. They spent 300 years on Loch Dairbhreach.
I. D'athraigh siad ar ais ina seanfhir agus seanbhean.	9. Naomh Mhochaomhóg baptised them and they died.
J. Bhaist Naomh Mhochaomhóg iad agus fuair siad bás.	10. They finally reached Inis Gluaire.

Freagraí

A	B	C	D	E	F	G	H	I	J
7									

3. Scríobh na huimhreacha 1–6 chun na habairtí a chur in ord mar a tharla sa scéal.

   Baisteadh iad agus fuair siad bás. ☐

   Rinne Aoife ceithre eala de na páistí. ☐

   Chaith siad 300 bliain ar Loch Dairbhreach. ☐

   D'athraigh siad ar ais ina seanfhir agus seanbhean. ☐

   Bhain siad Inis Gluaire amach. ☐

   Phós Lear Aoibh agus rugadh ceathrar clainne dóibh. ☐ 1

Ceisteanna Ilrogha

Cuir tic leis an mbosca ceart.

1. Cérbh í Aoibh?

   (a) Iníon le Lear ☐   **(b)** Bean chéile Lir ☐   **(c)** Banphrionsa na hÉireann ☐

2. Cé mhéad leanbh a bhí ag Lear agus Aoibh?

   (a) Triúr ☐   **(b)** Ceathrar ☐   **(c)** Cúigear ☐

3. Cad a rinne Aoife leis na páistí?

   (a) Thug sí go dún iad ☐   **(b)** Rinne sí ealaí díobh ☐   **(c)** Bhí sí deas leo ☐

4. Cén fáth ar chuir Aoife geasa orthu?

   (a) Bhí sí tinn ☐   **(b)** Bhí sí ag iarraidh cabhrú leo ☐   **(c)** Bhí éad uirthi ☐

5. Cá fhad a chaith siad mar ealaí?

   (a) 300 bliain ☐   **(b)** 900 bliain ☐   **(c)** 1000 bliain ☐

Frásaí Cabhracha

Léigh na frásaí thíos. Bain úsáid astu chun 4–5 abairt shimplí a scríobh faoin scéal.

Ba faoi _____ an scéal.   Chaith na páistí _____.

Bhí Lear _____.   Bhí siad _____.

Bhí grá aige dá _____.   Bhain siad _____.

Bhí Aoife _____.   Ag an deireadh, _____.

Rinne sí _____.   Baisteadh _____.

Spás le haghaidh scríbhneoireachta

_____

_____

_____

_____

_____

_____

_____

_____

_____

_____

_____

NA PRÍOMHCHARACHTAIR

1. **Lear:** Athair Chlann Lir. Bhí sé láidir agus grámhar. Bhí grá mór aige dá pháistí, go háirithe tar éis bhás a mhná, Aoibh. Nuair a cuireadh mallacht orthu, bhí sé an-bhrónach ach d'fhan sé dílis dóibh.

2. **Aoibh:** An chéad bhean chéile a bhí ag Lear agus máthair Chlann Lir. Bean chineálta, ghrámhar a bhí inti, ach fuair sí bás go luath sa scéal. Bhí Lear croíbhriste tar éis a báis.

3. **Aoife:** Deirfiúr le hAoibh agus dara bean chéile Lir. Ar dtús, bhí sí go deas leis na páistí, ach tháinig éad uirthi mar go raibh Lear ag tabhairt níos mó grá dóibhsean ná di-se. Chuir sí mallacht orthu agus d'athraigh sí ina n-ealaí iad. Mar phionós, rinneadh deamhan di.

4. **Fionnuala:** An páiste ba shine i gClann Lir. Bhí sí láidir agus cróga. Thug sí aire dá cuid deartháireacha agus choinnigh sí le chéile le linn a gcruatain iad.

5. **Aodh, Conn agus Fiachra:** Triúr deartháireacha Fhionnuala. Bhí siad dílis dá chéile agus dá ndeirfiúr. Cé go raibh siad brónach, bhí siad láidir agus chan siad ceol álainn.

6. **Badhbh Dearg:** Rí na dTuath Dé Danann agus cara Lir. Thug sé Aoibh mar bhean chéile do Lear. Nuair a fuair sé amach faoina ndearna Aoife, ghearr sé pionós uirthi.

7. **Mochaomhóg:** Naomh Críostaí a chabhraigh le Clann Lir ag deireadh an scéil. Thug sé suaimhneas dóibh agus chuir sé deireadh lena bhfulaingt.

CEISTEANNA BUNÚSACHA

1. Cad é príomhthéama an scéil 'Clann Lir'?

_____

_____

2. Cén sórt duine í Aoife?

_____

_____

3. Cé hí Fionnuala?

_____

_____

4. Cad a dhéanann Badhbh Dearg le hAoife?

_____

_____

5. Cé hé Mochaomhóg?

_____

_____

Scríobh tréithe na gcarachtar sna boscaí.

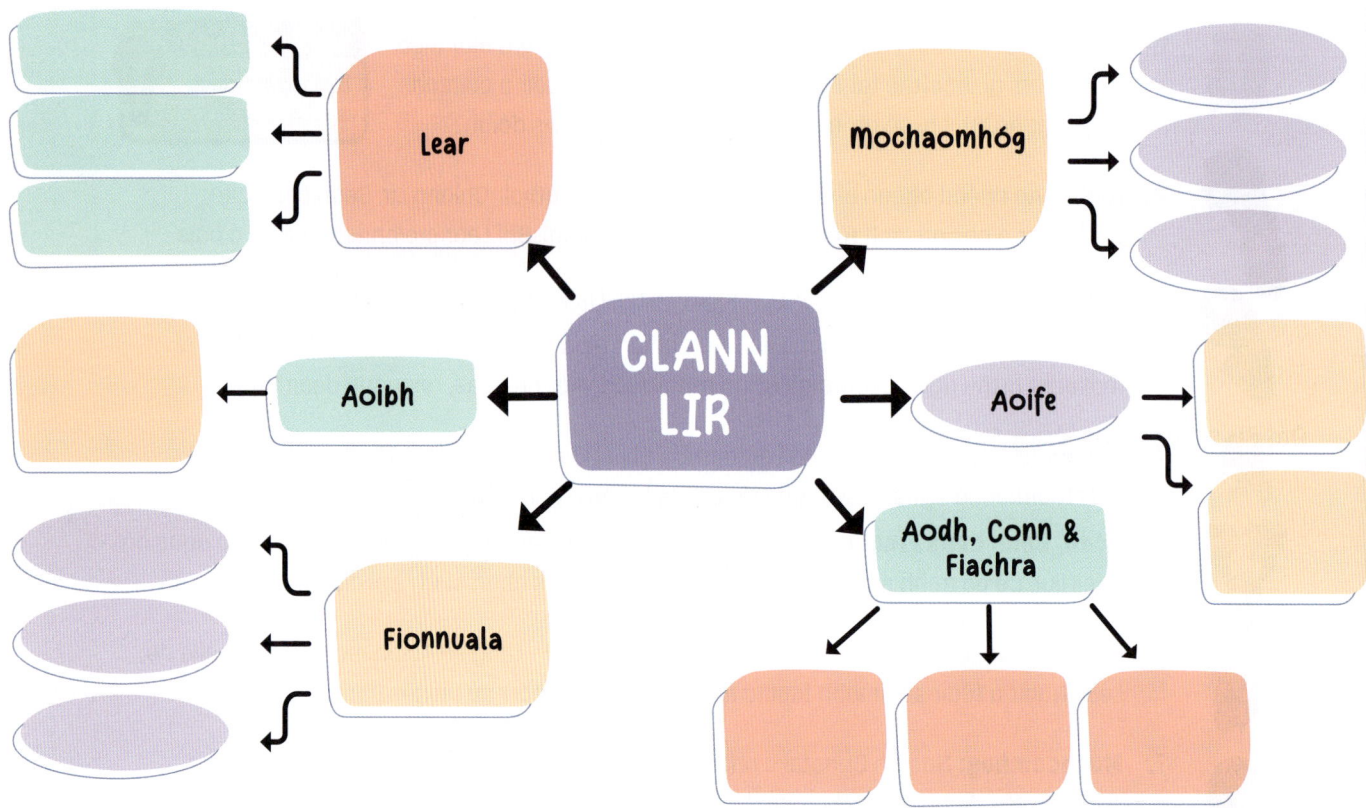

Lear

Mochaomhóg

Aoibh

CLANN LIR

Aoife

Aodh, Conn & Fiachra

Fionnuala

Scríobh dhá líne ar gach carachtar sna boscaí thíos.

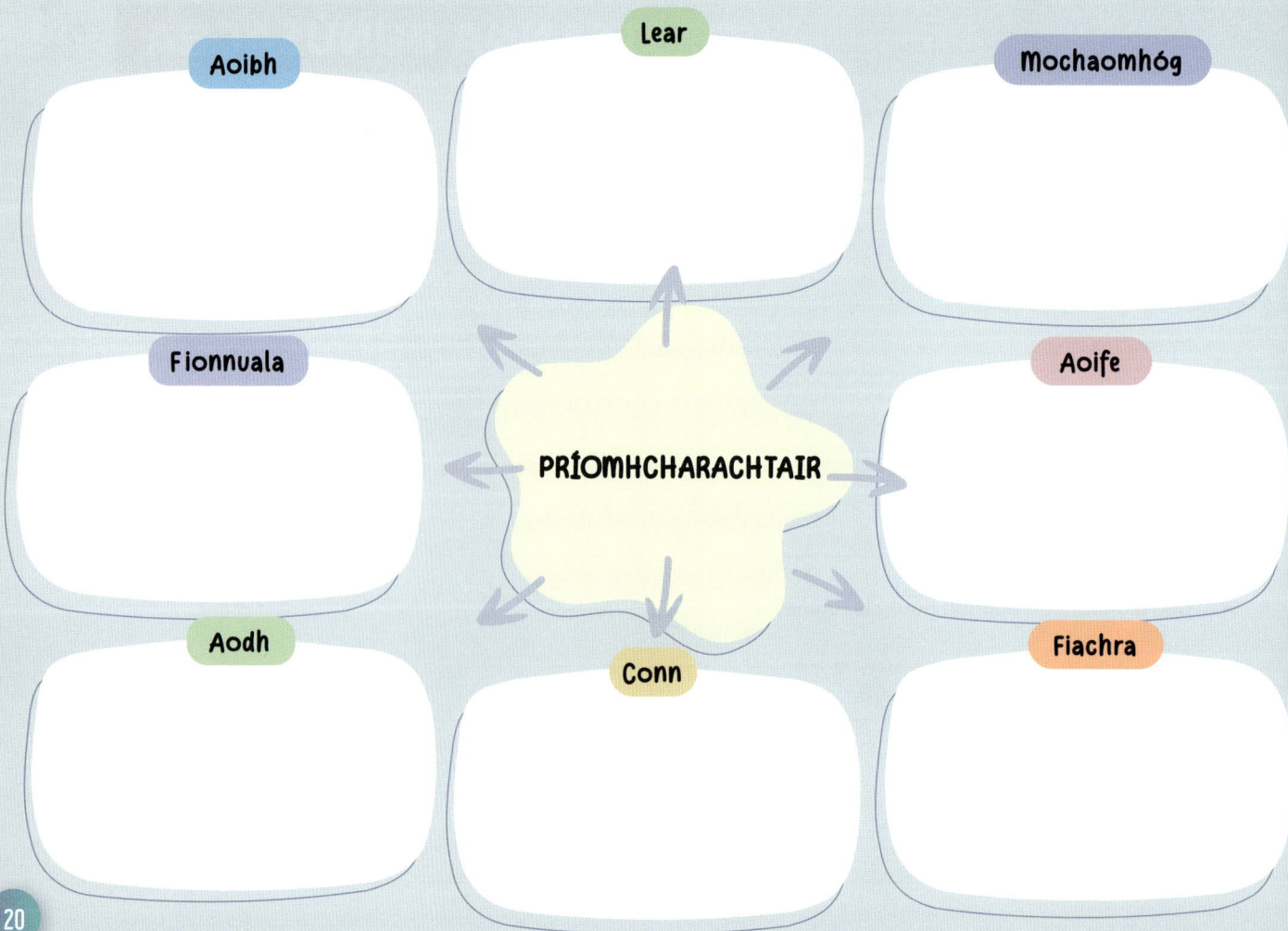

Aoibh

Lear

Mochaomhóg

Fionnuala

PRÍOMHCHARACHTAIR

Aoife

Aodh

Conn

Fiachra

PRÍOMHTHÉAMAÍ AN SCÉIL

Is é an grá teaghlaigh an príomhthéama in 'Clann Lir'. Taispeántar an nasc láidir idir Lear agus a pháistí, agus an cairdeas idir an ceathrar siblíní. Nuair a fuair Aoibh bás, bhí brón ar Lear, ach thug a pháistí sólás dó. Bhí a ghrá dóibh an-láidir agus gan teorainn.

Grá Lir dá Leanaí

Nuair a fuair Aoibh bás, bhí Lear croíbhriste ach thug sé aire dá pháistí agus lean sé orthu ag tacú leo. Fiú nuair a chuir Aoife mallacht orthu, ní raibh sé in ann iad a shábháil ach choinnigh sé a ghrá dóibh beo.

Ról Fhionnuala mar Chosantóir

Ba í Fionnuala an duine ba shine agus ghlac sí ról an chosantóra agus treoraí dá chuid deartháireacha. Fiú nuair a bhí siad ag fulaingt, thug sí dóchas agus misneach dóibh. Nuair a bhí siad i Sruth na Maoile, áit a raibh aimsir gharbh agus fuacht, choinnigh sí le chéile lena cuid cainte agus treorach iad.

Grá idir na Siblíní

Ní ag Lear agus a chuid páistí amháin a bhí grá teaghlaigh le feiceáil. Bhí ceangal láidir idir an ceathrar siblíní. Cé go raibh siad faoi mhallacht mar ealaí agus scartha ó dhaoine eile, d'fhan siad le chéile agus chabhraigh siad lena chéile i gcónaí.

CEISTEANNA BUNÚSACHA

1. Cad é príomhthéama an scéil 'Clann Lir'?

2. Cén fáth a raibh Lear brónach?

3. Cé a thug aire do na páistí?

4. Cad a tharla do na páistí?

5. Cad a rinne na páistí dá chéile i gcónaí?

Scríobh síos trí phríomhphointe a bhaineann le príomhthéamaí an scéil.

PRÍOMHTHÉAMAÍ

1.

2.

3.

TRÉITHE AN BHÉALOIDIS IN 'CLANN LIR'

Tá an scéal 'Clann Lir' lán le tréithe béaloidis a chuir draíocht agus siombalachas leis an scéal. Bhain sé le traidisiúin ársa na hÉireann agus leis an miotaseolaíocht Cheilteach.

Seo na príomhghnéithe:

1. **Draíocht:** Bhí an draíocht lárnach sa scéal. Chuir Aoife mallacht ar na páistí, á n-iompú ina n-ealaí. Léirigh sé seo cumhachtaí osnádúrtha agus an tionchar a bhí acu ar dhaoine.

2. **Mallacht agus Am Fada:** Chaith na páistí **900 bliain** mar ealaí. Bhí an t-am roinnte i dtrí thréimhse **300 bliain** ar thrí shuíomh éagsúla: Loch Dairbhreach, Sruth na Maoile agus Iorras Domhnann. Léirigh sé seo fulaingt fhada agus foighne.

3. **Nasc le Miotaseolaíocht na hÉireann:** Tháinig carachtair ar nós na Tuatha Dé Danann agus cumhachtaí draíochta chun cinn sa scéal, rud a chuir le gné fantaisíochta agus mhiotasúil na n-imeachtaí. Cheangail sé seantraidisiúin leis an gCríostaíocht, mar a chonaic muid sa deireadh nuair a fuasclaíodh na páistí.

4. **Tábhacht na nUimhreacha:** Bhí uimhreacha siombalacha tábhachtacha sa scéal:

   - **Ceathrar páistí:** Léirigh sé láidreacht agus nasc an teaghlaigh.
   - **Tréimhsí 300 Bliain:** Chaith na páistí gach tréimhse in áit nua, rud a léirigh foighne agus seasmhacht.
   - **Na Trí Shuíomh:** Bhí uimhir a trí le fáil go minic i scéalta béaloidis.
   - **900 bliain:** Léirigh sé fulaingt fhada agus mallacht shíoraí.

Léirigh 'Clann Lir' tréithe clasaiceacha an bhéaloidis, le draíocht, mallachtaí agus uimhreacha siombalacha a thug struchtúr agus brí don scéal.

Scríobh trí líne ar thrí cinn de thréithe an bhéaloidis.

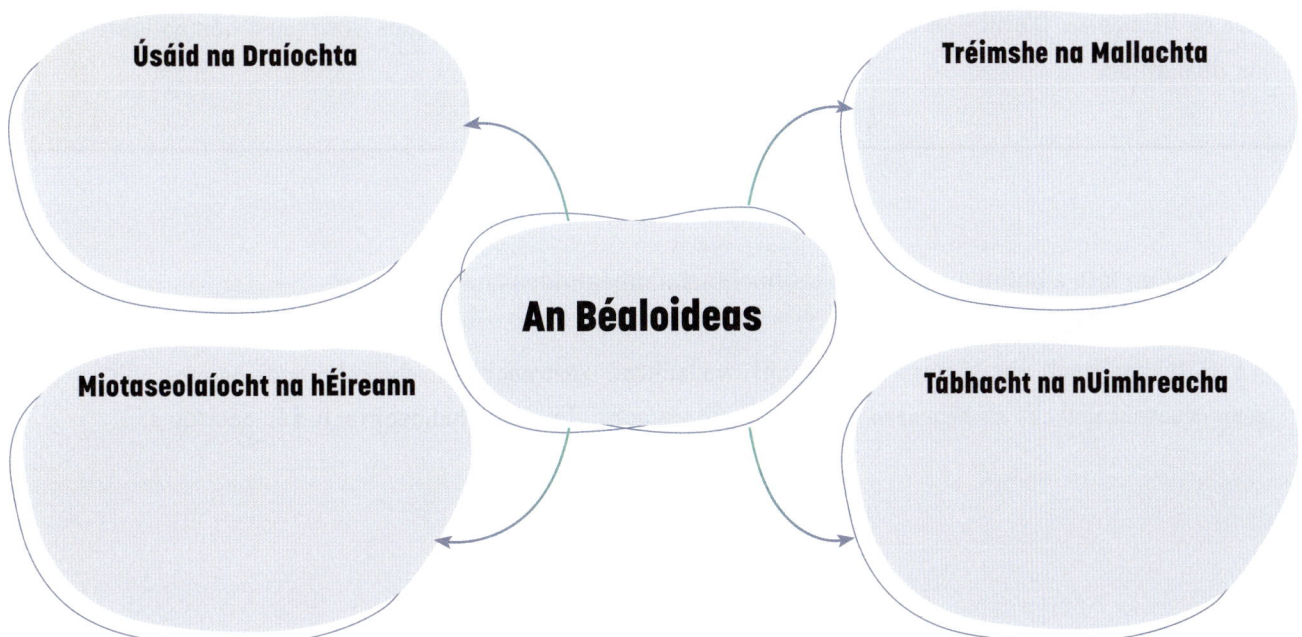

Úsáid na Draíochta

Tréimhse na Mallachta

An Béaloideas

Miotaseolaíocht na hÉireann

Tábhacht na nUimhreacha

FREAGRAÍ SAMPLACHA ARDTEISTIMÉIREACHTA

Ceist: Cé hiad príomhcharachtair an scéil?

Is iad Lear, a pháistí (Fionnuala, Aodh, Conn agus Fiachra) agus Aoife na príomhcharachtair.

Ceist: Cén fáth ar chuir Aoife mallacht ar na leanaí?

Bhí éad ar Aoife mar go raibh Lear an-ghrámhar dá pháistí, agus theastaigh uaithi fáil réidh leo.

Ceist: Cá fhad a chaith Clann Lir mar ealaí, agus cá raibh siad?

Chaith siad 900 bliain mar ealaí. Bhí siad 300 bliain i Loch Dairbhreach, 300 bliain i Sruth na Maoile agus 300 bliain in Iorras Domhnann.

Ceist: Conas a tháinig deireadh leis an mallacht?

Tháinig deireadh leis an mallacht nuair a tháinig Naomh Mochaomhóg, agus nuair a chuala na páistí clog na hEaglaise. D'athraigh siad ar ais ina ndaoine ach bhí siad sean agus fuair siad bás go luath ina dhiaidh sin.

Ceist: Cén fáth a bhfuil an scéal seo tábhachtach i mbéaloideas na hÉireann?

Tá sé tábhachtach mar léiríonn sé draíocht, mallachtaí, uimhreacha siombalacha agus an nasc idir sean mhiotaseolaíocht na hÉireann agus an Chríostaíocht. Is cuid thábhachtach dár gcultúr é.

Ceist: Pléigh téama an ghrá teaghlaigh sa scéal 'Clann Lir'.

FREAGRA

Bhí grá teaghlaigh ar cheann de na príomhthéamaí sa scéal 'Clann Lir'. Léiríodh an nasc láidir idir Lear agus a pháistí, chomh maith leis an gcairdeas agus an dílseacht idir an ceathrar siblíní. Cé gur chuir Aoife mallacht orthu agus gur chaith siad 900 bliain mar ealaí, choinnigh an grá seo láidir tríd an bhfulaingt iad.

Nuair a fuair Aoibh bás, bhí Lear croíbhriste. Ba iad a pháistí an t-aon sólás a bhí aige. Thug sé aire agus grá mór dóibh. Fiú nuair a chuir Aoife mallacht orthu, ní raibh sé in ann iad a shábháil, ach lean sé air ag caoineadh a gcaillteanais.

Bhí caidreamh láidir idir Fionnuala, Aodh, Conn agus Fiachra. Mar an duine ba shine, ghlac Fionnuala ról cosantóra agus treoraí dá deartháireacha. Cé go raibh siad mallaithe mar ealaí, d'fhan siad le chéile agus thug siad tacaíocht agus misneach dá chéile.

Nuair a bhí siad i Sruth na Maoile, áit a raibh aimsir gharbh agus fuacht, thug grá agus cairdeas dóchas dóibh. Bhí siad i gcónaí ag súil le deireadh na mallachta agus leis an bhfuascailt.

Sa deireadh, nuair a tháinig deireadh leis an mallacht, d'athraigh siad ar ais ina ndaoine, ach bhí siad an-sean agus lag. Fuair siad bás go luath ina dhiaidh sin. Tugadh adhlacadh Críostaí dóibh, rud a léirigh grá agus fuascailt spioradálta.

Léirigh an scéal 'Clann Lir' go raibh grá teaghlaigh níos láidre ná aon mhallacht nó fulaingt. D'fhan Lear dílis dá pháistí, agus mhair a ngaol eatarthu fiú nuair a bhí siad i gcruachás. Is téama láidir agus mothúchánach é a chuireann le háilleacht an scéil.

SCILEANNA SCRÍBHNEOIREACHTA

1. Céard é an téama is tábhachtaí sa scéal?

2. Scríobh faoin eachtra is mó a chuaigh i gcion ort féin.

3. Cad a tharla do na páistí nuair a fuair Aoibh bás?

4. Cén ról atá ag Fionnuala sa scéal?

5. Cén bhaint atá ag an gCríostaíocht le deireadh an scéil?

6. Ainmnigh dhá thréith bhéaloidis agus déan cur síos ar cheann amháin acu atá sa scéal.

7. Luaigh dhá mhothúchán a mhothaigh Lear nuair a chonaic sé a pháistí mar ealaí.

8. Luaigh áit amháin ar chaith na páistí tréimhse inti mar ealaí.

9. Luaigh dhá chúis a raibh Aoife míshásta le Clann Lir.

_____

_____

_____

10. Cad a tharla do na páistí ag deireadh an scéil?

_____

_____

_____

11. Pléigh téama an ghrá teaghlaigh sa scéal 'Clann Lir'.

_____

_____

_____

_____

_____

_____

_____

_____

_____

_____

_____

_____

_____

_____

_____

_____

_____

_____

_____

12. Déan cur síos ar an ngaol idir Lear agus a pháistí.

_____

_____

_____

_____

_____

_____

_____

_____

_____

_____

_____

_____

_____

_____

_____

_____

_____

_____

_____

Spás le haghaidh nótaí breise

_____

_____

_____

_____

_____

_____

Téacs 2

Caithfidh daltaí rogha **amháin** as trí cinn a dhéanamh i dTéacs Próis 2:

'Athair' le Micheál Ó Conghaile

NÓ

'Glantóir' le Seán Ó Muireagáin

NÓ

'An Bóthar go Santiago' le Mícheál de Barra

Achoimre Shimplí

D'inis mac dá athair go raibh sé aerach. Chónaigh siad ar fheirm bheag. Níor thuig an t-athair é ar dtús agus d'éirigh sé ciúin. Ach bhí grá aige dá mhac agus rinne sé iarracht é a thuiscint.

Athair le Micheál Ó Conghaile

ROGHA 1

Cén chaoi a mbeadh a fhios agamsa céard a dhéanfainn – **th'éis**[1] dom é a **inseacht dó**[2] – mar nach bhfaca mé m'athair ag caoineadh cheana ariamh. Ariamh! Fiú nuair a **maraíodh**[3] mo mháthair sa timpiste naoi mí roimhe sin, deoir níor chaoin sé, go bhfios domsa. Táim cinnte nár chaoin mar ba mise a tharraing an drochscéal chuige. Is ba mé freisin a bhí ina fhochair i rith an ama ar fad: **laethanta bacacha**[4] úd na **sochraide**[5]. Níor leagadh aon chúram eile ormsa ach amháin fanacht leis. Ba iad a chuid deartháireacha agus deartháireacha mo mháthar – mo chuid uncaileachaí – a **d'iompair an chónra**[6] agus a rinne na socruithe sochraide. Ba iad comharsana an bhaile, le treoir ó mo chuid deirfiúracha, a **choinnigh**[7] stiúir eicínt ar chúrsaí timpeall an tí. Sórt tuiscint a bhí ann – **cé nár dúradh amach díreach é**[8], gur mise ab fhearr fanacht taobh le m'athair, **óir ba mé**[9] ab óige: an t-aon duine a bhíodh sa mbaile ó cheann ceann na bliana.

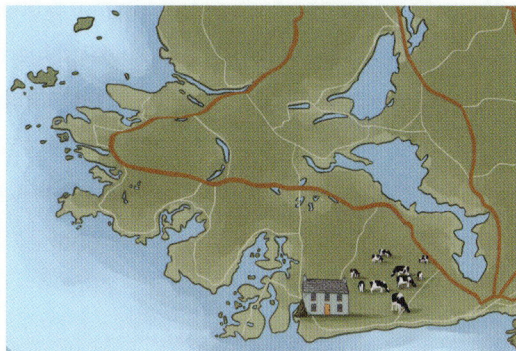

Sin é an fáth a bhfuil mé beagnach cinnte **nár shnigh oiread is deoir amháin**[10] cosán cam anuas ar a **ghrua**[11]. Níor shnigh le linn **solas feiceálach**[12] an lae cibé é. Níor úsáid sé a naipcín póca fiú murar shéid a shrón leis. Ó, bhí sé an-tríná chéile siúráilte, é **dodhéanta**[13] beagnach aon fhocal a bhaint as. D'imíodh **tréimhsí fada tostacha**[14] thart gan tada á rá aige ach é ag breathnú uaidh – **ag stánadh**[15] isteach díreach sa tine nó amach uaidh sa spás trí fhuinneog na cistine…. Ach deoir ghoirt amháin níor tháinig lena ghrua. **An seac**[16] ba chúis leis, b'fhéidir. **An gheit dhamanta**[17] a bhain an seac as. Ansin arís níorbh é m'athair an cineál duine a shamhlófá deora leis, ní áirím caoineadh…

[1] After (tar éis)
[2] Told him
[3] Was killed

[4] Lame days
[5] Funeral
[6] Carried the coffin
[7] Kept
[8] Even though it wasn't discussed
[9] Because I was
[10] Not a single tear was made
[11] Cheek
[12] Visible light
[13] Impossible
[14] Long periods of silence
[15] Staring
[16] The shock
[17] The awful fright

Sin é an fáth ar baineadh geit chomh mór anois asam. Ní geit ach **stangadh**[18]. Níorbh é an caoineadh féin ba mheasa ar chor ar bith ach an sórt caointe a rinne sé. **Ní glanchaoineadh iomlán fírinneach**[19] – a bhféadfá a rá gan amhras go mba chaoineadh é – ach cineál **pusaíle**[20], **sniogaíl**[21] nó **seitreach**[22] bhacach… sea, seitreach phianmhar dhrogallach sheachantach a bhí ar leathchois. Níor mhair ach dhá mheandar nó trí. Cheapfá, nuair a stop sé go tobann gurb amhlaidh a shloig sé í – an tseitreach – le deacracht, ar nós táibléad mór a mbeadh blas gránna air a chaithfí a thógáil ar ordú dochtúra. Ní hé amháin nár bhreathnaigh sé orm – seachas **leathamharc**[23] strae, a sciorr díom mar uisce tobair nuair a bhí mé á rá leis ach cheapfá gur ag iarraidh a éadan a choinneáil i bhfolach orm, nó ar a laghad leataobhach uaim, a bhí sé ina dhiaidh sin. B'fhurasta dó ar bhealach, is gan é ar mo chumas-sa breathnú díreach air, **ainneoin m'fhiosrachta**[24]. É ag **braiteoireacht**[25] thart. Shuigh mise ansin i mo dhealbh – gan fanta ionam ach teas mo choirp. Níor fhan smid aige: ag ceachtar againn. Is ansin a thuig mé gurbh fhearr an tseitreach de chaoineadh féin ach breith i gceart air, ná an tost. Seans go bhféadfaí iarracht rud eicínt a dhéanamh faoin gcaoineadh dá mairfeadh. Ach bhí an **tost marfach**[26] éiginnte, dúshlánach: chomh mall fadálach pianmhar le breith. Bhraith mé i gcaitheamh an ama nach raibh sé ag breathnú i leith orm, fiú nuair a bhí uain aige ar anáil dhomhain nó dhó a shíneadh taobh le taobh agus cúpla focal **a dhingeadh**[27] i dtoll a chéile…

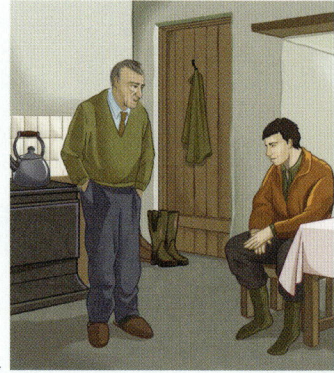

'Agus tá tú…' a deir sé, ag stopadh mar a dhéanfadh an **focal staic stobarnáilte ina scornach**[28], at nó stad mar a bheadh an focal ag breathnú roimhe, féachaint an mbeadh sábháilte teacht amach – nó agus súil b'fhéidir go ndéarfainnse aríst é – an focal nach móide a múnlaíodh as a scornach tuaithe féin ariamh. Focal strainséartha… focal nach raibh fiú nath **measúil**[29] Gaeilge ann dó nó má bhí, ní in aice láimhe…

Níor rith sé liom nár fhreagair mé ar chor ar bith é, mise imithe **amú thar teorainn**[30], **ag póirseáil**[31] istigh ina intinn, nó gur phreab a athrá mé. 'Agus deir tú liom go bhfuil tú…'

'Tá,' a deirimse, ag teacht roimhe leath i ngan fhios dom féin chomh **focalsparálach**[32] céanna, gan tuairim agam an raibh seisean ag dul ag críochnú na habairte, ar an dara timpeall nó nach raibh. 'Táim,' a deirim aríst **de sciotán**[33], mar a rithfeadh an focal i bhfolach orm, ar feadh soicind, mé ag iarraidh aisíoc eicínt a **íobairt as**[34] **folúntas mo thosta**[35].

'Go sábhála Dia sinn,' a deir sé. 'Go sábhála… mac dílis Dé… sinn,' a deir sé aríst agus é mar a bheadh ag tarraingt na bhfocal, ceann ar cheann, aniar as Meicsiceo. Bhraith mé gur mhaith leis da bhféadfadh sé cur leo, dá mbeadh freagra nó – rud eicínt eile a rá – nó dá mbeadh caint shimplí **réamhullmhaithe**[36] ann a d'fhéadfadh sé a tharraingt chuige. Rud ar bith a bhainfeadh **slabhra focal**[37] as an gciúnas.

'An bhfeiceann tú sin anois,' a d'éagaoin sé agus é ag tarraingt anáil fhada d'aer na cistine isteach trína pholláirí agus á raideadh amach aríst le teannadh. 'An bhfeiceann tú sin anois?'

Rug sé ar an mbuicéad **guail**[38] agus bhain an clár de dhroim an *range*, gur dhoirt carnáinín guail síos i mullach na tine. Thóg cúpla **fód móna**[39] as an mála plaisteach 10-10-20 a bhí

in aice an *range* gur shac síos i mbarr aríst iad – ag déanamh caoráin bhriste den phéire deireanach acu faoin ghlúin, lena gcúinne **a shaothrú**[40] i gcúngacht phacáilte an *range* béal lán. Seo nós a chleacht sé i gcónaí, an gual agus an mhóin a mheascadh. Bheadh an gual róthe – agus ródhaor ar aon nós, a deireadh sé – agus ba dheacair **an mhóin a dheargadh scaití**[41], ná mórán teasa **a fháscadh**[42] aisti, go háirithe as an gcuid de a bhí fós ina leathspairteach th'éis an drochshamhraidh... D'ardaigh sé an scuaibín láimhe den phionna gur scuab síos sa tine an smúdar seachránach móna a bhí tite ar bharr an *range*. Lig don chlár ciorclach iarainn sciorradh ar ais **ina ghrua**[43] go torannach. Tharraing sé anáil dhomhain ard eile, é fós dírithe isteach ar an *range*.

'Agus ar inis tú do do chuid deirfiúracha faoi seo...'

'D'inis... nuair a bhí siad sa mbaile sa samhradh, an oíche sul má d'fhill siad ar Shasana.'

Stop sé soicind, agus é fós **leathchromtha**[44] isteach os cionn an *range*. D'oscail sé a bhéal. Dhún aríst é gan tada a rá mar a dhéanfadh iasc órga a bheadh timpeallaithe ag uisce i mbabhla gloine. Ba ar an dara hoscailt dá bhéal a léim an abairt chainte amach ina **dhá stráca**[45] thar an tocht plúchtach.

'Agus do mháthair... an raibh a fhios aicise?'

'Níl a fhios agam.' Agus dúirt mé ansin. 'Bíonn a fhios ag máithreacha i bhfad níos mó ná mar a insítear dóibh.'

'Ó bíonn a fhios, bíonn a fhios... Beannacht Dé le hanamacha na marbh.' Rinne sé **leathchomhartha místuama**[46] na croise air féin. 'Ach ní bhíonn a fhios ag aithreacha tada – ní bhíonn a fhios ag aithreacha tada nó go mbíonn chuile fhocal *spell*áilte amach dóibh.'

Bhí sé thuas ag an mbord faoi seo agus é th'éis braon beag d'uisce **an tobair**[47] a bhí sa mbuicéad a chur sa gciteal, citeal a bhí sách lán cheana féin. Leag ar ais ar bharr an *range* é mar a mbeadh ag fiuchadh leis le haghaidh an tae, nuair a d'fhillfeadh ó bhleán. B'fhearr leis i gcónaí an tae a dhéanamh le huisce an tobair, **fiuchta**[48] sa seanchiteal, ná a bheith **i dtuilleamaí**[49] uisce an *tap* agus an chitil leictrigh, seachas moch ar maidin nó nuair nach mbíodh **uain fanacht**[50]. Shábhálfadh *electric* freisin a deireadh sé. Níor bhain mo mháthair fiú as an gcleachtadh sin é. B'fhearr léise dá gcaithfí amach an *range* ar fad, arae bhí an sorn leictreach in ann chuile ní a dhéanamh, i bhfad níos rialta is níos staidéaraí a deireadh sí – dinnéar, cócaireacht, bruith, bácáil, **bainne na laonta a théamh**[51].... Bheadh nó go mbeadh gearradh tobann cumhachta ann, a deireadh sé, le linn stoirme nó **tintrí**[52]. Nuair ba ghéire a theastódh *electric*, b'fhéidir go mbeifeá dá uireasa. Chasfadh sé linne aríst é ar bhealach **ceanúil**[53] aon uair a bhíodh.... 'Anois nach maith daoibh agaibh an sean*range*.'

Tharraing sé chuige an pócar. D'oscail **comhla uachtarach**[54] an *range*. Shac isteach ann é go sáiteach ag iarraidh an tine **a ghríosú**[55] le lasrachaí a tharraingt aníos óna broinn dá mb'fhéidir. Nuair nach raibh an ghríosach ag tabhairt mórán d'aisfhreagra air, chas go

[40]*To push into*

[41]*To redden the turf now and then*
[42]*To squeeze*

[43]*In its place*

[44]*Half bent*

[45]*Two stretches*

[46]*Clumsy half-gesture*

[47]*The well*

[48]*Boiled*
[49]*Dependent on*
[50]*Time to wait*

[51]*Heating the calves' milk*

[52]*Lightning*

[53]*Affectionate*

[54]*Upper valve*
[55]*To stir*

místuama an murlán ar uachtar an *range*, a spreag sórt tarraingt ón **simléar**[56]. Shac an tine aríst cúpla babhta – beagán níos doimhne an **geábh**[57] seo, ag iarraidh pasáiste a dhéanamh isteach don aer. Ba ghearr an geábh seo, ag iarraidh damhsacha gormdhearga ag tabhairt líochán fada do na fóid dhubha agus ag sioscadh **go léimneach**[58] ar dhromanna na gcloch crua guail – go cúthaileach ar dtús, ach **ag bailiú misnigh**[59] is nirt. Dhún sé an chomhla **de phlop**[60] buacach, ag casadh an mhurláin go daingean lena chiotóg. Chuir sé an pócar ar ais ina áit féin sa gcúinne.

'Agus céard faoi Shíle Mhicí Beag,' ar sé go tobann, mar a bheadh iontas air nár chuimnigh sé fiafrú fúithi roimhe sin. 'Nach raibh tú ag dul amach le Síle cúpla bliain ó shin,' a raid sé, **dóchas faiteach**[61] éiginnte ina ghlór.

'Bhí…. sórt,' a d'fhreagair mé go stadach. Thuig me nárbh aon fhreagra é sin, ach bhí sé ag cinnt orm tacú leis ag an nóiméad sin.

'Cén sórt, bhí sórt,' a dúirt sé aríst. 'Bhí nó ní raibh. Nár chaith sí bliain ag tarraingt anseo, agus cibé cén fhad roimhe sin… Cén chúis gur fhág sí Tomáisín Tom Mhary, mura le dhul amach leatsa é?' Bhí sé ag stánadh ar an raca a bhí os cionn an *range*.

'Ach ní raibh mé ach… ní raibh mé ach ocht mbliana déag d'aois an t-am sin,' a dúirt mé, ag athrú m'intinne. 'Ní bhíonn a fhios ag duine ag an aois sin céard a bhíonn uaidh, ná **cá mbíonn a thriall**[62],' a chuir mé leis.

'Ach bíonn a fhios ag duine atá dhá bhliain is fiche, is dóigh! Bíonn a fhios ag duine chuile shórt faoin saol nuair a bhíonn sé dhá bhliain is fiche.'

'Níl sé baileach chomh simplí sin,' a dúirt mé, iontas orm liom féin gur tháing mé leath roimhe.

'Ó cinnte níl sé simplí. Níl ná simplí!'

Bhrúigh sé an citeal go leataobh, agus chroch an clár de bharr an *range* aríst, mar chineál leithscéal go bhfeicfeadh sé an raibh an tine ag lasadh i gcónaí. Bhí.

'Bhí mé ag dul amach léi, mar nach raibh a fhios agam… mar nach raibh a fhios agam céard ba cheart dom a dhéanamh, mar go raibh chuile dhuine eile de na leaids ag dul amach le cailín eicínt…'

'Ó bhí…'

'D'iarr mé i dtosach í mar go raibh duine eicínt uaim le tabhairt chuig *social* na scoile. **Ní fhéadfainn**[63] dul ann asam féin. Bheadh sé aisteach dá dtabharfainn Máirín nó Eilín liom. Ní thiocfaidís liom ar aon nós. Ní fhéadfainn fanacht sa mbaile, nó is mé an t-aon duine den rang a bheadh ar iarraidh…. Céard eile a d'fhéadfainn a dhéanamh?' a deirim, iontas orm go raibh mé th'éis an méid sin cainte a chur díom.

'Cá bhfios domsa céard a dh'fhéadfá a dhéanamh. Nach bhféadfá bheith ar nós chuile dhuine eile… sin, sin, nó fanacht sa mbaile.' Bhí **cling**[64] ina ghuth nuair a dúirt sé an focal *baile*.

'Ní fhéadfainn,' a deir mé, 'ní fhéadfainn go deo… Ní hé nár thriail mé…' Cheap mé go mb'fhearr dom gan dul isteach sa scéal níos faide ná níos mó a rá. **Faitíos**[65] nach dtuigfeadh sé.

'Agus sin é anois a thugann suas go Bleá Cliath thú, chomh minic sin,' **sástacht shiúráilte**[66] ina ghlór go raibh an méid sin oibrithe amach aige dó féin.

'Sé… 'sé, is dóigh.' Céard eile a d'fhéadfainn a rá, a smaoinigh mé.

'Agus muide ar fad cinnte gur bean a bhí thuas agat ann. Daoine **ag fiafrú**[67] díomsa ar **cuireadh in aithne**[68] dhúinn fós í... ná cá fhad eile go bhfeicfeadh muid í. Aintín Nóra ag fiafrú ar an bhfón an lá cheana cá fhad ó go mbeadh an chéad bhainis eile againn... **ag meabhrú**[69] nár mhór fanacht bliain ar a laghad th'éis bhás do mháthar.'

'Ní gá d'Aintín Nóra aon imní bheith uirthi fúmsa, breá nár phós sí féin ariamh más in é an chaoi é,' a deirimse, aiféal láithreach orm nuair a bhí sé ráite agam, **faoin ngliceas**[70] a bhí i mo chuid cainte.

'Suas go Bleá Cliath! Huth.' Leis féin a bhí sé ag caint anois. 'Tá Bleá Cliath aisteach agus **contúirteach**[71],' a chuir sé leis, ar bhealach nár éiligh freagra.

D'iompaigh sé thart, ionas go raibh a chúl iomlán leis an *range*. Chrágáil a bhealach i dtreo bhord na cistine. Chroch mias an bhainne lena dhá lámh gur dhoirt braon amach as síos sa *jug* nó go raibh ar tí cur thar maoil. Bhí a **rostaí ar crith**[72], ag an gcritheán a thagadh ina lámha nuair a bhíodh faoi staidhn ar chlaonadh áirithe. Bhí mé buíoch nár shlabáil sé aon bhraon den bhainne ar an mbord: mé réidh le glantóir fliuch a fháil le glanadh suas ina dhiaidh dá mba ghá. Bhí sórt náire orm, i mo shuí síos ag breathnú air ag déanamh na hoibre seo – obair ba ghnách liom féin a dhéanamh... **Dhoirt sé**[73] an fuílleach bainne nach rachadh sa *jug* síos i sáspan slab na laonta agus leag an sáspan ar ghrua an *range* le go mbeadh ag téamh leis nó go mbeadh na beithígh blite agus na laonta le réiteach. Tharraing sé chuige buicéad *enamel* an bhainne, a bhíodh leagtha i gcónaí ar ráillí an bhoird ón am a nglantaí gach maidin é th'éis an bhleáin. Scal le huisce te é ón gciteal   uisce fiuchta bruite a bhí ag pléascadh feadaíl aerach as an gciteal cheana féin. Leag an citeal, isteach, ar ais ar ghrua an *range* le nach gcuirfeadh thar maoil leis an teas. Chiorclaigh timpeall an t-uisce scólta ar thóin an bhuicéid sul má d'fholmhaigh é de ráigín amháin i sáspan na laonta. Shearr beagán é féin, gur rug chuige **éadach na soithí**[74], a bhí ar an raca os cionn an *range*. Thriomaigh an buicéad leis. Chaith suas ar ais aríst é, go fústrach míchúramach, é á fhaire san am céanna faitíos go rolláfadh anuas ar bharr an *range*. Níor rolláil.

Go tobann, dhírigh sé é féin **mar a theagmhódh splanc leis**[75]. D'iompaigh anall ormsa. D'fhéach ar feadh soicind, radharc ár súl ag beannú, ag dul thar a chéile. Bhí an fhéachaint a bhí ag silt óna éadan difriúil leis an gcéad fhéachaint – an fhéachaint thobann thais úd, a chaith sé liom mar a bheadh á caitheamh amach uaidh féin nuair a d'inis mé dó...

Thug mé faoi deara na roicne ina éadan, **na roicne crosacha leathchiorcalacha leathchearnógacha**[76], an ghruaig ghearr liath a bhí ag éirí aníos óna chlár éadain, na malaí: na súile. Súile! is iad na súile a ruaig asam cibé brionglóidí cónaitheacha a bhí á n-atáirgeadh agam an ala sin. Is iad na súile a chuir cor coise ionam. Na súile a abraíonn an oiread sin amach díreach gan a mbéal a oscailt. Thuig mé ansin nárbh fhiú breathnú ar fhear choíchin, gan breathnú sna súile air, fiú mura mbíonn ann ach breathnú drogallach leataobhach, **fuadaithe beagnach**[77] i ngan fhios... Bhreathnaigh mise uaim, gan mé in ann é a sheasamh níos faide, mé buíoch gur thogair seisean labhairt.... Bhí an buicéad cuachta suas faoina ascaill aige, mar ba nós rialta leis nuair a bheadh ar tí dul amach ag bleán.

[67]Asking
[68]Was introduced
[69]Reminding
[70]About the slyness
[71]Dangerous
[72]Wrists were trembling
[73]He poured
[74]Dishcloth
[75]As if struck by a spark
[76]Half circular, half square wrinkles
[77]Almost kidnapped

'Agus do shláinte!?' a d'fháisc sé aniar as a scornach go neirbhíseach. 'Cén chaoi 'bhfuil do shláinte, nó an bhfuil tú ceart go leor.'

'Ó tá mó togha, togha,' a d'fhreagair mé chomh **sciobtha**[78] agus a d'fhéad mé, mé thar a bheith buíoch as a bheith in ann freagra chomh dearfa sábháilte sin a thabhairt agus a fhanacht a chniogadh **láithreach**[79]. Is ina dhiaidh sin a tháinig iontas orm go gcuirfeadh sé a leithéid de cheist....

'Cabhair ó Dhia chugainn as an méid sin féin,' a deir sé, a dhroim liom agus é **ag coiscéimniú**[80] a bhealaigh siar go dtí an doras dúnta. Ba léir go raibh faoiseamh eicínt ina ghlór.

'Níl aon chall imní duit,' a dúirt mé, ag iarraidh tonn eile dóchais a fhadú, ó ba chosúil go raibh an méid sin faighte liom agam. 'Bímse cúramach. Bím an-chúramach i gcónaí.'

'Más féidir a bheith sách cúramach?' a chuir sé leis go ceisteach, a chaint níos nádúrtha. 'Más fíor leath dá mbíonn ar na páipéir Dé Domhnaigh, nó ar an *television* i gcaitheamh na seachtaine.'

Lig mé tharam an chaint sin. Chuimhnigh go bhféadfadh i bhfad níos mó eolais a bheith aige ná mar a cheap mé. Nach mbíodh an teilifís casta air sa teach againn **síoraí seasta**[81], chuile ábhar cainte faoin spéir tarraingthe anuas ar chuid de na cláracha, é féin caite siar sa gcathaoir mhór ansin, a shúile dúnta, é ag míogarnach chodlata ó theas na tine... ach é b'fhéidir ag sú isteach i bhfad níos mó ná mar a cheapfá....

Chroch sé a chóta mór anuas den **tairne**[82] a bhí sa doras dúnta. Leag aniar é ar shlinneán na cathaoireach.

'Agus ar chaith tú do rún a scaoileadh liomsa... an aois ina bhfuil mé is uile.'

'Chaith agus níor chaith,' a bhí ráite agam, sul má thuig mé nárbh aon fhreagra é an méid sin. Lean mé orm. 'Bhuel, níl mé ag rá gur chaith mé inseacht dhuit ach... ach ar fhaitíos go gcloisfeá ó aon duine eile é, ar fhaitíos go ndéarfadh aon duine **tada**[83] fúm i do chomhluadar.'

Cheap mé go raibh ag éirí liom mo phointe a chur trasna. 'B'fhearr liom go mbeadh a fhios agat ar aon nós, go mbeifeá réidh.'

'Réidh! Tá mé réidh ceart go leor... Is tá tú ag rá go bhfuil a fhios ag daoine thart anseo mar sin?' cineál múisce ina ghlór.

'Tharlódh go bhfuil. Is deacair tada a cheilt... go háirithe in áit iargúlta mar seo.'

'Agus an bhfuil tú ag ceapadh go bhfuil tú ag fanacht thart anseo?' ar sé de léim, noda imníoch scanrúil ina ghlór, dar liom. Bhuail an t**saighead**[84] thobann d'abairt leadóg leiceann orm, chomh tobann sin nár fhéadas **idirdhealú comhuaineach**[85] a dhéanamh: ceist a dhealú ón ráiteas nó ráiteas a dhealú ón gceist. Ar impigh an chaint sin freagra:

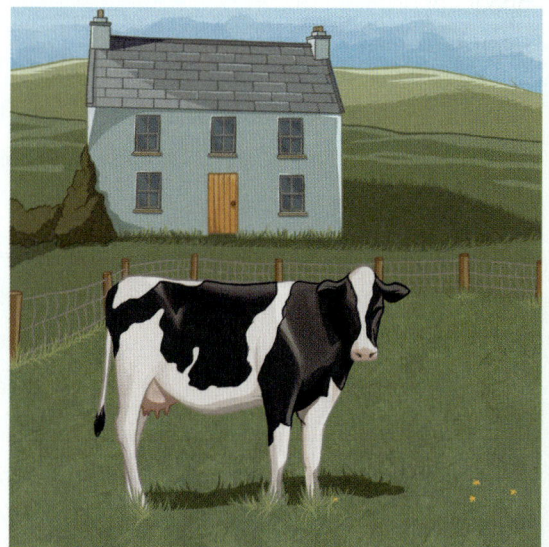

---

[78]*As fast*

[79]*Immediately*

[80]*Stepping*

[81]*All the time*

[82]*Nail*

[83]*Anything*

[84]*Arrow*

[85]*Simultaneous distinction*

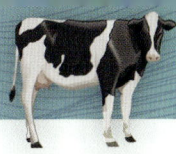

freagra uaimse nó uaidh féin... a d'fhiafraigh mé díom féin. Cinnte bhí mé ag iarraidh fanacht, nó ba cheart dom a rá – sásta fanacht. Ba é m'athair é. Mise ab óige sa gclann, an t-aon mhac.... Mo bheirt deirfiúr pósta i Londain. Ba ar mo chrannsa a thit. Ach é áitithe ag na deirfiúracha orm, an oíche sul má d'imigh siad, go raibh Londain i gcónaí ann – go raibh áit ann dom dá dtiocfadh orm.

Nach gceapfá go mbeadh a fhios aige go maith go raibh mé **toilteanach**[86] fanacht. Cé eile a bhreathnódh amach dó? Lámh chúnta a thabhairt dó leis an gcúpla beithíoch, aire a thabhairt don teach, súil a choinneáil ar an ngiodán d'fheirm, freastal air féin, é a thabhairt chuig an Aifreann chuile Dhomhnach, comhluadar a sholáthar dó... 'An bhfuil tú ag ceapadh go bhfuil tú ag fanacht thart anseo,' a mheabhraigh mé dom féin arís, gan mé tada níos eolaí, fós ag iarraidh **léas tuisceana**[87] ar cheist nó ráiteas a bhí mé in ainm is a dhealú ón gcaint sin. Ní raibh sé ag súil le freagra uaimse, nó an raibh?

Bhí a chuid *wellingtons* tarraingthe chuige aige, é buailte faoi ar chathaoir ag **cloigeann an bhoird**[88], é **cromtha**[89] síos ag scaoileadh barriallacha a bhróga móra tairní le strus, a chruth cromtha ag breathnú difriúil. Dá mbeadh orm imeacht, a dúirt mé liom féin.... Dá dtabharfadh sé bóthar dom, ag ordú nach raibh sé ag iarraidh mé a fheiceáil níos mó, ná baint ná páirt a bheith aige liom...

Chuimhníos láithreach ar chuid de mo chuid **méiteanna**[90] agus **lucht aitheantais**[91] i mBleá Cliath. An codán acu a fuair bóthar nó **drochíde**[92] óna ngaolta nó óna muintir ar a nochtadh dóibh: Mark – ar dhúirt a athair leis de scread gur focar brocach a bhí ann agus gan an teach a thaobhachtáil lena bheo aríst: Keith – ar thug a athair **griosáil**[93] dó nuair a fuair amach go raibh leannán aige, agus a choinnigh sáinnithe taobh istigh de bhallaí an tí ar feadh míosa é, agus é beagnach scór bliain d'aois: Philip – a raibh an brú chomh mór sin air gur chlis ar a **néaróga**[94], nach raibh de chríoch uile ann dó ach éirí as a phost múinteoireachta, th'éis do chladhaire dá chuid daltaí é a fheiceáil ag fágáil ceann de na beárannaí oíche Dhomhnaigh amháin – a thuairisc ar fud na scoile roimh am lóin an Luan dár gcionn. **Leasainmneachaí maslacha**[95] gránna á nglaoch air ag na buachaillí suas lena bhéal... agus **an chleatráil shioscach chúlchainteach**[96]. Cé a chuirfeadh milleán air, fiú mura raibh aige anois ach an dól agus aistriú chuig árasán ar ghualainn eile na cathrach. An dól féin ní raibh ag Robin.... Ceithre huaire fichead a thug a thuismitheoirí dó le glanadh amach as an teach, agus gach ar bhain leis a bheith crochta leis aige, ag rá nach bhféadfadh sé go mba leo féin, nach raibh siad ag iarraidh é a fheiceáil lena mbeo go deo aríst. Is ní fhaca. Gan rompu ach a chorp nuair a d'fhilleadar abhaile an oíche sin. É sínte scartha ar an leaba ina sheomra codlata féin...clúdaigh boscaí piollaí lena ucht, leathghloine uisce faoin scáthán ar an mboirdín gléasta, **nóta giortach**[97] ag míniú nár theastaigh uaidh ach bás a fháil san áit ar gineadh é, go raibh grá aige dóibh, is go raibh aiféala air iad a ghortú ach nach bhfaca sé an dara rogha ag síneadh amach roimhe sa saol...

Thrasnaigh tonnbhuillí fadálacha aniar aduaidh an chloig mhóir ar mo liodán. Bhí sé féin thall os mo chomhair fós, **ag rúpáil**[98] leis ag iarraidh a chuid *wellingtons* a tharraingt aníos

[86]*Willing*

[87]*Shred of understanding*

[88]*Head of the table*
[89]*Slumped*

[90]*Mates*
[91]*Acquaintances*
[92]*Abuse*
[93]*Grilled*

[94]*Nerves*

[95]*Offensive nicknames*
[96]*The backstabbing chatter*

[97]*Short note*

[98]*Struggling unmethodically*

ar a chosa le deacracht mhístuama – cosa a threabhsair fillte síos ina stocaí tiubha olla aige… Dá gcaithfinn greadadh, a smaoinigh mé, ní móide go bhfeicfinn m'athair mar seo aríst choíche. Go deo. An chéad uair eile a bhfeicfinn é, bheadh sé fuar marbh ina chónra. An triúr fiosrach againn tagtha abhaile le chéile ar an gcéad eitilt as Londain th'éis teachtaireacht báis de ghlaoch deifreach gutháin a fháil ón mbaile… gur tite amuigh sa ngarraí a fritheadh é, nó nach raibh a fhios cinnte an amhlaidh a thit sé sa tine nó an raibh sé básaithe ar aon nós sul má dhóigh an tine an teach go talamh domhain san oíche, nó b'fhéidir gur sa seomra leapa a gheofaí a chorp – faoi leath dá chuid éadaí

[99] Break open

– th'éis dó chúpla comharsa doras an tí a réabadh[99] isteach le lámh láidir…. iad ag iarraidh comhaireamh siar cé mhéad lá ó facthas go deireanach é, gan ar chumas aon duine uain bharainneach a bháis a dhearbhú go cinnte…

Bhí a chuid *wellingtons* múnlaithe air. É dírithe suas ina sheasamh. A chóta mór fáiscthe timpeall air, caipín speiceach ina láimh, réidh le tarraingt anuas ar a mhullach. Buicéad *enamel* an bhainne uchtaithe faoina ascaill. Ghluais sé go mall, stadach beagnach, trasna urlár an tí, i dtreo dhoras na sráide. Lean mo shúile a aghaidh… a thaobh… a dhroim, coisméig bhacach ar choisméig agus é ag éalú uaim – an abairt dheireanach a tháinig

[100] Eel

uaidh ar baillín beag á casadh féin timpeall athuair in mo chloigeann ar nós eascainne[100] a gheofadh í féin caite tite ar leac the, th'éis a bheith taosctha aníos as tobar lá brothallach samhraidh.

Stop sé ag giall a dorais, mar ba nós leis i gcónaí ar a bhealach amach, gur thum a mhéar

[101] Holy water font
[102] Pilgrimage

san umar uisce choisrichte[101] a bhí crochta ar an ursain: seanumar adhmaid den Chroí Ró-Naofa a thug mo mháthair ar ais ó oilithireacht[102] ar Chnoc Mhuire aimsir an Phápa. Chonaic mé é ag strácáil leathchomhartha na croise air féin go místuama, gan aon chinnteacht ann an í an ordóg nó an mhéar a tumadh san uisce coisricthe a bhí chun cinn ag déanamh an ghnaithe.

Chuir sé a lámh ar laiste an dorais. D'oscail é, á tharraingt isteach chuige. Ansin a d'iompaigh sé timpeall gur fhéach orm, a chorp uile ag casadh go mall i ndiaidh a chinn. Bhí sé ag breathnú i leith díreach orm, ag baint an rásáil as mo chuid smaointe uile, is á ruaigeadh ar ais i gcúinní dorcha mo chinn.

[103] Rogue cow

'An seasfaidh tú roimh an mbó bhradach[103] dom?' ar sé, 'fad a bheas mé á bleán… tá sine thinn i gcónaí aici…'

Scríobh achoimre ghearr ar an scéal i do chuid focal féin.

1 Athair ciúin agus traidisiúnta

2 Mac ag rá go bhfuil sé aerach

3 Grá gan mórán focal

4 Teannas agus tost sa teach

5 Ceisteanna faoi Shíle agus sláinte a mhic

6 Obair agus bó ag an deireadh

ACHOIMRE

1. Tús an Scéil: An Fhírinne

Ba faoi mhac a d'inis dá athair go raibh sé aerach an scéal seo, rud an-deacair dó a rá. Bhí siad ina gcónaí le chéile ar fheirm bheag i gConamara ó fuair máthair an mhic bás. Bhí an beirt acu ag brath ar[104] a chéile sa bhaile sin. Bhí mearbhall[105] agus fearg ar an athair ar dtús. Bhí sé deacair dó glacadh leis, mar ba dhuine traidisiúnta é, ach fós féin, bhí grá aige dá mhac agus rinne sé iarracht[106] é a thuiscint. Thosaigh sé ag smaoineamh ar an gcaoi ar chas sé leis an bhfírinne[107].

2. An Caidreamh Eatarthu[108]

Ba é an mac an duine ab óige sa chlann agus d'fhan sé sa bhaile lena athair tar éis bhás a mháthar. Bhí caidreamh casta[109] eatarthu. Ní raibh sé éasca mar níor labhair an t-athair go minic agus níor léirigh sé a mhothúcháin, fiú nuair a fuair a bhean chéile bás. Bhí sé ciúin, dúnta, agus stán sé isteach sa tine go minic. Ní raibh taithí aige[110] ar chaint ná ar mhothúcháin a roinnt. Bhí an mac neirbhíseach agus scanraithe[111] nuair a d'inis sé an fhírinne dó, mar ní raibh a fhios aige cén freagra a gheobhadh sé.

3. Freagra an Athar

Cé gur thuig an t-athair an méid a dúirt a mhac, ní raibh sé in ann an focal 'aerach' a rá amach os ard[112]. Rinne sé na gnáthrudaí: choigil sé an tine[113], líon sé an citeal, mar sin an dóigh a bhí aige le dul i ngleic leis an scéal. Chuir sé ceisteanna faoin am a bhí an mac le Síle fadó. Bhí sé ag iarraidh dul siar ar na seanchuimhní[114] agus b'fhéidir a shamhlú[115] gurbh é sin an fhírinne fós. Níor thuig sé an scéal go hiomlán, agus cheap sé roimhe sin go raibh bean ag an mac i mBaile Átha Cliath.

4. Buairt an Mhic[116]

D'aontaigh an mac nuair a dúirt an t-athair go raibh sé ag dul go minic go Baile Átha Cliath. Bhí sé ag iarraidh spás dó féin, áit ina bhféadfadh sé a bheith macánta[117]. Bhí sé buartha faoina athair agus ní raibh sé cinnte an bhfanfadh sé sa teach nó an rachadh sé go Londain, mar a mhol a dheirfiúracha. Bhí sé idir dhá chomhairle[118]. Bhí cúraimí air sa bhaile, ach ag an am céanna, bhí sé ag iarraidh bheith saor agus sona.

5. Eagla, Imní agus Críoch Chiúin

Smaoinigh an mac ar chairde leis ar tugadh drochíde[119] dóibh toisc go raibh siad aerach. Chonaic sé cad a tharla do dhaoine eile agus bhí imní mhór air. Bhí eagla air go dtarlódh a leithéid dó. Bhí sé faoi bhrú cinneadh a dhéanamh idir an teaghlach agus a fhéiniúlacht.

Ag an deireadh, ní dúirt an t-athair mórán. Níor labhair sé amach faoi na rudaí móra, ach rinne sé rud beag a léirigh grá. D'iarr sé ar a mhac cabhrú leis an bhó a bhleán[120]. Gníomh simplí a bhí ann, ach gníomh a léirigh glacadh. Bhí sé ag glacadh, ar a bhealach ciúin féin, lena mhac mar a bhí sé fiú mura raibh sé ábalta na focail a rá.

[104]Depending on
[105]Confusion
[106]Effort
[107]Truth

[108]Relationship between them
[109]Complex relationship
[110]He wasn't used to
[111]Frightened

[112]Out loud
[113]He poked the fire
[114]The old memories
[115]Imagine

[116]The son's worry

[117]Honest

[118]He was in two minds

[119]Bad treatment

[120]To milk the cow

38

CLEACHTAÍ

1. Léigh na habairtí agus líon na bearnaí leis na focail thíos.

Focail le cur isteach: aerach, teach, grá, mearbhall, bean, neirbhíseach, bheag, bhó, mháthar, Londain

D'inis an mac dá athair go raibh sé _____.

Bhí siad ina gcónaí ar fheirm _____.

Níor thuig an t-athair é agus bhí _____ air.

Bhí _____ ag an athair dá mhac.

D'fhan an mac sa _____ tar éis bhás a _____.

Bhí an mac _____ ag insint na fírinne.

Cheap an t-athair go raibh _____ ag an mac.

Bhí drogall ar an mac dul go _____.

D'iarr an t-athair cabhair leis an _____ a bhleán.

2. Meaitseáil na habairtí Gaeilge agus Béarla.

Abairt Ghaeilge	Abairt Bhéarla
A. D'inis an mac dá athair go raibh sé aerach.	**1.** The father didn't fully understand him and stayed quiet.
B. Bhí siad ina gcónaí ar fheirm bheag.	**2.** The son was reluctant to go to London.
C. Níor thuig an t-athair é go hiomlán agus d'fhan sé ciúin.	**3.** The son was nervous telling the truth.
D. Bhí grá ag an athair dá mhac.	**4.** The father thought the son had a girlfriend.
E. D'fhan an mac sa bhaile tar éis bhás a mháthar.	**5.** The father asked for help milking the cow.
F. Níor labhair an t-athair mórán.	**6.** The son told his father he was gay.
G. Bhí an mac neirbhíseach ag insint na fírinne.	**7.** The father didn't talk much.
H. Cheap an t-athair go raibh bean ag an mac.	**8.** The father loved his son.
I. Bhí drogall ar an mac dul go Londain.	**9.** They lived on a small farm.
J. D'iarr an t-athair cabhair leis an mbó a bhleán.	**10.** The son stayed at home after his mother died.

Freagraí

A	B	C	D	E	F	G	H	I	J
6									

3. Scríobh na huimhreacha 1–6 chun na habairtí a chur in ord mar a tharla sa scéal.

Bhí an mac an-neirbhíseach agus scanraithe. ☐

Bhí an mac ag smaoineamh ar imeacht go Londain. ☐

D'iarr an t-athair cabhair leis an mbó ag an deireadh. ☐

Chuir an t-athair ceisteanna faoi Shíle. ☐

Níor thuig an t-athair é go hiomlán agus d'fhan sé ciúin. ☐

D'inis an mac dá athair go raibh sé aerach. ☐ 1

Ceisteanna Ilrogha

Cuir tic leis an mbosca ceart.

1. Cá raibh an scéal suite?

   (a) Baile Átha Cliath ☐   **(b)** Conamara ☐   **(c)** Londain ☐

2. Cad a dúirt an mac leis an athair?

   (a) Go raibh sé aerach ☐   **(b)** Go raibh sé ag fágáil na tíre ☐   **(c)** Go raibh sé tinn ☐

3. Cad a rinne an t-athair nuair a chuala sé an scéal?

   (a) Ghlaoigh sé ar a iníon ☐

   (b) Chuaigh sé amach sa bháisteach ☐

   (c) Líon sé an citeal agus choigil sé an tine ☐

4. Cad a cheap an t-athair faoi Shíle?

   (a) Gur chara lena mhac í ☐

   (b) Go raibh sí ina múinteoir ☐

   (c) Go raibh sí ag dul amach lena mhac ☐

5. Cad a d'iarr an t-athair ag an deireadh?

   (a) Cupán tae a fháil ☐   **(b)** An citeal a líonadh ☐   **(c)** Cabhrú leis an bó a bhleán ☐

Frásaí Cabhracha

Léigh na frásaí thíos. Bain úsáid astu chun 4–5 abairt shimplí a scríobh faoin scéal 'Athair' le Micheál Ó Conghaile.

Ba faoi _____ an scéal.   Bhí an t-athair _____.

Bhí an mac _____.   Cheap sé _____.

Bhí sé ina chónaí _____.   Ag an deireadh, _____.

D'inis se _____.   D'iarr an t-athair _____.

Níor thuig an t-athair _____. Léirigh an t-athair _____.

Spás le haghaidh scríbhneoireachta

_____

_____

_____

_____

_____

_____

_____

_____

_____

_____

_____

CEISTEANNA BUNÚSACHA

1. Cé hiad na carachtair atá sa scéal?

2. Cá bhfuil an scéal suite?

3. Cad a d'inis an mac dá athair?

4. Cén fáth ar thóg an mac Síle go dtí 'social' na scoile?

5. Cad a rinne an t-athair nuair a chríochnaigh siad an comhrá?

NA PRÍOMHCHARACHTAIR

Athair

B'fheirmeoir ciúin é an t-athair. Thaitin an fheirm agus an saol tuaithe leis. Níor labhair sé faoina chuid mothúchán. Nuair a fuair a bhean chéile bás, níor chaoin sé.

D'inis a mhac dó go raibh sé aerach. Bhí an t-athair trína chéile. Níor fhéach sé ar an mac. Ní dúirt sé mórán. Chuaigh sé ar ais ag obair sa chistin.

Chuir sé ceist faoin gcailín Síle. Cheap sé go raibh an mac ag dul amach léi. Dúirt sé leis an mac a bheith cúramach. Bhí sé buartha faoin gceantar.

Ag deireadh an scéil, d'iarr sé cabhair ar a mhac leis an mbó a bhleán.

Mac

Ba dhuine ciúin, grámhar agus tuisceanach é an mac. Bhí sé buartha faoina gceapfadh a athair. Bhí a athair traidisiúnta. Tar éis bhás a mháthar, d'fhan an mac sa bhaile. Chabhraigh sé ar an bhfeirm. Thug sé aire dá athair.

Nuair a d'inis sé an fhírinne, bhí sé cúramach. Rinne sé iarracht an scéal a insint go mall. Chuir an t-athair ceist faoi chailín darb ainm Síle. D'fhreagair an mac go ciúin. Níor thosaigh sé ag argóint.

Thuig an mac mothúcháin a athar. Léirigh a chuid gníomhartha agus a iompar an tuiscint seo. Bhí an mac cabhrach agus cineálta. Chabhraigh sé ar an bhfeirm. Thug sé lámh chúnta leis an mbó. Bhí sé soiléir go raibh grá aige dá athair.

CEISTEANNA BUNÚSACHA

nod don scrúdú
Bíodh na carachtair ar eolas go maith agat.

1. Cén post a bhí ag an athair? (*Athair*)

2. Cad a tharla nuair a fuair a bhean chéile bás? (*Athair*)

3. Cén fáth a raibh an t-athair buartha? (*Athair*)

4. Cén fáth a raibh an mac buartha? (*Mac*)

5. Conas a d'inis an mac an fhírinne dá athair? (*Mac*)

6. Cad a rinne an mac chun cuidiú lena athair? (*Mac*)

Scríobh tréithe na gcarachtar isteach sna boscaí.

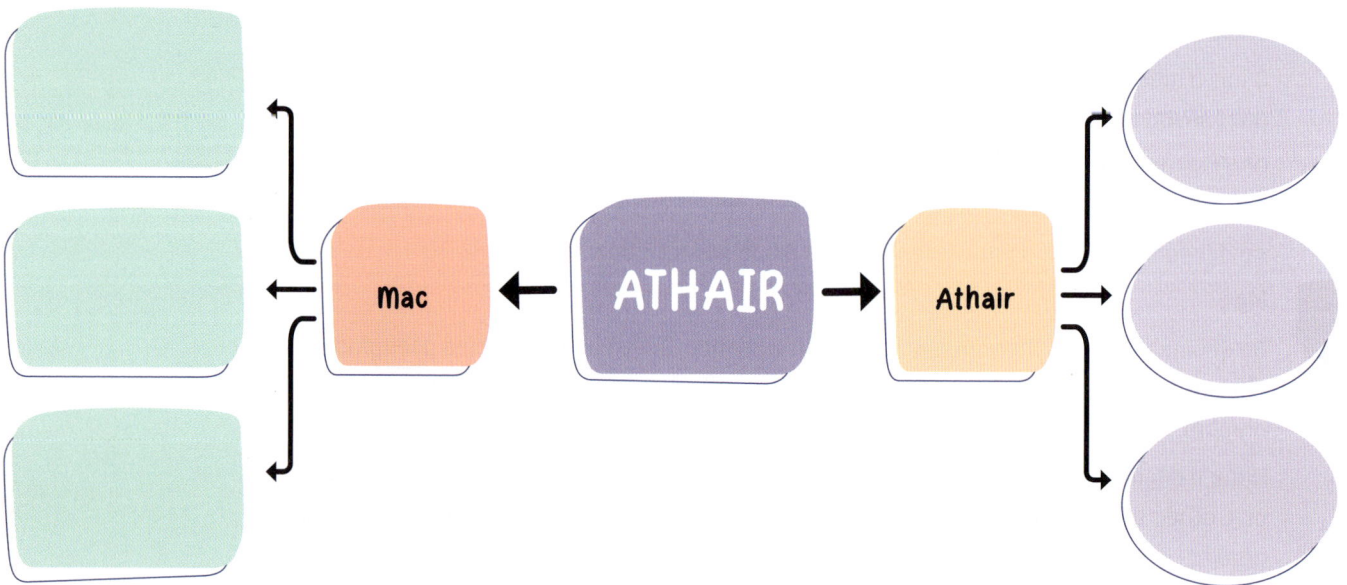

```
                          Mac  ←  ATHAIR  →  Athair
```

Scríobh dhá líne i d'fhocail féin ar gach carachtar sna boscaí thíos.

Athair

Mac

PRÍOMHCHARACHTAIR

PRÍOMHTHÉAMAÍ AN SCÉIL

1. **Dinimic Teaghlaigh**

   Bhain an scéal leis an gcaidreamh idir athair agus mac. Níor labhair siad lena chéile mórán. Ní raibh siad ag caint faoi mhothúcháin. Bhí an t-athair traidisiúnta agus ciúin.

   - **An Athair:** Níor léirigh sé mothúcháin, fiú nuair a fuair a bhean bás. Bhí sé dírithe ar an obair agus ar ghnáthshaol na tuaithe. Mar gheall ar a chiúnas, bhí bearna idir é féin agus a mhac.

   - **An Mac:** Bhí an mac ag iarraidh a bheith fírinneach faoina chuid mothúchán. Ach bhí grá aige dá athair freisin. Bhí rogha aige: an fhírinne a insint nó a chaidreamh a choimeád mar a bhí. Bhí sé tuisceanach agus foighneach.

2. **Grá**

   Bhí grá sa scéal, ach ní dúradh é sin os ard. Thaispeáin siad grá lena gcuid gníomhartha.

   - **Grá an Athar:** Níor labhair sé faoi ghrá, ach rinne sé rudaí cosúil le hobair a dhéanamh, aire a thabhairt agus cabhair a iarraidh. Sin an bealach a bhí aige le grá a chur in iúl.

   - **Grá an Mhic:** Thug an mac aire dá athair. D'fhan sé sa bhaile leis. Fiú nuair nach raibh sé cinnte an dtuigfeadh an t-athair é, d'fhan sé dílis. Bhí grá ann, fiú má bhí frustrachas ann freisin.

3. **Coimhlint**

   - **Traidisiún an Athar:** Bhí sé traidisiúnta. Cheap sé gur leor obair, tost agus rialacha simplí. Níor thuig sé go hiomlán saol nua-aimseartha an mhic.

   - **Féiniúlacht an Mhic:** Bhí an mac ag iarraidh a bheith macánta agus oscailte. Bhí sé deacair dó, mar ní raibh sé ag iarraidh croí a athar a bhriseadh. Bhí sé idir dhá shaol, an saol nua agus saol a athar. Ní raibh an freagra simplí.

?? CEISTEANNA BUNÚSACHA

1. An raibh an mac agus an t-athair cairdiúil lena chéile? (*Diminic Teaghlaigh*)

2. Ar thuig an t-athair an mac? (*Diminic Teaghlaigh*)

3. Ar thug siad grá dá chéile? (*Grá*)

4. Conas a thaispeáin an mac grá? (*Grá*)

5. An raibh an t-athair seanaimseartha? (*Comhlint*)

6. Céard a bhí an mac ag iarraidh a rá? (*Comhlint*)

EOLAS FAOIN ÚDAR

Is scríbhneoir, file agus foilsitheoir é Micheál Ó Conghaile a rugadh i gConamara, Gaeltacht na Gaillimhe, sa bhliain 1962. Tá cáil air mar dhuine de na húdair is tábhachtaí i litríocht chomhaimseartha na Gaeilge. Scríobhann sé sa Ghaeilge amháin, agus is é a phríomhchuspóir ailtireacht chultúrtha agus liteartha na Gaeilge a neartú.

Tá roinnt saothar foilsithe ag Ó Conghaile, ina measc cnuasaigh ghearrscéalta, úrscéalta agus filíocht. Ina chuid scríbhneoireachta, pléann sé le téamaí éagsúla cosúil le dúchas, féiniúlacht, coimhlint phearsanta agus dúshláin an tsaoil chomhaimseartha. Scríobh sé *An Fear a Phléasc* (1997) chomh maith leis an úrscéal *Sna Fir* (2000).

▶ Féach ar an agallamh seo le Micheál Ó Conghaile chun tuiscint níos doimhne a fháil air. Cuardaigh le haghaidh 'An Fear a Phléasc – Micheál Ó Conghaile – ClubLeabhar.com' (11:37).

Scríobh síos trí phríomhphointe a bhaineann le príomhthéamaí an scéil.

PRÍOMHTHÉAMAÍ

1.

2.

3.

FREAGRAÍ SAMPLACHA ARDTEISTIMÉIREACHTA

Ceist: Céard a d'inis an mac dá athair?

D'inis sé dó go raibh sé aerach. Bhí sé an-neirbhíseach roimh an gcomhrá sin.

Ceist: Cén fáth ar chuir an scéal iontas ar an athair?

Chuir an scéal iontas ar an athair mar ní raibh sé ag súil leis ar chor ar bith. Bhí sé ina fhear traidisiúnta, pósta le fada, agus níor thuig sé saol ná féiniúlacht a mhic.

Ceist: Cá raibh siad ina gcónaí?

Bhí siad ina gcónaí ar fheirm bheag i gConamara.

Ceist: Conas a mhothaigh an t-athair nuair a chuala sé an scéal?

Bhí mearbhall air. Níor thuig sé an scéal i gceart ar dtús.

Ceist: Cé leis ar chónaigh an mac tar éis bhás a mháthar?

Chónaigh sé lena athair. D'fhan sé sa teach in áit dul thar lear mar a rinne a dheirfiúracha.

Ceist: Cad a dúirt an mac lena athair agus conas a mhothaigh an t-athair?

FREAGRA

Dúirt an mac lena athair go raibh sé aerach. Bhí an mac an-neirbhíseach roimh an gcomhrá. Bhí eagla air nach dtuigfeadh a athair é. Nuair a chuala an t-athair an scéal, bhí mearbhall air. Bhí sé ciúin agus níor labhair sé go soiléir. Níorbh fhéidir leis an focal 'aerach' a rá. Chuaigh sé go dtí an range agus choigil sé an tine. Lean sé ar aghaidh leis na gnáthrudaí sa teach. Bhí grá aige dá mhac fós ach bhí imní air chomh maith.

Ceist: Conas a bhí an caidreamh idir an mac agus a athair sa scéal?

FREAGRA

Ní raibh caidreamh éasca eatarthu. Níor labhair an t-athair mórán lena mhac. Bhí sé ciúin agus dúnta an t-am ar fad. Níor léirigh sé mothúcháin fiú nuair a fuair a bhean chéile bás. Níor thuig sé an fáth a raibh a athair chomh ciúin. Bhí sé deacair dó labhairt leis faoina shaol. Ach bhí grá eatarthu fós. Rinne an t-athair iarracht éisteacht leis. Bhí sé buartha faoi, fiú mura ndúirt sé é go hard.

SCILEANNA SCRÍBHNEOIREACHTA

1. An raibh sé éasca ar an athair glacadh leis an scéal?

2. Tabhair dhá rud a léiríonn an teannas sa chaidreamh idir an t-athair agus an mac.

3. Cén fáth ar luaigh an t-athair Síle Mhicí Beag? Tabhair dhá phointe.

4. An raibh caidreamh maith idir an t-athair agus an mac?

5. Tabhair dhá phointe faoi fhreagra an athar ag deireadh an scéil.

6. Pléigh príomhthéama an scéil 'Athair'.

7. Cén saghas caidrimh a bhí idir an mac agus a athair roimh an gcomhrá seo?

_____

_____

_____

8. Cén fáth a raibh an mac neirbhíseach agus buartha faoin gcomhrá leis an athair?

_____

_____

_____

9. Cén ról a bhí ag an ngnáthshaol sa teach tar éis an chomhrá idir an bheirt?

_____

_____

_____

10. Ar labhair an bheirt mórán lena chéile?

_____

_____

_____

11. An raibh an t-athair sásta ag deireadh an scéil?

_____

_____

_____

12. Déan cur síos ar an gcéad chuid den scéal go dtí gur thosaigh an t-athair ag cur air a chuid _wellingtons_.

_____

_____

_____

_____

_____

_____

_____

_____

_____

_____

_____

Achoimre Shimplí

Tháinig Pádraigín, glantóir, ar cuairt chuig Tomaí, seanfhear breoite i mBéal Feirste. Chothaigh sí tine dó agus rinne sí cupán tae. Labhair siad faoina saol: a óige, an pholaitíocht agus an briseadh croí a d'fhulaing siad. D'imigh sí, agus fuair sé bás ina shuí cois tine.

ROGHA 2

Glantóir le Seán Ó Muireagáin

Bhuail Pádraigín cnag ar an doras tosaigh cé go raibh sé ina luí ar **leathfhoscailt**[1]. Thug sí faoi deara an phéint a bhí ag scamhadh den doras agus an **salachar**[2] ar an tairseach. Chuala sí glór an tseanfhir istigh ag scairtigh léi:

Fáilte go Béal Feirste

'**Druid**[3] amach an doras ag teacht isteach duit... a stór!'

Teach beag **sraithe**[4] in Iarthar Bhéal Feirste: dhá sheomra thíos agus beirt thuas. Bhrúigh sí isteach an doras agus bhuail fuarbholadh an tí a srón. Isteach san fhorhalla bheag dhorcha léi. Bhí cábla solais crochta gan **bholgán**[5] ón tsíleáil. Chuaigh sí thart leis an dá phictiúr ar na ballaí, an ceann d'Fhorógra na Poblachta agus an pictiúr de Bobby Sands ina gheansaí dhearg. Bhrúigh sí an dara doras agus shiúil isteach go dtí an seomra suí cúng. Bhí Tomaí ina shuí ar an t**seanchathaoir teallaigh**[6] mar is gnách, taobh le háit na tine, **a umar ocsaigine**[7] lena thaobh. Bhí gach uile rud go díreach mar a bhí an tseachtain roimhe; tábla beag bunchaite i lár an tseomra agus tolg dhá shuíochán réchaite in éadan an bhalla agus ba sin é.

'An bhfosclóidh mé na cuirtíní seo duit, a Thomaí?'

'Ná bac! Is beag is fiú atá amuigh. An mbeidh an t-am agat inniu an tine a chur síos?' Ceist **thruachánta**[8] a bhí ann. Ba sin an glór a d'úsáidfeadh sé nuair a bhí **rud inteacht a dhíth air**[9]. D'aithin Pádraigín é. Bhí glórtha eile aige chomh maith, ag brath ar an rud a bhí uaidh, agus de réir a chéile bhí sí ag teacht i dtaithí orthu.

'Má chuirim síos tine, ní bheidh an t-am agam bia a dhéanamh réidh duit. Is fút féin atá sé, a Thomaí. Cad é a dhéanfaidh mé?'

'An tine,' a d'fhreagair sé leis an ghlór dhíomách.

'Cá'l na **cipíní**[10] agus na **lastóirí**[11] tine?'

'Faoin pháipéar sin in aice leat.' Mhothaigh sí glór eile dá chuid, an glór garg a thriailfeadh sé nuair a tugadh cead a chinn dó. Thóg sí na seanpháipéir a bhí ina luí sa **teallach**[12] mar a raibh cúpla cipín agus bosca beag lastóirí tine. Thóg sí seanpháipéar nuachta agus thosaigh **á leacú**[13] agus **á gcasadh**[14] agus á bhfágáil i gcnap beag le taobh na tine. Bhailigh sí seanbhuicéad agus sluasaid ón chistin leis an luaith a thógáil as an tine. Nuair a bhí sé sin caite sa bhruscar, chuir sí an páipéar agus an t-ábhar eile ar an **ghráta**[15] agus chuir **lasóg**[16] leis.

Chuir Tomaí an masc lena bhéal agus tharraing isteach anáil sciobhta.

'Tá sí lasta anois, a Thomaí, ach beidh ort í a chothú nó gheobhaidh sí bás.'

Bhain Tomaí an masc dá bhéal: 'Nach bhfuil an t-am agat... cupa beag tae a dhéanamh? Ní raibh bricfeasta ar bith agam agus... tá an t-ocras **ag druidim**[17] liom, a thaisce.'

---

[1]Half opened
[2]Dirt
[3]Close
[4]Terraced
[5]Bulb
[6]Old fireplace chair
[7]Oxygen tank
[8]Pitiful
[9]Needed something
[10]Matches
[11]Lighters
[12]Fireplace
[13]Flattening
[14]Twisting
[15]Grate
[16]Torch
[17]Approaching

A ghlór truacánta arís. Ghéill sí dó an t-am seo. 'Cupa beag gasta... sin é! Tá an t-ádh ort, níl **deifre**[18] ar bith orm anois, cá bith. Is tú an duine deireanach inniu, ach tá a fhios agat go maith nach mbíonn agam ach cúig bhomaite dhéag le gach cliant. Déantar **roinnt a' bhodaigh**[19] ortsa i gcónaí. 'Bhfuil arán ar bith agat nó fiú ábhar ceapaire?'

'Tá, cinnte! Sa bhosca aráin sa chistin... agus tá **liamhás**[20] sa chuisneoir chomh maith. Níl an t-arán ró-úr, tá mé buartha a rá, ach déanfaidh sé cúis.'

D'amharc Pádraigín thar an chistin bheag. Doirteal lán soithí; cuisneoir beag le **doras nár dhruid**[21] mar is ceart le blianta: agus cófra nach raibh ach aon doras amháin air agus gan istigh ann ach cúpla cána pónairí. Rinne sí réidh na ceapairí agus an tae agus thug isteach sa seomra suí iad; ag fágáil muga tae ar an tábla do Thomaí. Shuigh sí ar an tolg agus chuir a cupa féin ar an tábla beag roimpi. 'Tá **casadh beag**[22] ort ó bhí mé anseo an tseachtain seo a chuaigh thar. An bhfuil tú ag glacadh do chógais mar is cóir?'

'Tá, ach ní sin is cúis leis.'

'Ó! Cad é a tharla?'

'Fuair mé scéal ar maidin ón otharlann, bhuel, ón dochtúir mór... tá an **galar scamhóg**[23] seo ag dul a thabhairt mo bháis gan mhoill.'

'Bhí a fhios sin agat cheana féin!'

'Is é, bhí a fhios agam, ach tá sé **do mo mharú**[24] anois láithreach, a Phádraigín. Mí... nó dhó, má shiúlann an t-ádh liom.'

D'aithin Pádraigín go raibh sé ag dul ar meath ó chéadtháinig sí isteach sa teach chuige. Bhí **anacair**[25] air ariamh ach bhí sé ag dul in olcas gach uile lá anois. '**Sáróidh tusa**[26] an bás, fan go bhfeice tú. Go dtuga an diabhal coirce duit!'

Níor labhair Tomaí ach a cheann a chroitheadh **go drogallach**[27] agus chuir an masc suas ar a bhéal arís. **D'análaigh sé go trom**[28]. Lean Pádraigín léi.

'Tá mise ag teacht chugat le breis agus sé mhí anois, a Thomaí, agus níor luaigh tú do theaghlach ariamh. Nár chóir go raibh daoine eile ar an eolas faoi seo? Cad é faoi na socruithe... tá a fhios agat?'

Bhain sé an masc dá bhéal.

'Ní fhaca mé... duine ar bith de mo theaghlach... le beagnach daichead bliain. Níl duine ar bith eile agam, mé féin amháin... agus sin **mar is mian liom**[29] é.'

'Cé a dhéanfaidh **na socruithe**[30] sin duit, mar sin de?'

'Tá mé féin siar sna seascaidí anois, **a thaisce**[31]. Níl agam níos mó ach an eimfiséime agus an buidéal seo ocsaigine, dhéanfaidh dlíodóir s'agam gach rud a shocrú domh. Ní bheidh duine ar bith eile a dhíth. Tá an t-**adhlacóir**[32] díolta cheana féin: dhíol mé é go míosúil ar feadh blianta. Níl duine ar bith a dhíth orm, ná bí thusa buartha.'

'Ní raibh mé ach **ag fiafraí**[33], ní tairiscint a bhí ann ná rud ar bith... '

[18]*Hurry*

[19]*The lion's share*

[20]*Ham*

[21]*Door that didn't close*

[22]*Small change*

[23]*Lung disease*

[24]*Killing me*

[25]*Distress*

[26]*You will overcome*

[27]*Reluctantly*

[28]*He breathed heavily*

[29]*How I want it*

[30]*The arrangements*

[31]*My treasure (term of endearment)*

[32]*Undertaker*

[33]*Asking*

[34] *Pitifully again*

'Gabh mo leithscéal, a Phádraigín, gabh mo leithscéal.' **Go truacánta arís**[34]: 'Tuigim sin, ach níl rud ar bith a dhíth orm, ná bí buartha!'

'Bhuel, má tá tú i gceart, fágfaidh mé thú mar sin de!'

'Ní sin atá mé a rá… fan tamaillín eile le do thoil… le do thoil!'

Ba léir di go raibh comhrá uaidh.

[35] *Slight accent*

'Ara, críochnóidh mé an tae mar sin de.' Thug sí ar chomhrá eile: 'Níor luaigh tú ariamh cárb as thú, a Thomaí. Mhothaigh mé **blas inteacht**[35] ar do chuid cainte nach blas Bhéal Feirste é.'

[36] *In a tiny village*

'Maith thú féin, a Phádraigín, ní aithníonn mórán é níos mó. Tá an ceart agat, níor rugadh mé i mBéal Feirste. Chaith mé blianta m'óige i gContae an Chabháin… **i mbaile beag bídeach**[36]… níl eolas ar bith air. Ach d'fhág mé sin uilig i mo dhiaidh breis agus daichead bliain ó shin agus mé i mo dhéagóir. Ní raibh mé ar ais ó shin ach an oiread. Tháinig mé go Béal Feirste **fá dheireadh na seascaidí**[37], go díreach sular bhris… an cogadh amach.'

[37] *At the end of the 60s*
[38] *Killing*
[39] *Out of your mind*

'Cad chuige ar fhan tú anseo agus an **marfach**[38] uilig ag dul ar aghaidh… 'raibh tú **ar mire**[39]?'

'Fóisíocht na hóige, a Phádraigín… agus an baile mór, is dócha. Bhí mé óg agus shíl mé go dtiocfadh liom an saol mór a athrú. Ach thairis sin uilig, ní raibh a dhath ar bith i ndán domh sa bhaile, ní raibh an dara suí agam.'

'Ar éirigh leat?'

[40] *Hole*
[41] *Bad health*

'Cad a shíleann tú? Amharc orm anois, a stór… amharc ar an **chró**[40] seo ina bhfuil mé agus an **drochshláinte**[41] atá orm. Maise, níor éirigh liom ach blianta fada a chur isteach sa teach seo gan fiúntas ar bith…'

'Ach nach raibh tú i bpríosún tamall, a Thomaí?'

'Is é, bhí, ach…'

[42] *Sticking my nose in your business*

'Gabh mo leithscéal, Tomaí, ní **ag cur mo smut i do ghnósa**[42] atá mé, ach chuala mé cuid de na scéalta sin fút.'

'Tá tú i gceart, a stór. Is olc an rúnaí an pobal seo. Tá a fhios ag gach duine go raibh. Níl ann ach nár labhair mé féin le duine ar bith fá sin le beagnach fiche bliain.'

[43] *Going cold*

'Ná labhróimis air mar sin de. Tá an tae **ag dul i bhfuaire**[43].'

Thug sí hob ar éirí. 'B'fhearr domh imeacht, a Thomaí. Beidh mo chuid féin ag fanacht liom sa bhaile.'

Shín Tomaí amach a lámh. 'Tamaillín beag eile, le do thoil.'

[44] *The conversation is drifting*

'Ceart go leor, a Thomaí, ach **tá rogha an chomhrá ag dul i bhfánaíocht**[44].'

'Labhróimis ortsa, a Phádraigín. Níl eolas dá laghad agam ort, a thaisce. Caithfidh sé go bhfuil do scéal féin agatsa; nár tógadh thú féin sa cheantar seo? Tá mé ag déanamh go bhfuil scéalta go leor agatsa féin faoin áit seo?'

[45] *To hear*
[46] *Heroic*
[47] *For the cause*

'Níor mhaith leat mo scéalsa **a chluinstin**[45], a Thomaí, níl se chomh **gaisciúil**[46] le do scéal féin agus na blianta sin a chaith tú… "ag troid **ar son na cúise**[47]". Bhuel, i bpríosún ar son na cúise sin cá bith.'

'Gaisciúil mo thóin, a thaisce... i bhfad uaidh. B'**óglach**[48] mé a lean na horduithe a tugadh domh, ar an drochuair.'

D'aithin sí **beagmhisneach**[49] ina ghlór.

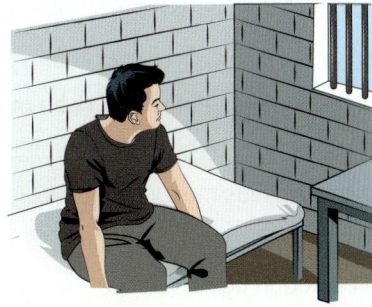

'Gabhadh mé go hamaideach chomh maith, ní raibh crógacht ar bith ag baint leis. Ach, ná téimis ó do scéalsa, a thaisce.'

'Ní aithníonn tú **mo shloinneadh**[50], a Thomaí?' D'fhan sí tamall beag le freagra nach dtáinig. 'Uí Bhroin an sloinneadh pósta atá orm, ach Ní Dhúthaigh a bhí orm roimhe sin... deirfiúr le Mícheál Ó Dúthaigh!'

Rinne Tomaí **machnamh**[51] ar feadh tamaillín agus nuair a labhair sé bhí **creathadh beag**[52] ina ghlór. 'Micí Mór Ó Dúthaigh? An... ? An... ?' Tháinig **racht casachtaí**[53] air.

'Is é, a Thomaí, **an sceithire**[54]. Agus do dhalta féin, a Thomaí, níor dhúirt mise ainm s'aigesan le breis agus fiche bliain ach oiread. Nach bhfuil sé sin aisteach?... Náireach! Mo dhearthair féin agus níor luaigh mé é le duine ar bith le breis agus fiche bliain agus anois labhraím leatsa faoi agus tú ar leaba do bháis, bhuel, cathaoir do bháis cá bith.'

Bhí glór ag Tomaí an t-am seo nár chuala Pádraigín aroimhe: 'Gabh mo leithscéal, a Phádraigín, ní raibh a fhios agam. Ní raibh mé ag iarraidh **seanchairteacha a thochailt**[55]... labhróimid ar rud inteacht eile anois más maith leat....'

'A Thomaí, ní miste liom! Aisteach go leor ach ní miste liom; níor labhair mé air mar is ceart ariamh agus seans maith nach bhfaighidh mé deis mar seo labhairt air arís, agus tú... bhuel, tá a fhios agat....'

'Tá a fhios. Agus beidh sé liom go dtí an uaigh, a thaisce. Is iontach gur sheas sibh é... an teaghlach atá mé a rá.'

'Níor sheas! **Ní thuigfeá a dheacra atá sé**[56], a Thomaí... go fóill cuireann sé crua orm. Buaileann sé mé faoi bhun an scéithín gach uile uair. Is fuath liom an mothú sin ionam, amhail is gur mise ba chiontaí.'

'Cha dtearn tusa aon rud!' Shín Tomaí a lámh amach chuici lean suaimhniú. 'Níl tusa freagrach as peacaí do dhearthár. Ní raibh aon bhaint agatsa leis.'

'Nach trua gan tú féin ann ag an am leis sin a rá lenár gcomharsanaigh; **shílfeá**[57] gur sinne uilig a sceith ar gach duine a bhí istigh, agus ba dhoiligh dul thart ar an dearcadh sin, a Thomaí. Bhris sé croí mo mháthara. Is é sin is mó nach dtig liom a mhaitheadh. Mharaigh sé í. Níor mhair sí ach cúpla bliain ina dhiaidh sin. **Taom croí**[58], mar dhea... croíbhriste! Níor nocht sé ag an tórramh. Cárta fiú... ba chuma leis sa foc! Gabh mo leithscéal, a Thomaí, ní úsáidim an teaga sin de ghnáth. Maith domh é!'

'Tuigim duit, a thaisce, tuigim go maith. Ná bí thusa buartha!'

'Ba **Phoblachtach go smior**[59] í mo mháthair. Shiúil sí na bóithre **uilig**[60] ar fud na tíre seo ar son na stailceoirí agus gach rud eile. Bhí an bhratach ar bhalla an tí gach uile Cháisc. Bhí an-mheas uirthi sa phobal, a Thomaí.'

Theann Tomaí lámh Phádraigín.

Uí Dhúthaigh

[61]*Blow*

[62]*Heavier*

[63]*Movement (political)*

[64]*Bad look*

[65]*Stream*

[66]*Hiding in a bottle*

[67]*Didn't I do*

[68]*I forgot*

[69]*He looked*

[70]*Appearance of death*

[71]*A word*

[72]*To calm her down*

[73]*Wrong*

[74]*Decline*

[75]*Opinion*

[76]*He's only barely a Christian*

[77]*Guilty*

[78]*Whistleblowing*

[79]*The volunteers*

[80]*The guilt*

[81]*Rattle*

[82]*I see*

[83]*Worn out with age*

'Is maith is cuimhin liom í, a Phádraigín. Is cuimhim liom mar a bhí sí. B'uasal an bhean í.'

Bhí na deora ag titim anuas ar a pluca anois. 'Chuaigh feall a mic go dona di. Dá mbuailfeá í le casúr, ní leagfá **buille**[61] ní **ba throime**[62] uirthi. Bhí náire orainn uilig. Ach mo mháthair... níor labhair duine ar bith ón "**ghluaiseacht**[63]" léi ina dhiaidh sin. Níor fhág sí an teach ar feadh bliana nó níos mó, ach le dul ar Aifreann an t-aon uair amháin sin. Cha dteachaidh sí ar ais ina dhiaidh sin arís. Dá bheicfeá an **drochghnúis**[64] ar a n-aghaidheanna, á cáineadh agus á lochtú... seanchairde s'aici, comharsanaigh. Rinne Dia duine dona di an lá sin.'

'Cad é faoi d'athair? Nach bhfuil seisean beo go fóill?'

'D'ólfadh sé an sop as an **tsrathair**[65]! Nach furasta ag na fir é i gcónaí... dul **i bhfolach i mbuidéal**[66].'

Tharraing Tomaí a lámh ar shiúl uaithe. 'Ar ndóigh, a stór, tá an ceart agat, **nach dtearn mé**[67] féin amhlaidh ar feadh fada go leor. Chuaigh mise i bhfolach i mbuidéal chomh maith, go dtí gur **dhearmad mé**[68] gach uafás i mo shaol...' **Dhearc sé**[69] isteach sna bladhairí a bhí ag éirí sa tine.

Bhris Pádraigín an ciúnas.

'Níl fághta sa teach sin anois ach m'athair agus tá **crot an bháis**[70] airsean le fada. D'imigh mo dheartháir, Pól, go Sasana fiche bliain ó shin agus níor chuala mé **trácht**[71] air ó shin. Dá mbeinn féin cróga go leor....'

'Bhuel, ar a laghad níor maraíodh é,' arsa Tomaí le hiarracht eile a dhéanamh í **a shuaimhniú**[72].

'Cad é?'

'Micí, níor maraíodh é. Beannacht bheag amháin is dócha!'

Ní raibh a suaimhniú le déanamh.

'B'fhusa orainn uilig dá maródh siad é, ar a laghad bheadh dóchas beag againn go raibh siad **contráilte**[73], nó **meath**[74] ina **mbarúil**[75] orthu. Ach ní raibh siad contráilte, i bhfad uaidh, d'imigh sé leis na Sasanaigh. **Tá fuíoll baiste air**[76]. Ba é a bhí ciontach... ní ba mhó ná ciontach! Ba chuma leis cad é mar a d'fhág sé sinne... agus an chuma orainne go raibh muid chomh **ciontach**[77] leis féin!'

Bhris Tomaí isteach arís: 'Níl tú ciontach, eisean amháin atá lochtach.'

'Abair sin le mo mháthair... is é, sin ceart, ní thig, mharaigh sé í. Níorbh é **sceithireacht**[78] Mhícheáil a mharaigh í, dá olcas é sin, thiocfadh liom a bheith beo leis sin; ach dúnmharú Shéamaí Óig Uí Ógáin. Mharaigh **na hÓglaigh**[79] Séamaí Óg mar sceithre, nuair ba Mhicí s'againn an sceithre an t-am ar fad. Sin an rud a mharaigh mo mháthair, **an chiontacht**[80] sin gur mharaigh a mac féin Séamaí Ó hÓgáin.'

Thit tost ar an tseomra arís. Thóg Tomaí anáil throm. Bhí an **glothar**[81] le cluistin ina scamhóga.

'**Tchímse**[82] máthair Shéamaí ó am go chéile.' Bhí a glór íseal arís. 'Ní aithníonn sí mé, buíochas le Dia. **Cnaghta leis an aois**[83] roimh a ham atá sí agus cé go bhfuil a fhios ag gach duine faoin spéir cad é a tharla, is cuid amhrais é go fóill.'

Thiontaigh sí[84] chuig Tomaí: 'Agus amharc ormsa féin… **pósta ar phótaire a alpann chuige**[85] agus a mhilleann uaidh. Bhí an t-ádh orm nach raibh páistí againn, is dócha. Tá an tubaiste anuas orm ón lá sin a d'imigh Micí s'againne go dtí an lá seo inniu ann. B'fhearr liom **dá marófaí é**[86] ag an am, sin lom na fírinne, maith nó olc.'

Rinne Tomaí iarracht amháin eile a pian a mhaolú: 'A Phádraigín, a stór, glacaim le gach rud a dúirt tú ansin ach dá olcas gach rud a rinne do dheartháir, cha dtearn tusa aon rud contráilte… níl aon locht ortsa.'

Theip[87] air arís.

'Tá tú contráilte, a Thomaí. Is mise atá náirithe ar a shon. Is mise atá ag iompar **a pheaca**[88] ó shin… mise amháin atá go fóill sa phobal seo, agus níor bhain dearmad ar bith díom faoi ariamh.'

Stop Tomaí í arís.

'Bhí aithne mhaith agam ar do dheartháir, a Phádraigín; bhí sé ina **cheannfort**[89] orm ag an am sin… an raibh a fhios sin agat?'

Bhí Pádraigín beagnach ag screadaigh anois.

'Nach maith atá a fhios agam, a Thomaí. B'eisean an ceannfort a d'ordaigh bás Shéamaí Óig. Sin é mo náire, a Thomaí, níl rud ar bith níos measa ná sin, aon rud ar bith!'

'Tá, a Phádraigín, tá… i bhfad níos meas ná sin.' 'Níl, a Thomaí, níl a fhios agat cad é atá tú a rá!'

'A Phádraigín, a stór, creid uaimse é, tá a fhios agamsa go maith!'

'Cad é atá tú a **mhaíomh**[90]?'

D'amharc Tomaí go dian uirthi mar bheadh sé á scrúdú go domhain. 'Mar a dúirt mé, a Phádraigín, lean muid na horduithe a tugadh dúinn.' Chlaon sé a cheann: 'Ach mura bhfuil tusa cúramach, críochnóidh tú i do sheanaois go díreach cosúil liomsa, i do **dheoraí**[91] breoite tinn.'

D'fhág sí Tomaí ina shuí ansin **ag casachtach**[92] agus ag únfairt lena mhasc.

Dhá lá ina dhiaidh sin fuair Pádraigín scéala gur éag Tomaí agus gur thángthas ar a chorp ina luí ar an chathaoir cois tine, mar a d'fhág sí é an lá sin.

[84]*She turned*

[85]*Married to a drunkard who devours everything*

[86]*That he would be killed*

[87]*Failed*

[88]*His sin*

[89]*Chief officer*

[90]*Claiming*

[91]*Tears*

[92]*Coughing*

Scríobh achoimre ghearr ar an scéal i do chuid focal féin.

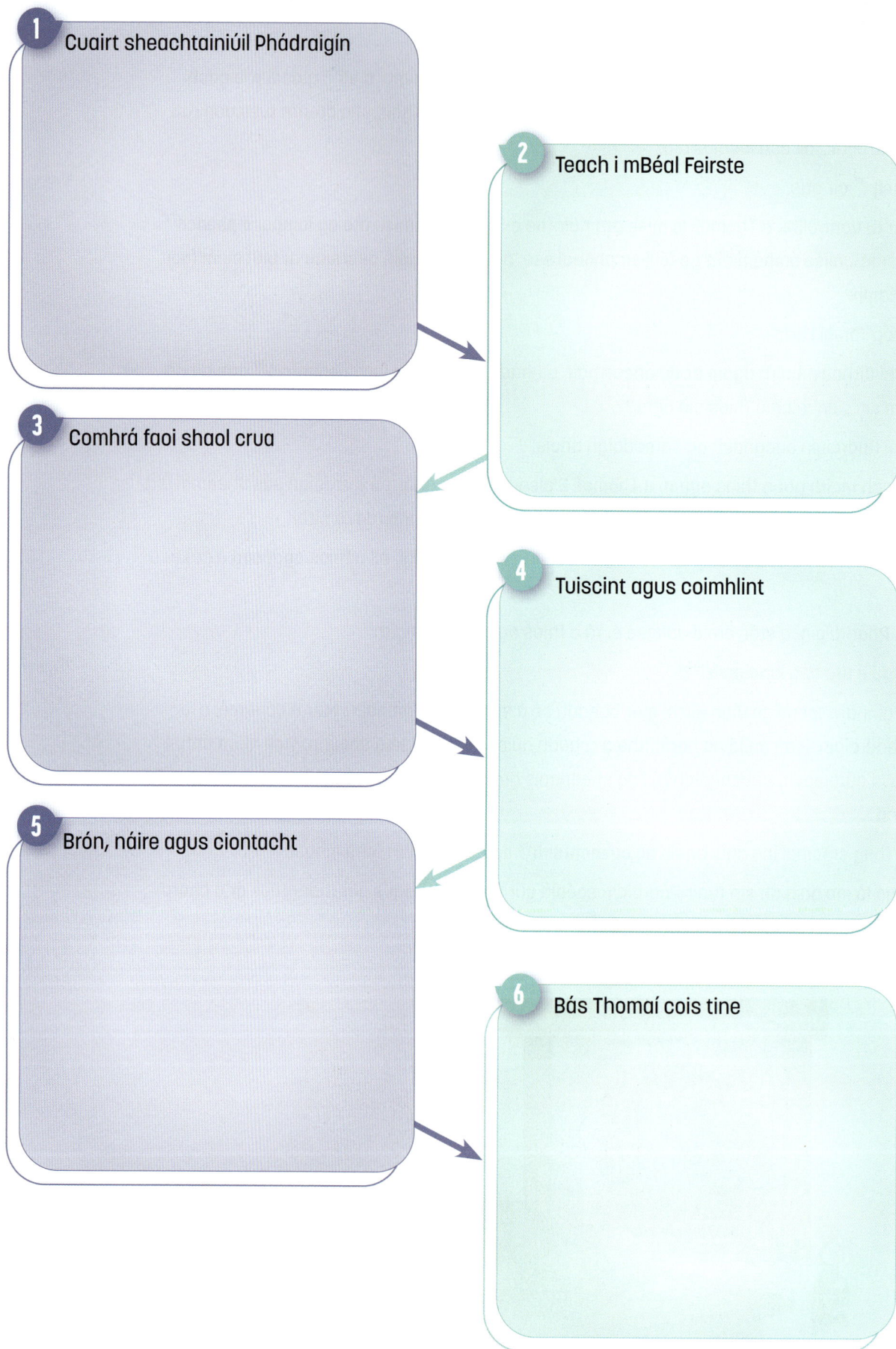

1 Cuairt sheachtainiúil Phádraigín

2 Teach i mBéal Feirste

3 Comhrá faoi shaol crua

4 Tuiscint agus coimhlint

5 Brón, náire agus ciontacht

6 Bás Thomaí cois tine

ACHOIMRE

1. Cuairt ar Theach Thomaí

Tháinig Pádraigín, glantóir gairmiúil[93], ar cuairt chuig Tomaí, seanfhear breoite agus uaigneach[94] a bhí ina chónaí i dteach suarach i mBéal Feirste. Bhí cuma thréigthe ar an teach, le scamhadh péinte agus salachar i ngach áit. Cé gur obair a bhí ar siúl aici, léirigh sí cúram agus cineáltas[95] i leith Thomaí. Chothaigh sí tine[96] dó, rinne sí tae agus ceapairí agus shuigh sí síos lena cuideachta a thabhairt dó.

2. Scéal Brónach Thomaí

D'inis Tomaí di go ndeachaigh sé ó Chontae an Chabháin go Béal Feirste sna 1960idí le saol níos fearr[97] a bhaint amach. Ghlac sé páirt sa ghluaiseacht phoblachtach[98], chaith sé tréimhse i bpríosún agus lean sé orduithe a tugadh dó. Ach anois, bhí sé briste ó thaobh meoin agus sláinte[99] de. Ní raibh teagmháil aige lena theaghlach le daichead bliain, agus dúirt sé nár theastaigh aon duine uaidh[100] níos mó. D'admhaigh sé[101] go raibh an bás ag druidim leis.

3. Fírinne Phádraigín

Nocht Pádraigín[102] scéal a teaghlaigh: gur deirfiúr í le Mícheál Ó Dúthaigh, fear a rinne sceitheadh[103] ar dhaoine eile. Bhí an gníomh sin ina chúis le náire, briseadh croí agus bás a máthar, poblachtach dílis. Mharaigh na hÓglaigh[104] fear neamhchiontach mar chúiteamh, rud a chruthaigh níos mó ciontachta[105] i bPádraigín. Mhothaigh sí go raibh sí freagrach, cé nach raibh baint aici leis na gníomhartha. Rinne Tomaí iarracht í a cheansú, ag rá nach raibh locht uirthi.

4. Críoch Thragóideach

Lean an comhrá idir an bheirt go domhain agus go mothúchánach[106]. Bhí an chiontacht agus an náire fite fuaite[107] sa chaidreamh eatarthu. D'fhág Pádraigín Tomaí ina shuí cois tine, agus dhá lá ina dhiaidh sin, fuair sí scéal go raibh sé tar éis bás a fháil sa suíomh céanna. Críoch bhrónach ar an scéal a bhí ann, a léirigh uaigneas, gníomhartha nárbh fhéidir a mhaitheamh, agus an fáinne fí[108] idir polaitíocht, brón agus pian phearsanta.

[93]Professional cleaner
[94]Sick and lonely
[95]Care and kindness
[96]She lit a fire

[97]Better
[98]Republican movement
[99]Mind and health
[100]That he didn't need anyone
[101]He admitted
[102]Pádraigín revealed
[103]He informed
[104]The volunteers killed
[105]More guilt

[106]Deep and emotional
[107]Intertwined

[108]Vicious circle

CLEACHTAÍ

1. Léigh na habairtí agus líon na bearnaí leis na focail thíos.

   Focail le cur isteach: glantóir, teach, ocsaigine, breoite, bás, Béal Feirste, tine, uaigneach, scéal, ciontacht, gruama

   Tháinig Pádraigín, _____, ar cuairt chuig Tomaí.

   Bhí Tomaí ina chónaí i d_____ suarach agus salach.

   Bhí sé _____ agus ag brath ar umar _____.

   Chothaigh Pádraigín _____ dó agus rinne sí cupán tae.

   Bhí Tomaí an-_____ go deo agus ní raibh teagmháil aige lena mhuintir le blianta.

   Fuair sé _____ ar a chathaoir cois tine.

   Bhí atmaisféar _____ le brath sa teach.

   Nocht Tomaí a _____ faoi shaol crua, príosún agus an ghluaiseacht phoblachtach.

   Bhí _____ le brath ar Phádraigín faoi ghníomhartha a dearthár.

   Bhí an scéal suite i m_____ i rith tréimhse deacra i saol na cathrach.

2. Meaitseáil na habairtí Gaeilge agus Béarla.

Abairt Ghaeilge	Abairt Bhéarla
A. Thug Pádraigín aire do Thomaí gach seachtain.	1. He was lonely and near death.
B. Bhí Tomaí ina shuí cois tine leis féin.	2. Tomaí died sitting in the living room.
C. Bhí an teach salach agus tréigthe.	3. Tomaí had no contact with his family for years.
D. D'inis Tomaí scéal a shaoil do Phádraigín.	4. Pádraigín showed him care and kindness.
E. Bhí sé uaigneach agus ag druidim leis an mbás.	5. Pádraigín felt guilt and shame.
F. Léirigh Pádraigín cion agus cineáltas dó.	6. Tomaí told Pádraigín the story of his life.
G. Ní raibh teagmháil ag Tomaí lena theaghlach le blianta.	7. The house was dirty and neglected.
H. Bhí ciontacht agus náire ar Phádraigín.	8. They spoke about politics and loss.
I. Fuair Tomaí bás ina shuí sa seomra suí.	9. Tomaí sat alone by the fire.
J. Labhair siad faoin bpolaitíocht agus faoin gcaillteanas.	10. Pádraigín cared for Tomaí every week.

   Freagraí

A	B	C	D	E	F	G	H	I	J
10									

3. Scríobh na huimhreacha 1–6 chun na habairtí a chur in ord mar a tharla sa scéal.

   Bhí Tomaí ina shuí cois tine nuair a tháinig Pádraigín isteach. [1]

   D'inis Pádraigín an fhírinne faoina dheartháir, an sceithire, dó. [ ]

   Labhair siad faoina shaol agus an chaoi nach raibh aon teagmháil aige lena mhuintir. [ ]

   Fágadh Tomaí ina aonar, agus fuair sé bás cois tine. [ ]

   D'iarr sé uirthi tine a chothú agus tae a dhéanamh. [ ]

   Nocht sé go raibh sé an-tinn agus go raibh sé ag druidim leis an mbás. [ ]

Ceisteanna Ilrogha

Cuir tic leis an mbosca ceart.

1. Cá raibh an scéal suite?
   (a) Baile Átha Cliath ☐ **(b)** Conamara ☐ **(c)** Béal Feirste ☐

2. Cé hé Tomaí?
   (a) Glantóir a tháinig ar cuairt ☐ **(b)** Seanfhear tinn agus uaigneach ☐ **(c)** Mac Phádraigín ☐

3. Cad a rinne Pádraigín don seanfhear?
   (a) Chothaigh sí tine agus rinne sí tae ☐
   (b) Thug sí chuig an ospidéal é ☐
   (c) D'fhág sí ina aonar ón tús é ☐

4. Cén fáth a raibh Pádraigín ag aireachtáil ciontach?
   (a) Mar nár thug sí aire mhaith dó ☐
   (b) Mar gur ghlaoigh sí ar a mhuintir ☐
   (c) Mar go ndearna a deartháir sceitheadh ☐

5. Cad a tharla do Thomaí ag deireadh an scéil?
   (a) D'imigh sé leis san otharcharr ☐
   (b) D'fhill a theaghlach ☐
   (c) Fuair sé bás ina shuí cois tine ☐

Frásaí Cabhracha

Léigh na frásaí thíos. Bain úsáid astu chun 4–5 abairt shimplí a scríobh faoin scéal 'Glantóir' le Seán Ó Muireagáin.

Ba faoi _____ an scéal.   Labhair siad faoi _____.

Bhí Tomaí _____.   Bhí ciontacht ar _____.

Bhí sé ina chónaí _____.   D'inis Tomaí _____.

Tháinig Pádraigín _____.   Fuair sé bás _____.

Rinne sí _____.   Léirigh Pádraigín _____.

Spás le haghaidh scríbhneoireachta

CEISTEANNA BUNÚSACHA

1. Cén post atá ag Pádraigín?

2. Cén chuma atá ar theach Thomaí?

3. Cén fáth ar fhág Tomaí an baile?

4. Cad a dhéanann Tomaí gach lá?

5. Cé hé Mícheál Ó Dúthaigh, agus cén tionchar a bhí ag a ghníomhartha ar a theaghlach?

NA PRÍOMHCHARACHTAIR

Pádraigín

Ba ghlantóir cineálta í Pádraigín a thug aire do Thomaí. Thug sí bia dó agus rinne sí comhrá leis, cé go raibh sí ag streachailt lena cuid mothúchán féin. Bhí sí buartha faoi ghníomhartha a dearthár Micí, a rinne dochar dá teaghlach. Cé go raibh sí brónach, rinne sí iarracht sólás a thabhairt do Thomaí.

Bhí an caidreamh eatarthu casta mar gheall ar a ndearna daoine eile sa pholaitíocht. In ainneoin gach rud, lean sí uirthi ag tabhairt aire dó, rud a léirigh cé chomh cineálta agus flaithiúil is a bhí sí.

Tomaí

Ba sheanfhear lag agus uaigneach é Tomaí. Bhí sé ag brath ar Phádraigín le haghaidh cúraim. Bhí sé ina chónaí i dteach suarach, agus bhí sé an-bhrónach. Bhí sé tinn leis an ngalar scamhóg agus ag druidim leis an mbás.

Bhí sé ina phoblachtach tráth, ach anois mhothaigh sé uaigneas agus náire faoi eachtraí a shaoil. Cé go raibh sé buíoch de Phádraigín, bhí sé deacair air a chuid mothúchán a chur in iúl. Rinne sé iarracht sólás a thabhairt di, ach mhothaigh sé nach raibh sé in ann mórán tacaíochta a thabhairt.

Micí (deartháir Phádraigín)

Ní raibh Micí le feiceáil sa scéal, ach bhí ról tábhachtach aige. Sceith sé ar phoblachtánaigh eile agus thréig sé a chlann. Chuir sé an-bhrón ar a mháthair agus ar Phádraigín. Bhí tionchar diúltach aige ar Thomaí freisin, mar bhí gach duine ag fulaingt fós mar gheall ar an méid a rinne sé.

Máthair Phádraigín

Cé nach raibh sí beo sa scéal, bhí sí tábhachtach. Bhí sí dílis don phoblachtachas, ach bhris sceithireacht Mhicí a croí. Níor mhair sí i bhfad ina dhiaidh sin. Bhí a bás crua ar Phádraigín. D'fhág sí bearna mhór ina saol.

Séamaí Óg Ó hÓgáin

Maraíodh Séamaí go héagórach mar sceithire, cé nach raibh sé ciontach. D'fhág a bhás briseadh croí agus ciontacht ar Phádraigín agus ar a muintir. Bhí tionchar mór ag a bhás ar Thomaí freisin, cé nach raibh baint phearsanta aige leis. Bhí sé mar chuid de na fadhbanna polaitiúla a bhí ag cur isteach ar an teaghlach. Léiríonn a bhás na costais phearsanta a bhaineann le dílseacht pholaitiúil agus le feall.

CEISTEANNA BUNÚSACHA

nod don scrúdú
Bíodh na carachtair ar eolas go maith agat.

1. Cad a rinne Pádraigín do Thomaí? (*Pádraigín*)

2. Cén fáth a raibh Tomaí ag brath ar Phádraigín? (*Tomaí*)

3. Cad a d'inis Tomaí do Phádraigín faoina óige? (*Tomaí*)

4. Cad a rinne bás na máthar do shaol Phádraigín? (*Máthair Phádraigín*)

5. Céard a d'fhág uaigneas ar Thomaí ag deireadh a shaoil? (*Tomaí*)

Scríobh tréithe na gcarachtar sna boscaí.

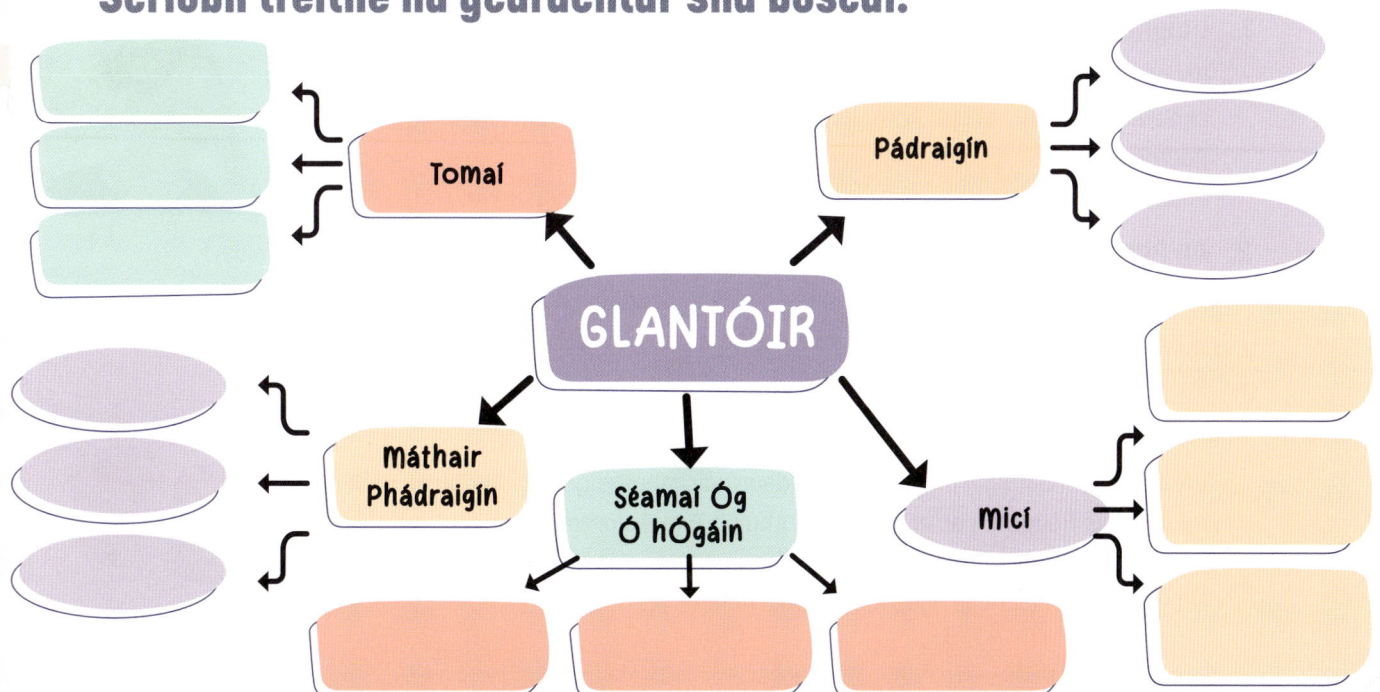

Tomaí

Pádraigín

GLANTÓIR

Máthair Phádraigín

Séamaí Óg Ó hÓgáin

Micí

Scríobh dhá líne i d'fhocail féin ar gach carachtar sna boscaí thíos.

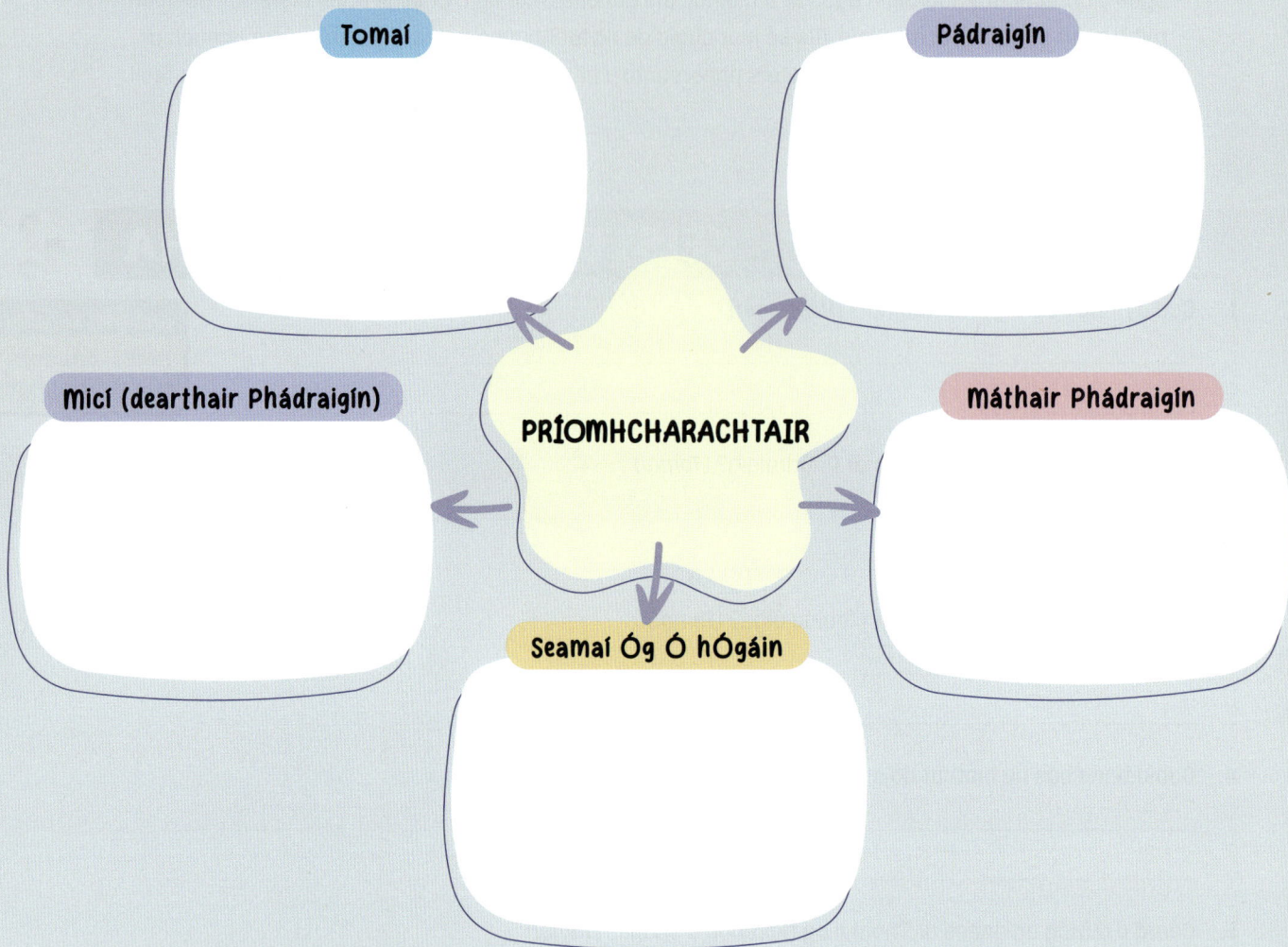

Tomaí

Pádraigín

Micí (dearthair Phádraigín)

PRÍOMHCHARACHTAIR

Máthair Phádraigín

Seamaí Óg Ó hÓgáin

PRÍOMHTHÉAMAÍ AN SCÉIL

1. **Uaigneas agus Fulaingt**

   Bhí uaigneas agus brón le feiceáil sa scéal. Bhí Tomaí ina chónaí leis féin i dteach beag i mBéal Feirste. Bhí sé tinn agus ní raibh aon teagmháil aige lena mhuintir. Tháinig Pádraigín ar cuairt chuige gach seachtain. Bhí sí féin brónach freisin mar gheall ar a dearthair Micí, a rinne dochar don teaghlach. Bhí an bheirt acu ag fulaingt.

2. **An Pholaitíocht agus an Dochar a Rinne Sí**

   Thaispeáin an scéal an dochar a rinne coimhlintí polaitiúla do dhaoine. Bhí Tomaí ina bhall den ghluaiseacht phoblachtach. Lean sé orduithe a chuir isteach ar theaghlach Phádraigín. Mar gheall air sin, bhain tragóid agus brón lena saol.

3. **Náire, Ciontacht agus Comhbhá**

   Bhí náire ar Phádraigín mar gheall ar a dearthair. Mhothaigh sí ciontach cé nach raibh sí féin freagrach as ar tharla. Mhothaigh Tomaí ciontach freisin as na rudaí a rinne sé ina shaol. Ach, in ainneoin an bhróin, thaispeáin siad comhbhá lena chéile. Labhair siad lena chéile agus roinn siad a bpian.

Scríobh síos trí phríomhphointe a bhaineann le príomhthéamaí an scéil.

PRÍOMHTHÉAMAÍ

1.

2.

3.

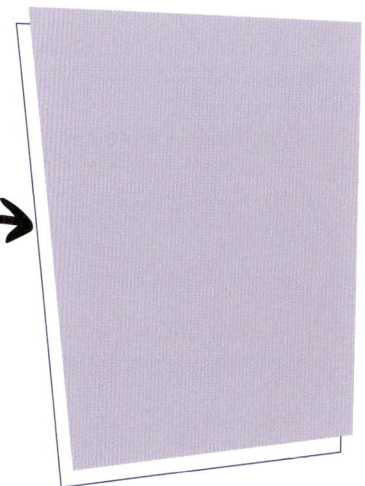

EOLAS FAOIN ÚDAR

File, údar, scéalaí agus amhránaí: is fear ildánach é an Feirsteach Seán Ó Muireagáin.

Fuair Seán duais speisialta ag Oireachtas na Samhna 2018 agus in 2019 cuireadh a leabhar, *Gaire in Éag*, i gcló. Is as Baile Uí Mhurchú é Seán ó dhúchas.

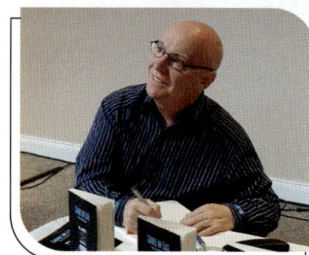

FREAGRAÍ SAMPLACHA ARDTEISTIMÉIREACHTA

Ceist: Cé hé Pádraigín?

Ba ghlantóir díograiseach í Pádraigín a thug aire do Thomaí sa scéal.

Ceist: Cén chuma a bhí ar theach Thomaí?

Bhí cuma thréigthe agus salach ar theach Thomaí le scamhadh péinte agus salachar.

Ceist: Céard a bhí le feiceáil sa teach?

Bhí siombailí polaitíochta cosúil le Forógra na Poblachta agus pictiúr de Bobby Sands le feiceáil ann.

Ceist: Cad a rinne Pádraigín do Thomaí?

Chothaigh Pádraigín tine, rinne sí cupán tae agus ceapairí do Thomaí.

Ceist: Cad a d'admhaigh Tomaí do Phádraigín?

D'admhaigh Tomaí do Phádraigín go raibh an bás ag druidim leis.

Ceist: Cén ról atá ag Pádraigín i saol Thomaí sa scéal?

FREAGRA

Bhí ról tábhachtach ag Pádraigín i saol Thomaí mar dhuine a thug aire agus cúram dó ag deireadh a shaoil. Thug sí bia dó, chuir sí teas ar fáil agus rinne sí comhrá leis in áit a bhí fuar agus dorcha. Cé go raibh a cuid fadhbanna pearsanta féin aici, lean sí uirthi ag tabhairt sóláis do Thomaí, rud a léirigh a flaithiúlacht agus a cineáltas. Bhí sí mar thaca aige nuair a bhí sé ag druidim leis an mbás.

Ceist: Conas a mhothaigh Tomaí faoina shaol agus faoin am atá thart?

FREAGRA

Mhothaigh Tomaí brón, uaigneas agus ciontacht faoin saol a bhí caite aige. Bhí díomá air gur lean sé orduithe i rith a óige agus gur chaill sé a dhóchas le himeacht ama. Thuig sé go raibh a shaol millte ag an streachailt phoblachtach agus ag an mbriseadh croí pearsanta. Cé go ndearna sé iarracht sólás a thabhairt do Phádraigín, mhothaigh sé féin teoranta agus briste i ndeireadh a shaoil.

SCILEANNA SCRÍBHNEOIREACHTA

1. Cén fáth ar fhág Tomaí Contae an Chabháin?

2. Cad a tharla do Thomaí sa streachailt phoblachtach?

3. Cé hé Mícheál Ó Dúthaigh?

4. Cad a tharla don mháthair?

5. Céard a rinne na hÓglaigh mar chúiteamh?

6. Pléigh príomhthéama an scéil 'Glantóir'.

7. Tabhair dhá phointe eolais faoin gcaidreamh idir beirt charachtar sa scéal.

_____

_____

_____

8. Cad iad na mothúcháin is mó a mhothaigh Pádraigín sa scéal?

_____

_____

_____

9. Conas a bhí saol Thomaí nuair a tháinig Pádraigín isteach sa teach?

_____

_____

_____

10. Cén fáth a raibh brón ar Phádraigín faoina teaghlach?

_____

_____

_____

11. Conas a léirigh an scéal an fhulaingt a tháinig ón streachailt pholaitiúil?

_____

_____

_____

12. Tabhair cuntas ar na príomhimeachtaí a tharlaíonn sa scéal.

_____

_____

_____

_____

_____

_____

_____

_____

_____

_____

_____

Achoimre Shimplí

D'fhág an t-údar a phost chun dul ag siúl ar an Camino de Santiago. Bhí an turas crua ach spreagúil, le báisteach, tuirse agus castáil le daoine ó thíortha éagsúla. Rinne sé machnamh domhain agus fuair sé faoiseamh spioradálta.

An Bóthar go Santiago
le Mícheál de Barra

ROGHA 3

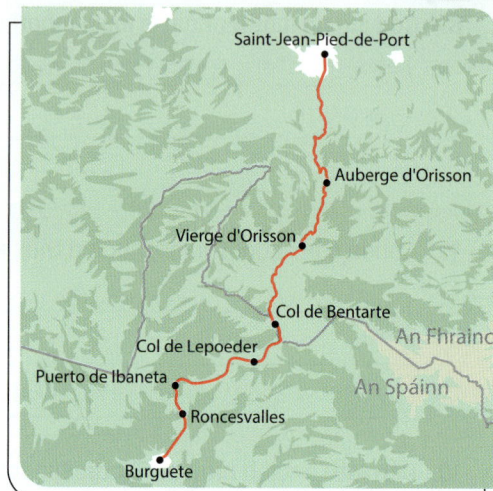

¹*Gadgets*

²*Wave of nostalgia*

³*An urge hits me to do a dance*

⁴*At the school gate*

⁵*To pump*

⁶*The black sickness*

⁷*Footsteps of the medieval pilgrims*

⁸*The Milky Way*

⁹*Moving*

¹⁰*Beautiful landscape*

¹¹*Shining sun*

¹²*Fierce thunderstorm*

¹³*The hugeness of the Pyrenees*

¹⁴*Their peaks high*

¹⁵*Fortified*

¹⁶*Fort*

¹⁷*During the Spanish Civil War*

¹⁸*Regret*

¹⁹*Investigate*

²⁰*Kingdom borders*

Faoiseamh. Bainim mo chuid **giúirléidí**¹ den bhord. Tugaim sracfhéachaint thart. Scuabann **tonn cumha**² tharam. Sciar de mo shaol fágtha agam anseo. Bainim croitheadh asam féin. Cuirim an céad méadar idir m'oifig agus an príomhdhoras díom. Grian an fhómhair ag soilsiú na gcrann lasmuigh. **Buaileann fonn mé babhta rince a dhéanamh³ ar thairseach na scoile⁴**, pocléim a thabhairt, mo dhoirne **a ghreadadh**⁵ san aer mar a dhéanann imreoir peile tar éis cúl a fháil, a fhógairt don saol mór go bhfuil laincisí na hoibre caite díom ar deireadh thiar. Mé ar adhastar ag an oideachas ó chuaigh mé ar scoil den chéad uair sa bhliain 1949. Bhí mé sona sásta san áit seo. Gan ligean **don ghalar dubhach**⁶ mé a bhualadh anois. Tá aistear saoil romham go fóill. 'But I have promises to keep, and miles to go before I sleep,' mar a deir Robert Frost. Nach bhfuilim ar tí brionglóid a chomhlíonadh? Gealltanas tugtha agam **coiscéimeanna na n-oilithreach meánaoiseach⁷** a leanúint ar *el Camino de Santiago*. **Bealach na Bó Finne⁸** a shiúl go Deireadh an Domhain, b'fhéidir. Níl le déanamh agam ach an 900 ciliméadar idir Saint-Jean-Pied-de-Port agus Finisterre a chur díom.

Bogann an traein go mall leadránach isteach i stáisiún Bayonne. Cuireann sí Iarnród Iarthar an Chláir le linn m'óige i gcuimhne dom, gan puinn den nua-aimsearthacht ag roinnt léi. Téimid – seachtar Éireannach, beirt Mheiriceánach agus dhá rothar – isteach sa charráiste *première classe* gan ach ticéid den dara grád againn. An áit fúinn féin againn. An traein anois **ag gluaiseacht⁹** go mall in aghaidh an aird trí spoir shliabhraon na bPiréiní. **Tírdhreach fhíorálainn¹⁰. Grian lonrach¹¹** ag tús an aistir ach cuireann **stoirm fhíochmhar thoirní¹²** fáilte romhainn go **Saint-Jean-Pied-de-Port** (Naomh Eoin ag Bun an Mháma).

An baile ag féachaint go hálainn in ainneoinn na drochaimsire. **Ollmhéid na bPiréiní¹³** mar chúlra, **a mbeanna go hard¹⁴** os cionn múrtha an dúnfoirt (**la Citadelle**) a tógadh ar orduithe an Chairdinéal Richelieu sa bhliain 1626. Méadaithe agus **daingnithe¹⁵** ag Louis XIV i 1650. Ón **dún¹⁶** seo a thug fórsaí Napolean aghaidh ar an Spáinn sa bhliain 1808. Beidh an cosán a thóg siad á leanúint agam amárach má thagann feabhas ar an aimsir. Coimeádadh príosúnaigh agus suas le 500 páiste ó Thír na mBascach taobh istigh dá bhallaí **le linn Chogadh Cathartha na Spáinne¹⁷** (1936–39). **Aifeála¹⁸** orm nach bhfuil níos mó ama agam chun **iniúchadh¹⁹** a dhéanamh ar an mbaile seanda seo a bhí taobh istigh de **theorainneacha Ríocht²⁰** Navarra go dtí 1512. Príomhbhaile Basse Navarre anois é.

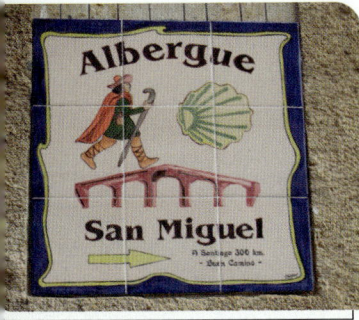

Déanaim caol díreach ar Accueil Saint Jacques, an t-ionad fáilte agus eolais. An áit plódaithe **le hoilithrigh**[21] ar thóir lóistín na hoíche. Scuainí fada ag boird na Fraincise, na Gearmáinise agus an Bhéarla. Tá bord na Spáinnise díomhaoin. Leaba agus *sello* faighte agam taobh istigh de chúpla nóiméad. Bainim an teach amach. **Seanbhean chríonaosta**[22] chaite i mbun an tí atá ar aon dul léi féin. Tugann sí suas staighre **guagach**[23] mé go seomra ina bhfuil leathdhosaen leapacha. Daoine iontu. Gan fonn ar bith orm an oíche a chaitheamh ag éisteacht le **srannfartach**[24] Ghearmánach, Fhrancach, nó Ollannach. Ní bheadh seomra aonair agat, a bhean chóir? Cúig euro is fiche? Is cuma liom, a bhean a' tí. Is fiú oíche shíochánta an méid sin.

Fillim[25] ar mo sheomra tar éis ceatha. Sínim siar ar an leaba. Feicim saol gruama tríd an bhfuinneog. Cúinge na sráide ag brú isteach orm ó na meánaoiseanna. Dorchadas na hoíche. **Gáitéir na dtithe**[26] ag cur thar maoil. An t-uisce ag sceitheadh. Táim domheanmnach, dubhach. Mothaím an **drochmhisneach**[27] agus an **beaguchtach**[28] ag sá a gcuid ingne ionam. Ní theastaíonn uaim bheith i mo **dhuarcán**[29] ar an turas seo. Ní mór dom aghaidh a thabhairt ar anró agus ar chruatan aistear an oilithrigh. Dul i dtaithí, más gá, ar angar an choisí mheánaoisigh. Táim éirithe róbhog de dheasca stíl mhaireachtála ár linne.

Ní mór feidhm a bhaint as iniúchadh na mothúchán chun **turas inmheánach**[30], oilithreacht anama, a dhéanamh ar an aistear fada atá romham. Caithim an oíche go **corrathónach**[31], seal i mo chodladh, seal i mo dhúiseacht. Gan le cloisteáil ach **síorchlagarnach bháistí**[32], bloscarnach na toirní agus **steallóga uisce**[33] ag titim de phleist ar **chlocha dúirlinge**[34] Rue de la Citadelle ó na gáitéir ag cur thar maoil.

Lá 1 A seacht a chlog ar maidin agus é fós ag stealladh báistí. Ithim bricfeasta le cuntasóir Ostarach agus le Gearmánach **tostach**[35]. Béarla ar a dtoil acu beirt.

Déanann bean a' tí iarracht chalma comhrá a choinneáil liom i bhFraincis. **Gach dealramh**[36] ar an scéal go gcónaíonn sí ina haonar sa teach. Grianghraif dá clann mac **anseo is ansiúd**[37]. Éadaí agus stíl ghruaige na seachtóidí orthu. Ólaimid caifé as cuacha nó babhlaí gan chluas sa traidisiún Francach.

Thart ar leathuair tar éis a hocht tagann **maolú ar an bhfearthainn**[38]. Déanaim cinneadh bóthar a bhualadh. Tá barr na sléibhte faoi **bhrat scamall**[39]. Beartaím mar sin an bealach íseal trí Valcarlos a leanúint. Gan lón ná uisce agam agus gan siopa ar bith ar oscailt go fóill. Is cuma liom. Beidh fáil orthu in Valcarlos. Caithim mo mhála in airde ar mo dhroim agus síos liom Rue de la Citadelle thar Eaglais Notre-Dame-du-bout-du-Pont (14ú Céad). **Tá sliogáin an mhuirín ar an bhfuarán ar a haghaidh amach**[40]. Gabhaim amach trí Porte Notre Dame agus seasaim ar an Pont sur la Nive.

Tá uisce na habhann ar nós scátháin i **solas fann**[41] na maidine. Tithe seanda de **ghaineamhchloch bhándearg**[42] agus **ballaí aoldaite**[43] lena mbalcóiní adhmaid ag gobadh amach os cionn an uisce. Radharc chárta poist.

Leanaim na **línte comhthreomhara**[44] bána agus dearga atá mar **chomharthaí bealaigh**[45] an Camino ar thaobh na

[21] *With pilgrims*

[22] *A very old woman*
[23] *Unsteady*

[24] *Snoring*

[25] *I return*

[26] *House gutters*
[27] *Despondency*
[28] *Lack of courage*
[29] *Gloomy person*

[30] *Inner journey*
[31] *Restless*
[32] *Constant rain*
[33] *Splashes of water*
[34] *Cobblestones*

[35] *Silent*

[36] *It seems*
[37] *Here and there*

[38] *Reduction in the rain*
[39] *Blanket of cloud*

[40] *Sea urchin shells lie at the spring, scattered out before it.*

[41] *Faint light*
[42] *Pink sandstone*
[43] *Whitewashed walls*
[44] *Parallel lines*
[45] *Route signs*

Fraince de na sléibhte. Imíonn leathuair an chloig thart agus mé fós ag siúl in aghaidh an aird ar shleas chomh rite sin go bhfuil amhras orm go bhfuilim ar an mbóthar ceart. Ní fhéadfadh claonadh chomh géar sin a bheith ar an mbóthar go Valcarlos. Castar lánúin Ollannach orm **a dheimhníonn**[46] dom go bhfuilim ar *Route Napoléon* – an bealach ard – gan bia ná deoch i mo phaca. Botún amaideach, **contúirteach**[47] déanta agam.

Cuireann na treoirleabhair fainic ar shiúlóirí gan tabhairt faoin mbealach seo gan na **soláthairtí riachtanacha**[48] a bheith acu mar nach bhfuil a leithéidí ar fáil ar an tslí. Seasaim tamall ag iarraidh m'aigne a dhéanamh suas. An siúlfaidh mé an bealach ar fad ar ais go Saint Jean nó an dtabharfaidh mé faoi **aistear lae**[49] thar na sléibhte gan rud ar bith le hithe ná le hól agam? Tá go leor de shléibhte na hÉireann siúlta agam agus tuigim go maith céard a déarfadh na saineolaithe sléibhteoireachta. Mo cheann ag rá liom filleadh. **Gealtachas a bheadh ann leanúint ar agaidh**[50], a deirim liom féin. Mar sin féin, tá mar a bheadh **cumhacht éigin lasmuigh díom**[51], neach neamhshaolta éigin, ag cur cosc orm casadh ar ais. Tá gráig breis agus ciliméadar suas an bóthar. **Honto** atá mar ainm uirthi. Deirim liom féin go mb'fhéidir go mbeadh uisce ar a laghad le fáil ansin. Buailim bóthar arís ag dul in airde. Gan siopa ar bith sa ghráig. De réir mo threoirleabhair, tá aistear scór ciliméadar romham. Aghaidh rite sléibhe go dtí 1,400 méadar os cionn leibhéal na farraige. Riail docht, daingean sléibhteoireachta á briseadh agam. Ábhar imní é ach leanaim orm.

Buailim leis an **lánúin**[52] Ollanach, Lex Wedemeijer agus a bhean, arís. Béarla ar nós cainteoirí dúchais acu beirt. Ní fada go mbíonn **comhrá bríomhar**[53] ar siúl eadrainn. Tá siad tar éis cúpla lá a chaitheamh in Zaragoza, áit a raibh Lex **ag tabhairt léachta uaidh**[54] ar ghné éigin den ríomhaireacht nó den teicneolaíocht faisnéise. Níl ach saoire choicíse acu agus tá beartaithe acu siúl chomh fada le Burgos. Nuair a insím dóibh nach bhfuil uisce agam, leanann siad **ag tathant**[55] orm ceann dá mbuidéil féin a thógáil. Faoi deireadh glacaim leis. Daoine **fiala**[56] **flaithiúla**[57] iad.

Leathuair tar éis a deich. Tagaimid go dtí **Auberge d'Orisson**, *albergue* agus caifé nua-oscailte nach bhfuil luaite sna **treoirleabhair**[58], rud a chuir ár sá iontais orainn. Rónua is dócha. An t-ádh ag rith liom faoi dheireadh. Ceannaím buidéal mór uisce – i bhfad rómhór. Táim ar nós duine a bheadh tar éis teach slán, ar éigean, ó bheith ar **fán sa ghaineamhlach**[59] agus atá ag déanamh cinnte nach mbeidh sé gan uisce go deo arís. **Fiafraím**[60] den úinéir an bhféadfadh sé ceapairí nó rollóg a dhéanamh dom. 'Dhéanfainn agus fáilte,' ar seisean, 'ach go bhfuil an t-arán ar fad ídithe.' Nochtann aingeal eile le mo thaobh. Cailín álainn, dúshúileach, **dúchraicneach**[61] nach bhfeictear ach ar thrá in aeráid níos grianmhaire ná mar atá againn in Éirinn. 'Tabharfaidh mise ceapaire duit agus fáilte,' ar sise. 'Tá **barraíocht**[62] agamsa.' Osclaíonn sí a mála agus síneann sí ceapaire breá tiubh chugam. Gabhaim buíochas ó chroí léi. Siúlaimid píosa den bhóthar le chéile agus **dreas comhrá**[63] againn. Ó Recife i dtuaisceart na Brasaíle í. Tá sí ag staidéar le bheith ina cócaire in Lyon na Fraince. **An deis á tapú aici**[64] chun an *Camino de Santiago* a dhéanamh. Míníonn sí dom go bhfuil cáil ar Bhealach San Séamus ina tír féin i ngeall ar *An Oilithreacht*, **fabhalscéal**[65] a scríobh an t-údar Brasaíleach, Paulho Coehlo, scríbhneoir a bhfuil **clú idirnáisiúnta**[66] air. Tarlaíonn go bhfuil an leabhar sin léite agam féin. D'fhill Coelho ar an Eaglais Chaitliceach tar éis dó an *Camino* a shiúl.

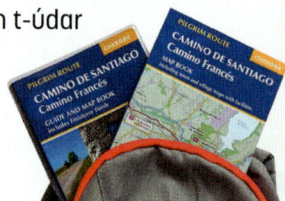

---

[46]Who confirm

[47]Dangerous

[48]Necessary provisions

[49]Day journey

[50]It would be madness to continue

[51]A mysterious force beyond me

[52]Couple

[53]Lively conversation

[54]Giving a lecture

[55]Urging
[56]Noble
[57]Generous

[58]Guidebooks

[59]Stuck in the sandy desert
[60]I ask

[61]Dark skinned
[62]Excess

[63]A bout of conversation
[64]She is grasping the opportunity
[65]Fable
[66]International fame

Tógaim sos. Mé **ag útamáil**[67] i mo mhála ar chúis éigin. **Iontas na n-iontas**[68], ach aimsím leathdhosaen *Bounty Bars* a bhí lighte i ndearmad agam, iad curtha i dtaisce sa mhála sular fhág mé Éire. Feabhas tagtha ar chúrsaí – gan Dia a mhallachtú. **Raidhse**[69] bia agus dí agam. Ceobhrán agus scamaill na maidine scuabtha chun siúil. Mé ag siúl faoi spalpadh gréine agus **leoithne fhionnuar ghaoithe**[70] ag séideadh anuas ó bheanna na bPiréiní. Ní fhéadfadh siúlóir cúinsí **níos feiliúnaí**[71] a iarraidh. Seasaim ó am go chéile ag breathnú siar ar an ngleann ina bhfuil Saint-Jean-Pied-de-Port suite. Is álainn an radharc é. **Tírdhreach**[72] lán d'ardáin agus d'ísleáin. Cruth cruinn ar na cnocáin agus ar na tulacha glasa. Anseo is ansiúd tá coillte, garráin, fálta agus crainn aonair. Miondifríochtaí i nglaise an **duilliúir**[73]. **Cliathán an tsléibhe**[74] thart orm chomh mín, cothrom le faiche gailf. Gan air ach féar glas agus é bearrtha go talamh ag na caoirigh. Ailtireacht na mBascach le sonrú sna tithe – na **bunsileáin**[75] ag síneadh amach thar na ballaí, balcóiní adhmaid agus **chomhlaí foscaidh**[76] ar na fuinneoga. Nach ámharach an botún a thug ar Route Napoléon mé? Táim ag baint taitnimh thar cuimse as bheith ar na sléibhte ar lá chomh foirfe. Radharcanna **ollásacha**[77], neamhaí thart orm.

Os cionn **scór oilithreach**[78] scaipthe amach os mo chomhair agus i mo dhiaidh. Tagaimid ar fhoinse uisce ag ionad ina bhfuil **léarscáil mhór greanta**[79] ar leac ag taispeáint na n-áiteanna atá le haithint thíos fúinn i mBasse Navarre. Ólaim mo sháith uisce agus athlíonaim na buidéil. Tagann Aleixo, fear óg fadfholtach ó Ghalicia, chun cainte liom. I Spáinnis a labhraíonn sé. Tá sé tar éis taisteal go Saint-Jean-Pied-de-Port chun siúl ar ais go dtí a áit dhúchais féin. Tuigim anois cén fáth go raibh bord Spáinnise in Accueil Saint Jacques aréir. Deirim leis go bhfuil an-tóir ar cheol an phíobaire Carlos Nuñez, **a chomhthíreach féin**[80], in Éirinn. **Mionáibhéil**[81] é sin, ar ndóigh. 'Ní fheadar mé,' ar seisean tar éis machnaimh air ar feadh tamaillín, 'an bhféadfadh cáil chomh mór a bheith air is atá ar Paddy Moloney y los Chieftains i measc mo mhuintire féin.'

Ag druidim le meán lae, tógaim sos eile faoi **Vierge d'Orisson**, **dealbh na Maighdine Muire**[82] a thug aoirí an cheantair ansin ó Lourdes. Chuir siad suas í ar charraigeacha atá ag gobadh aníos as taobh an tsléibhe. Greim á ithe ag leathdhosaen siúlóirí ann. Suím leo ag baint lán na súl as na radharcanna mórthaibhseacha inár dtimpeall. Táimid go hard ar thaobh na sléibhe atá tirim agus **féarmhar**[83]. **Tréada**[84] caorach ar féarach go suaimhneach, cling tholl na glcog ar a muineál le clos ó am go ham. Is beag caint a dhéanann mo chomhshiúlóirí, iad buailte amach cheana féin.

Cuirim chun bóthair, arís, de shíor in aghaidh an aird. Os mo chionn in airde, tá ceithre cinn d'éin mhóra – **iolair**[85], badhbha, nó b'fhéidir **clamháin**[86] – ar foluain gan stró ar shruthanna teo an aeir. Mheasfá go raibh siad ag faire ar an mbaicle bheag oilithreach thíos futhú. 'Ag fanacht go dtitfidh an t-anam as duine againn,' a deir Klaus, Gearmánach meánaosta. Déanaimid gáire in ainneoin gur ráiteas inchredite é. Sinn ar fad **spíonta**[87]. Tá **déshúiligh**[88] istigh sa mhála agam. Mé chomh tuirseach tnáite, áfach, nach bhféadfainn an mála a bhaint díom chun dul ag útamáil ann. Féachaim siar ar ais an treo ar tháinig mé. Ábhar iontais dom go raibh fórsaí Napoléon ábalta a gcuid trealamh cogaidh agus na gunnaí móra a tharraingt aníos anseo in aghaidh an aird.

[67]*Searching*

[68]*Surprise of surprises*

[69]*Loads*

[70]*A cool breeze*

[71]*More appropriate*

[72]*Landscape*

[73]*Foliage*

[74]*The mountain slope*

[75]*Eaves*

[76]*Protective shutters*

[77]*Magnificent*

[78]*Twenty pilgrims*

[79]*Large engraved map*

[80]*Fellow countryman*

[81]*Slight exaggeration*

[82]*Statue of the Virgin Mary*

[83]*Grassy*

[84]*Herds*

[85]*Eagles*

[86]*Buzzards*

[87]*Exhausted*

[88]*Binoculars*

[89]Low iron rails
[90]Hedges
[91]Holy well
[92]Superstitious

[93]A very steep climb

[94]Muscles
[95]Are torn

[96]I'm covered in sweat
[97]Soaked
[98]Because of the coolness of the wind

[99]Damage

[100]A slight relief
[101]Through a grove

[102]To lift the spirits
[103]Refill

[104]Chancellor
[105]Atheists

[106]Bending to
[107]The damn thing

[108]Moor
[109]Glimpse
[110]Nested

Tagaim chomh fada le cros a bhfuil **ráillí ísle iarainn**[89] thart uirthi. Ceirteacha ceangailte de na ráillí. Cuireann sé i gcuimhne dom na **sceacha**[90] nó na toir a d'fheicfeá in Éirinn ag **tobar beannaithe**[91] nó in áiteanna eile, agus ceirteacha ceangailte díobh. Gach dealramh ar an scéal go bhfuil oilithrigh chomh **piseogach**[92] le duine ar bith eile. Tugtha faoi deara cheana féin agam nach féidir le holitihrigh áirithe dul thar charnán cloch gan a gcloch féin a leagan anuas air.

Fágaim an bóthar anseo agus leanaim cosán ar thaobh na láimhe deise. **Dreapadh an-ghéar**[93] cé nach bhfuil sé chomh rite agus a bhí níos luaithe ar maidin. Meáchan an mhála droma ag cur isteach go mór orm. Dhá chileagram déag á iompar agam. An meáchan ar fad ag titim ar strapaí na nguaillí. **Matáin**[94] na nguaillí agus an mhuiníl á **sracadh**[95] agus iad ag éirí nimhneach, tinn. Caithfidh mé fáil réidh le cuid de na hearraí nach bhfuil géarghá leo. Níl tada is féidir liom a dhéanamh faoi láthair ach leanúint orm.

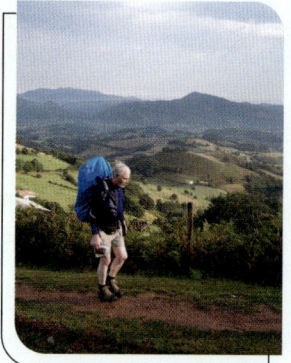

Fiche tar éis a dó. Breis is sé huaire an chloig caite agam ar an *gCamino* cheana féin. De shíor ag tiarnáil liom in aghaidh chliathán rite an tsléibhe. I gcónaí in airde, in airde, in airde. **Brat allais orm**[96]. Droim mo T-léine **ar maos**[97], stuáil nó cuiltiú an mhála droma báite. Mothaím goimh fhuacht na gaoithe nuair a éiríonn léi a lann a shá idir an mála agus mo dhroim. Troime na mbuataisí ag méadú le gach coiscéim. Is beag fonn comhrá atá ormsa ná ar mo chomhshiúlóirí. **Toisc fionnuaire na gaoithe**[98] agus an t-allas ní thugaim faoi deara go bhfuil gathanna na gréine do mo dhó go gcuireann Klaus ar m'fhaichill mé. Ródhéanach, áfach. Tá an **díobháil**[99] déanta. Cuirim mo hata orm.

Maolú éigin[100] ar an ngéire rite faoi dheireadh. Táim ar thalamh cothrom anois. Nach mór an faoiseamh é! Siúlaim **trí gharrán**[101] agus tagaim ar leac mhór chloiche a bhfuil sliogán an mhuirín i rilíf íseal agus na focail *Saint Jacques de Compostelle 765 km* greanta uirthi. **Chun ardú meanman a thabhairt**[102] d'oilithrigh is dócha a thugtar fad an aistir dóibh. Tamall gairid ina dhiaidh sin tagaimid ar fhoinse uisce. Deis againn na buidéil **a athlíonadh**[103]. Beocht ag teacht sna siúlóirí arís. Iad ag comhrá. Déanaim deifir mar go bhfeicim scamaill ag bailiú. Gabhaim thar leacht eile. Comhartha teorann idir an Fhrainc agus an Spáinn, measaim. Más ea, táim ag **Col de Bentarte**, mám ar an mbealach atá 1,236 méadar os cionn na farraige.

Is é is dóichí gur bealach Valcarlos a thóg Aymeric Picaud, **seansailéir**[104] an Phápa Calixtus II. Deir sé linn go mbíodh sé de nós ag na Navarraigh agus na Bascaigh **aindiaganta**[105] na hoilithrigh a robáil ar na sléibhte seo. Théidís ag marcaíocht orthu, a deir sé, amhail is dá mba asail iad agus uaireanta mharaídís iad. Is furasta ropairí agus gadaithe bóthair a shamhlú san áit uaigneach seo.

Braithim braonta móra báistí ar mo cheann. Tógaim amach an cába fearthainne. Tá sé róbheag. Cén fáth nár bhain mé triail as sular fhág mé an baile? Dá mbeinn ag casadh agus **ag lúbarnaíl**[106] go Lá Philib a' Chleite ní éireoidh liom **an diabhal rud**[107] a tharraingt anuas os cionn an mhála taobh thiar. Gan oilithreach i ngiorracht scread asail díom. Ar ámharaí an tsaoil, ní mhaireann an cith rófhada.

Leanaim orm trí **mhóinteán**[108] nach bhfuil ródheas. Mé ag siúl agus mo shúile dírithe ar an talamh. Tagann críoch gan choinne le loime an tsléibhe. Go tobann baintear stad asam. Táim ar ais ar an mbóthar. Faighim mo chéad **spléachadh**[109] ar Roncesvalles, é **neadaithe**[110] i lár foraoise thíos fúm. Ní raibh coinne ar bith agam go dtiocfadh deireadh chomh tobann le

haistear an lae. Táim anois ar **Col de Lepoeder** atá 1,440m os cionn na farraige. Suím ansin **ag sú**[111] isteach áilleacht an radhairc agus ag baint pléisiúir as an tírdhreach úrnua os mo chomhair amach. Taobh na Spáinne den **sliabhraon**[112] éagsúil go maith ó Basse Navarre na Fraince. Coillte agus foraoiseacha i ngach áit. Tig liom cúige Navarra ar fad, geall leis, a fheiceáil amach romham. Aithním Burguete, baile beag lastall de Roncesvalles. Críochnaím na *Bounty Bars* agus cibé uisce atá fágtha agam.

Mé chomh gafa le háilleacht na tíre nach dtugaim faoi deara **néalta dubha**[113] bagracha ag bailiú thart orm ná tormáil na toirní i bhfad uaim go mbíonn sé beagnach ródhéanach. Ceithre chiliméadar go leith le **fána**[114] síos idir mé agus **ceann scríbe**[115]. Tugaim suntas do na **díonta liatha slinne**[116] atá ar fhoirgnimh mhóra cloiche na heaglaise agus na seanmhainistreach. Go deimhin, níl mórán eile sa sráidbhaile seo. Ardaím mo mhála ar mo dhroim agus bogaim chun siúil. Tá dhá bhealach síos, agus roghnaím an bóthar seachas an cosán **níos rite tríd**[117] an gcoill. Níor mhaith liom bheith sa choill dá dtiocfadh stoirm thoirní orm. Radharc níos fearr ar an gceantar máguaird ón mbóthar. Tamall chun tosaigh orm feicim beirt oilithreach Ghearmánacha ag breathnú in airde ar rud éigin sa spéir. **Iolar géarshúileach**[118] atá ann ag gabháil timpeall os ár gcionn gan corraí dá laghad as na sciatháin. D'fhanfainn ag baint aoibhnis as an **éan maorga**[119] ach go bhfuil néalta doininne mórthimpeall orm faoin am seo agus splancacha tintrí ag lasadh na spéire go rialta.

Is **aisteach neamhshaolta an rud**[120] é ach tá **stuabhealach**[121] de spéir ghlan idir mé agus Roncesvalles. An chuid eile den fhirmimint dubh, bagrach agus díle bháistí ag titim i ngach áit ach ar an mbealach osnádúrtha idir mé agus mo cheann scríbe. Tá **loinnir dhraíochta**[122] ar dhíon slinne na **mainistreach**[123], fiú. Smaoiním ar Mhaois ina sheasamh ar imeall na Mara Rua, a bhachall sínte amach roimhe. Ballaí uisce ar dheis agus ar chlé. Cosán tirim faoi **chosa na nIosraelíteach**[124]. Lámh chumhachtach ag coinneáil na stoirme siar go mbainfidh mé amach an bruach eile? Níl an creideamh chomh **diongbháilte**[125] agamsa is a bhí acu siúd. Brostaím ar eagla go dtiocfadh athrú intinne ar Dhia.

Achar gearr taobh amuigh den sráidbhaile sroichim **Puerto de Ibaneta** ina bhfuil leacht ag comóradh an Ridire Roland nó Roldán, mar a thugtar air sa Spáinnis. San áit seo a **seoladh é ar shlí na fírinne**[126] os cionn 1,220 bliain ó shin, más fíor.

Tá cáil ar **Roncesvalles**, thar aon ní eile, mar gheall ar an gceangal leis an Impire Séarlas Mór. Sa bhliain 778AD, thug sé ruathar trasna na bPiréiní isteach sa Spáinn. D'éirigh leis dul chomh fada le Zaragoza ach theip air an chathair a thógáil. Tar éis Pamplona **a scrios**[127] agus slad a dhéanamh ar chuid mhaith bailte ar an taobh theas den sliabhraon, bheartaigh sé cúlú abhaile trí Roncesvalles. Bhí an oiread sin **eascairdis**[128] múscailte ag a chuid **saighdiúirí**[129] i measc ciníocha an réigiúin go raibh siad ag feitheamh leis san **fhoraois**[130] cóngarach don bhaile chun díoltas a agairt air. Nuair a bhí Séarlas Mór agus tromlach an airm imithe tharstu, thug siad fogha faoin gcúlgharda san áit ar a dtugtar Puerto de Ibañeta anois. Bhí Roldán i gceannas ar an **gcúlgharda**[131] agus tharla go raibh roinnt de na ridirí ba

[111]*Soaking*

[112]*Mountain range*

[113]*Black clouds*

[114]*Slope*
[115]*Destination*
[116]*Grey slate roofs*

[117]*Well-trodden*

[118]*Sharp-eyed eagle*
[119]*Majestic bird*

[120]*Strange, unworldly thing*
[121]*Archway*
[122]*A magical shimmer*
[123]*Abbey*
[124]*The feet of the Israelites*
[125]*Steadfast*

[126]*He died*

[127]*Destroy*

[128]*Discord*
[129]*Soldiers*

[130]*Forest*

[131]*Rearguard*

thábhachtaí in éineacht leis. Rinneadh ár agus eirleach orthu. Tugtar Cath Roncesvalles ar an gcomhrac seo agus tá **leacht cuimhneacháin**[132] á chomóradh i lár an bhaile.

Chum Turold, **file Normannach**[133], dán eipiciúil, *La Chanson de Roland*, ina ndéantar cur síos ar ghníomhartha gaile agus gaisce Roláin. Nia leis an Impire ab ea é. Bhí **claíomh móréachtach**[134] aige a raibh Durandel mar ainm air agus adharc chlúiteach ar thug sé Olifant uirthi. De réir an dáin, ba é arm na Múrach a d'ionsaigh é ar an **lá cinniúnach**[135] úd. Tá na staraithe cinnte, áfach, gur Bhascaigh, Navarraigh agus **Aragónaigh fhíochmara**[136] a rinne an sléacht. Bhí sé de dhualgas ar Rolán an adharc a shéideadh dá mbeadh sé i gcruachás, rud nach ndearna sé go raibh sé ródhéanach. A chonách sin air.

Deifrím[137] liom. Gabhaim thar *ermita*, tearmann beag in áit a raibh mainistir agus ospidéal oilithreachta anallód. Ar éigean atá an *albergue* bainte amach agam nuair a íslíonn Maois a bhacall. A leithéid de **chlagarnach bháistí**[138] agus de **thormáil toirní**[139] ní fhaca mé ná níor chuala mé riamh cheana. A oilithrigh atá ar bheagán creidimh! A ceathair a chlog agus mé i mo sheasamh i scuaine fhada ag doras an albergue. Ní osclóidh sé go ceann leathuaire. Níl na hoilithrigh atá tar éis cúig chiliméadar is fiche a shiúl thar sliabhraon na bPiréiní, mé féin ina measc, róshásta leis an moill fhada ach níl aon dul as againn. Osclaítear an oifig faoi dheireadh. Cuirtear stampa (*sello*) ar mo phas oilithreachta (*Credencial*). Íocaim an táille. Trasna liom ansin go dtí an **suanlios**[140] agus cuirim mo mhála ar leaba mar chomhartha go bhfuil an leaba tógtha. Maolú tagtha ar neart na stoirme agus an spéir ag glanadh. Locháin uisce i ngach áit.

Is beag atá in **Roncesvalles** (Gleann na nDealg) taobh amuigh de na **foirgnimh thaibhseacha mhaorga eaglasta**[141] – Eaglais La Real Colegiata, la Iglesia de Santiago (Eaglais San Séamus), el Silo de Carlo Magno (Cnámhlann Shéarlais Mhóir). Bunaíodh an mhainistir agus an t-ospidéal sa dara céad déag. Suas le 20,000 oilithreach ag gabháil tríd an áit in aghaidh na bliana nuair a bhí an oilithreacht faoi **lánseol**[142] sna meánaoiseanna. Tá Sancho el Fuerte (Tréan), Rí Navarra, a ghlac páirt **sa chath cáiliúil**[143] i gcoinne na Múrach in Las Navas de Tolosa sa bhliain 1212, agus a bhean curtha anseo.

Ó thaobh lóistín de, tá rogha ag an siúlóir idir Hotel La Posada, Hostal Casa Sabina agus an *albergue de peregrinos* (brú na n-oilithreach). Bheadh sé **níos cirte**[144] a rá go mbeadh rogha aige dá mbeadh sé ann níos luaithe sa lá. Ar leathuair tar éis a ceathair tá an dá cheann tosaigh lán go doras. Tagann an-chuid turasóirí anseo ina gcuid gluaisteán agus cuireann cuid de na hoilithrigh tús leis an gCamino anseo.

Táim **róthraochta**[145] le cuairt a thabhairt ar an iarsmalann. I mo shuí ar bhinse taobh amuigh de bhialann Casa Sabina ag baint **súimíní**[146] as lítear beorach órga a bhí ar fheabhas an domhain tar éis eachtraí an lae. Mé ag teacht chugam féin nuair a fheicim Córa agus Richaela chugam ar na rothair. Cuma spíonta, **chloíte**[147] orthu. Is í a mbarúil go bhfuil an bealach trí Valcarlos an-dian ar fad. Ní fada go dtagann an ceathrar Éireannach eile. Bealach Valcarlos a thóg **an bheirt bhan mheánaosta**[148]. Áit éigin ar an mbóthar thuig siad go raibh siad i gcruachás agus chuir siad fios ar thacsaí. An ceart acu, ar ndóigh. Route Napoléon a thóg an lánúin. Bogaim

i dtreo Eaglais La Real Colegiata. Tosaíonn Aifreann na nOilithreach ag a hocht. An áit lán. Triúr seansagart ag comhcheiliúradh. Eaglais álainn mhaorga. **Liotúirge**[149] leadránach, marbhánta. Mo smaointe ar seachrán go minic.

Tugaim faoi deara **forscáth airgid**[150] os cionn dealbh Mhaighdean Roncesvalles, Banéarlamh Navarra. Bíonn *romeria* (oilithreacht áitiúil nó lá pátrúin) ann ar an 8 Meán Fómhair gach bliain. Nach iontach mar a bheireann Lá an Phátrúin greim ar shamhlaíocht na ndaoine i gcónaí! (Fiú iad siúd nach mbaineann leis an eaglais oifigiúil). Tar éis an Aifrinn tugtar cuireadh do na hoilithrigh go léir dul suas go céimeanna na haltóra agus tugtar beannacht speisialta dúinn. Braithim beocht éigin sa searmanas faoi dheireadh.

Fágaim slán ag Córa agus Richaela atá ag dul ar aghaidh go Burguete, baile beag trí chiliméadar suas an bóthar. Ní dóigh liom go bhfeicfidh mé arís iad. Mé **stiúgtha leis an ocras**[151]. Castar triúr Éireannach eile orm ar an mbealach go dtí an bhialann. Mná meánaosta den **uasaicme**[152] atá iontu. An chuma orthu nár chuir siad mórán **stró**[153] orthu féin i rith an lae – gan bun cleite isteach ná barr cleite amach, mar a déarfá. Fiafraíonn díobh cén bealach a thóg siad ó Saint Jean. '*Route Napoleon*', arsa siad d'aon ghuth. Cuireann sin mo **sháith iontais**[154] orm ach ní luaim sin leo. Tar éis na ceiste sin, sílim go n-éiríonn siad rud beag doicheallach agus fágaim slán acu. Faighim amach ina dhiaidh sin go raibh siad ag insint **na fírinne**[155]. Ní inseodh oilithreach bréag riamh. Thángadar bealach Napolean – i dtascaí. Ar ndóigh, de réir rialacha na n-*albergues*, ní thugtar dídean do dhaoine a bhíonn ag taisteal i bhfeithicil de chineál ar bith, seachas rothar agus bíonn ar na rothaithe agus ar oilithrigh ar muin capaill fanacht go mbíonn leapacha ag na siúlóirí ar fad.

Béile breá **caidreamhach**[156] agam i gcuideachta roinnt oilithreach eile i mbialann Hostal Casa Sabina. Ina measc tá Klaus, pleanálaí baile Gearmánach ar scor, Marisa, **easpórtálaí**[157] bia Bhrasaíligh agus fear ó Cheanada a bhfuil dreach an oirthir air. Daoine taitneamhacha, cairdiúla, croíúla iad ar fad. *El menú del peregrine* atá againn go léir. Seacht euro an duine atá air. Gan ocras tar éis altaithe orainn ach oiread. Dreas comhrá agam le Klaus a bhfuil Béarla ar a thoil aige. Toisc gur pleanálaí baile é, tosaím ag cur síos ar an g**caimiléireacht**[158] i gcúrsaí pleanála i mBaile Átha Claith. Mothaím go bhfuil sé ag éirí rud beag míchompordach. Deir sé liom, faoi mar a bheadh sé á chosaint féin, nár ghlac sé **breab**[159] riamh ina shaol proifisiúnta. **Ní foláir**[160] nó síleann sé go bhfuilim ag caitheamh anuas ar a ghairm. Bogaim go hábhar comhrá eile. Ná luaigh an **cogadh**[161], mar a deir Basil Fawlty.

Fillim ar an **suanlios**[162]. Dul a chodladh luath agus éirí roimh bhreacadh an lae. Os cionn trí scór oilithreach istigh in aon seomra mór amháin. Téim síos staighre go dtí an áit a bhfuil na háiseanna ar fad. Scuaine ag an meaisín níocháin. Scuaine eile ag feitheamh chun cith a thógáil. Tá sé ródhéanach anois éadaí a ní agus a thriomú. Ceannaím **cába**[163] nua báistí ó dhuine de na *hospitaleros*. Dath flanndearg air. Malartaím féin agus an tAthair Tadhg seoltaí ríomhphoist agus uimhreacha teileafóin. Tá na leapacha ar dhá leibhéal, iad **an-chóngarach**[164] dá chéile. Dá mbogfá troigh nó dhó bheadh an baol ann go gcríochnófá sa leaba le duine eile. Fir agus mná measctha ar a chéile. Is léir nach bhfuil cuid mhaith de na siúlóirí cleachtach ar a leithéid. Beirt chailíní sna leapacha taobh liom, duine acu in uachtar, duine in íochtar. Tá siad beirt **sna trithí gáire**[165], iad ag tabhairt na gcor istigh sna málaí codlata ag iarraidh a gcuid éadaí a bhaint díobh. I bhfad níos mó aird á tarraingt acu orthu féin ar an gcaoi sin, ar ndóigh. Téim a luí.

[149]*Liturgy*

[150]*Silvery radiance*

[151]*Starving*
[152]*Upper class*
[153]*Stress*

[154]*Surprise*

[155]*Truth*

[156]*Sociable*
[157]*Exporter*

[158]*Corruption*

[159]*Bribe*
[160]*It must be*
[161]*War*

[162]*Dormitory*

[163]*Cape*

[164]*Very close*

[165]*Convulsing with laughter*

Scríobh achoimre ghearr ar an scéal i do chuid focal féin.

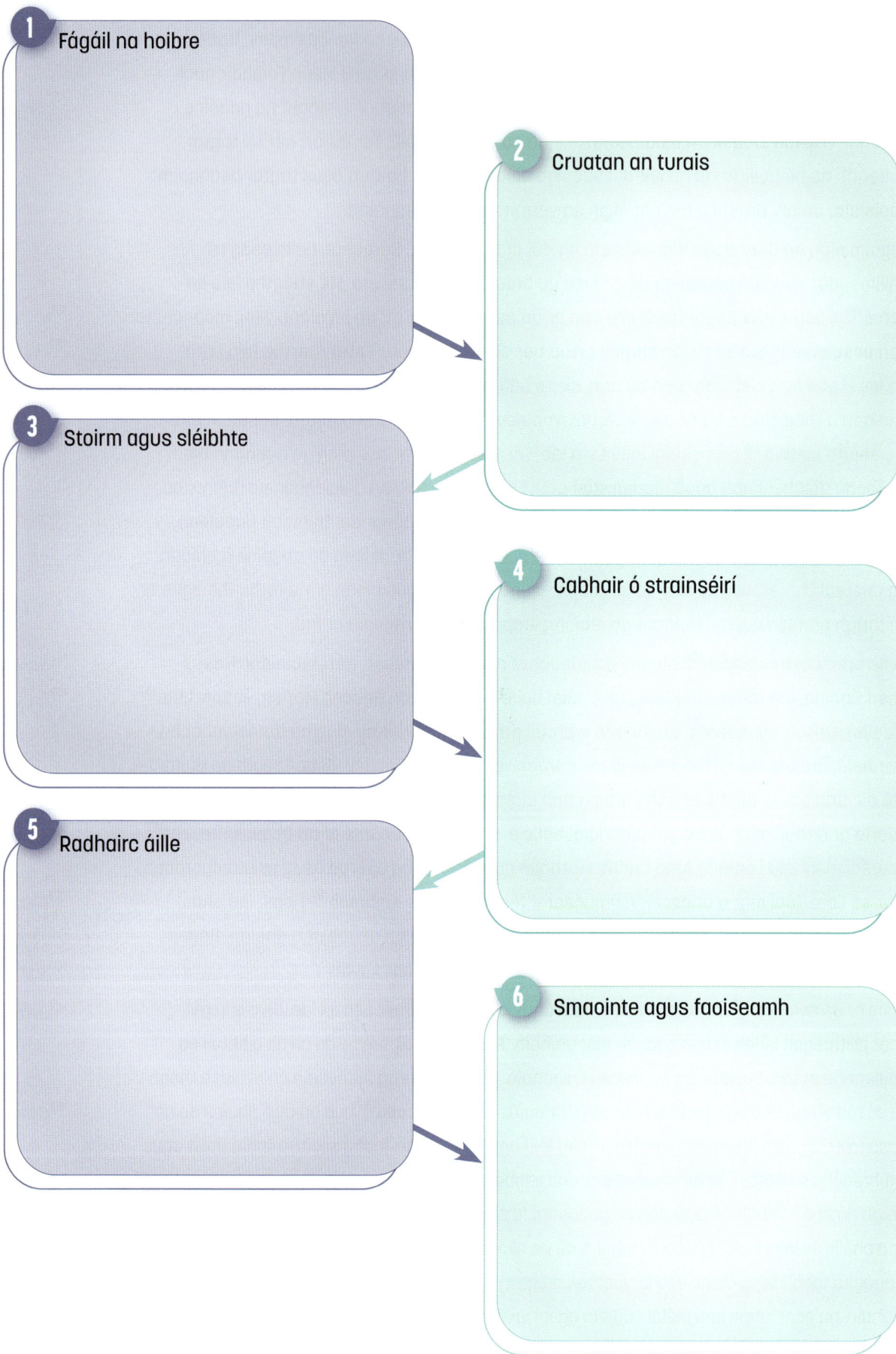

1 Fágáil na hoibre

2 Cruatan an turais

3 Stoirm agus sléibhte

4 Cabhair ó strainséirí

5 Radhairc áille

6 Smaointe agus faoiseamh

ACHOIMRE

1. Fágáil na hOibre agus Tús an Aistir

Thosaigh an chaibidil le himeacht mór i saol an údair: d'fhág sé a phost tar éis blianta fada i saol an oideachais. Mhothaigh sé cumha agus bród[166] agus é ag glanadh a dheisce don uair dheiridh, ach tháinig faoiseamh agus lúcháir[167] air freisin.

Bhí sé ag tabhairt faoin Camino de Santiago, turas 900 ciliméadar a raibh sé ag brionglóideach faoi[168] le fada. D'fhág sé an oifig faoin ngrian fhómhair le mothúcháin mheasctha[169], brón, lúcháir agus dóchas. Bhí sé réidh le saol nua a thosú.

2. Saint-Jean-Pied-de-Port agus an Tús Fíorúil

Thosaigh a thuras fisiciúil[170] le traein go Saint-Jean-Pied-de-Port i ndeisceart na Fraince. Chuir an traein a óige i gcuimhne dó[171] agus roinn sé an carráiste le daoine éagsúla ó thíortha eile.

Nuair a shroich sé an baile, chuir áilleacht agus stair[172] Saint-Jean-Pied-de-Port iontas air, idir na daingnithe ón 17ú haois agus an nasc le Napoleon agus Richelieu. Ba phointe stairiúil agus straitéiseach é an baile, ach bhí brón air nach raibh a dhóthain ama aige le háiteanna a fhiosrú i gceart.

3. An Oíche Roimh an Turas: Lóistín agus Machnamh

Fuair sé lóistín i dteach a bhí ag bean scothaosta. Cé gur thosaigh sé i seomra le daoine eile, d'iarr sé seomra príobháideach ar mhaithe le síocháin[173]. D'íoc sé cúig euro is fiche agus mhothaigh sé gurbh fhiú é. Ag breathnú amach ar na sráideanna cúnga[174] sa dorchadas, tháinig dúlagar agus amhras air.

Bhí sé buartha faoi chruatan an turais[175]. Bhí imní air nach raibh dóthain taithí saoil aige, ach mhothaigh sé fós go gcaithfeadh sé aghaidh a thabhairt ar an aistear.

4. Dúshlán an Tírdhreacha agus Cabhair nach Rabhthas ag Súil Leis

In ainneoin báisteach throm[176], shocraigh sé siúl an mhaidin dár gcionn. Roghnaigh sé bealach níos éasca ach thosaigh sé ar Route Napoléon trí thimpiste, bealach níos géire agus níos contúirtí[177], gan soláthairtí ná bia. Bhí an corp faoi bhrú – a ghuaillí ag éirí nimhneach ón mála trom – ach bhuail sé le lánúin ón Ísiltír[178] a thug uisce dó.

Níos déanaí, tháinig sé ar chaifé nua agus ansin ar chailín óg ón mBrasaíl a roinn ceapaire leis. Labhair sí faoin tábhacht a bhain leis an Camino sa Bhrasaíl agus luaigh sí[179] an leabhar cáiliúil, *An Oilithreacht,* le Paulo Coelho. Chuir a cineáltas agus a scéal spreagadh[180] nua ann.

5. Radhairc, Tuirse agus Spreagadh Spioradálta

Leis an aistear ag dul in airde sna Piréiní, bhí sé ag titim chun traochta[181]. Bhí sé ag fulaingt ón drochphleanáil, ón mbáisteach agus ó mhíchompord an mhála droma. Ach thug radharcanna áille – cnocáin ghlasa, tithe Bascacha le comhlaí agus balcóiní agus tréada caorach[182] – sólás dó.

Shuigh sé ag dealbh na Maighdine Muire le hoilithrigh eile. Cé go raibh a chorp lag, tháinig síocháin agus meon dearfach[183] air de réir a chéile. Thosaigh sé ag tuiscint go raibh an Camino ní hamháin ina shiúlóid fhisiciúil, ach ina thuras inmheánach[184] freisin.

6. Roncesvalles: Machnamh agus Síocháin

Nuair a shroich sé Roncesvalles tar éis lá crua ar na sléibhte, mhothaigh sé faoiseamh agus buíochas[185]. Chuaigh sé chuig Aifreann na nOilithreach in La Real Colegiata, áit ar tugadh beannacht do na siúlóirí go léir. D'fhan sé san *albergue*, ag roinnt seomra le mórán daoine eile. Mhothaigh sé cairdeas agus síocháin sa timpeallacht sin. D'aithin sé an éagsúlacht mhór i measc na ndaoine ar an Camino agus chríochnaigh sé an chaibidil le machnamh dearfach[186] ar a thuras. Cé gur thosaigh sé le botúin, bhí sé anois níos muiníní agus réidh le dul i ngleic leis[187] an gcuid eile den bhealach.

[166]*Parting sorrow and pride*
[167]*Relief and joy*

[168]*Dreaming about*
[169]*Mixed emotions*

[170]*Physical journey*
[171]*Reminded him*
[172]*Beauty and history*

[173]*For peace*
[174]*Narrow streets*

[175]*Hardships of the journey*

[176]*Despite heavy rain*

[177]*Sharper and more dangerous*

[178]*From the Netherlands*
[179]*She mentioned*
[180]*Encouragement*

[181]*Getting tired*

[182]*Flocks of sheep*

[183]*A positive mind*
[184]*Internal journey*

[185]*Relief and thanks*

[186]*Positive reflection*
[187]*To deal with*

CLEACHTAÍ

1. Léigh na habairtí agus líon na bearnaí leis na focail thíos.

    Focail le cur isteach: oifig, traein, bealach, siúl, mála, stoirm, Brasaíleach, fhuinneog, Aifreann, faoiseamh

    D'fhág an t-údar a _____ tar éis blianta fada oibre.

    Thóg sé _____ go dtí Saint-Jean-Pied-de-Port.

    Thosaigh _____ mhór nuair a shroich sé an baile.

    Roghnaigh sé an _____ deacair thar na sléibhte.

    Bhí an _____ rómhór agus ag déanamh dochair dá ghuaillí.

    Chonaic sé saol gruama trína _____ san *albergue*.

    Bhuail sé le cailín _____ a thug ceapaire dó.

    D'fhreastail sé ar _____ na nOilithreach in Roncesvalles.

    Mhothaigh sé _____ ollmhór nuair a shroich sé deireadh an lae.

    Bhí fonn air leanúint ar aghaidh ag _____ in ainneoin na tuirse.

2. Meaitseáil na habairtí Gaeilge agus Béarla.

Abairt Ghaeilge	Abairt Bhéarla
A. D'fhág sé an oifig go buan.	1. *He felt relief after the day.*
B. Bhí stoirm mhór ann sa bhaile tosaigh.	2. *He met a couple from the Netherlands.*
C. Bhí an mála róthrom.	3. *He attended Mass in Roncesvalles.*
D. Bhí an t-údar buartha faoi na deacrachtaí roimhe.	4. *The bag was too heavy.*
E. D'iarr sé seomra príobháideach.	5. *A girl from Brazil gave him a sandwich.*
F. Thug cailín ón mBrasaíl ceapaire dó.	6. *He asked for a private room.*
G. Bhí radhairc áille sna sléibhte.	7. *The author was worried about the challenges ahead.*
H. D'fhreastail sé ar Aifreann in Roncesvalles.	8. *There were beautiful views in the mountains.*
I. Bhuail sé le lánúin ón Ísiltír.	9. *There was a fierce storm at the starting town.*
J. Mhothaigh sé faoiseamh tar éis an lae.	10. *He left the office permanently.*

    Freagraí

A	B	C	D	E	F	G	H	I	J
10									

3. Scríobh na huimhreacha 1–6 chun na habairtí a chur in ord mar a tharla sa scéal.

    Shocraigh sé dul ar Route Napoléon in ainneoin na bhfadhbanna. ☐

    Mhothaigh sé faoiseamh ag deireadh an lae. ☐

    Shroich sé Roncesvalles agus d'fhreastail sé ar Aifreann. ☐

    Bhuail sé le cailín ón mBrasaíl a thug ceapaire dó. ☐

    D'fhág an t-údar a phost tar éis blianta fada. ☐ 1

    Thóg sé an traein go Saint-Jean-Pied-de-Port. ☐

Ceisteanna Ilrogha

Cuir tic leis an mbosca ceart.

1. Cá ndeachaigh an t-údar chun tús a chur leis an Camino?

   (a) Londain ☐   **(b)** Saint-Jean-Pied-de-Port ☐   **(c)** Santiago ☐

2. Cad a rinne an t-údar roimh an turas?

   (a) Cheannaigh sé mála nua ☐   **(b)** D'fhág sé a phost ☐   **(c)** Rinne sé pleanáil mhionsonraithe ☐

3. Cén bealach a thóg sé ar an gcéad lá?

   (a) An bealach íseal trí Valcarlos ☐   **(b)** Bealach na trá ☐   **(c)** Route Napoléon ☐

4. Céard a thug an cailín ón mBrasaíl dó?

   (a) Leabhar ☐   **(b)** Ceapaire ☐   **(c)** Buidéal uisce ☐

5. Cad a rinne sé in Roncesvalles?

   (a) Chodail sé faoin aer ☐   **(b)** D'fhreastail sé ar Aifreann ☐   **(c)** Thóg sé traein ar ais abhaile ☐

Frásaí Cabhracha

Léigh na frásaí thíos. Bain úsáid astu chun 4–5 abairt shimplí a scríobh faoin sliocht as an leabhar *An Bóthar go Santiago* le Mícheál de Barra.

Ba faoi _____ an scéal.

Bhí an tírdhreach _____.

Thosaigh sé ar an turas _____.

Bhuail sé le _____.

Bhí an aimsir _____.

Chabhraigh _____ leis.

Ní raibh sé cinnte _____.

Bhí sé ag iarraidh _____.

Bhraith sé _____ ag tús an aistir.

Spás le haghaidh scríbhneoireachta

_____

_____

_____

_____

_____

_____

_____

_____

_____

_____

_____

_____

_____

CEISTEANNA BUNÚSACHA

1. Cén áit ar thosaigh an t-údar ar an Camino de Santiago sa chaibidil seo?

2. Cé mhéad ciliméadar a shiúil an t-údar ó Saint-Jean-Pied-de-Port go Finisterre?

3. Cén fáth ar roghnaigh an t-údar seomra príobháideach in ionad seomra roinnte?

4. Cad a thairg an lánúin ón Ollainn, Lex Wedemeijer agus a bhean, don údar?

5. Cén fáth a raibh comhrá an údair leis an gcailín ó Recife tábhachtach?

NA PRÍOMHCHARACHTAIR

Mícheál de Barra (an t-údar)

Is é Mícheál de Barra féin príomhcharachtar na caibidle. D'fhág sé a phost chun dul ar thuras pearsanta agus spioradálta ar an Camino de Santiago. Bhí sé neirbhíseach agus beagáinín buartha ar dtús, ach bhí sé lán dóchais agus diongbháilte.

Léirigh sé a chuid mothúchán go hoscailte, agus labhair sé faoi na deacrachtaí a bhí aige, cinn fhisiciúla agus mheabhracha. In ainneoin gach rud, lean sé ar aghaidh leis an turas le misneach agus le creideamh. Bhí sé spioradálta, tuisceanach agus daonna, agus mhothaigh an léitheoir go raibh sé á spreagadh féin.

Seanbhean

Ba le seanbhean an teach lóistín in Saint-Jean-Pied-de-Port. Thug sí seomra beag roinnte don údar ar dtús, ach fuair sé seomra príobháideach uaithi ar tháille bhreise. Cé gur mioncharachtar í, bhí sí cineálta agus cabhrach. Léirigh sí an cineáltas agus an taithí a bhaineann le turas mar seo.

Lex Wedemeijer agus a Bhean (Lánúin Ollanach)

Bhuail an t-údar le lánúin ón Ollainn ar Route Napoléon. Thug siad buidéal uisce dó nuair a bhí sé tuirseach agus te. Bhí siad an-chineálta, agus léirigh siad cairdeas idirnáisiúnta, rud tábhachtach ar an Camino.

An Cailín as Recife (An Bhrasaíl)

Chas an t-údar le cailín óg ó Recife, sa Bhrasaíl. Thug sí ceapaire dó agus roinn sí a scéal féin faoin Camino leis. Labhair sí faoi leabhar Paulo Coelho, *An Oilithreacht*, agus spreag sí an t-údar lena cuid focal.

Na Daoine ar an Camino (Grúpaí Éagsúla)

I rith an turais, bhuail an t-údar le go leor daoine ó thíortha éagsúla: Éireannaigh, Meiriceánaigh, Gearmánaigh, srl. Cé nár cuireadh síos orthu ina n-aonair, léirigh siad éagsúlacht agus cairdeas, tréithe tábhachtacha ar an Camino.

CEISTEANNA BUNÚSACHA

1. Cé hé príomhcharachtar na caibidle seo? (*Mícheál de Barra*)

_____

_____

2. Cé a thairg (*offer*) lóistín don údar in Saint-Jean-Pied-de-Port, agus cé na roghanna a bhí aige? (*Seanbhean*)

_____

_____

3. Cad a rinne Lex Wedemeijer agus a bhean chun cabhrú leis an údar? (*Lex Wedemeijer agus a Bhean*)

_____

_____

4. Cé as ar tháinig an cailín a thug ceapaire don údar, agus cad a d'inis sí dó? (*An Cailín as Recife*)

_____

_____

5. Cé hiad na grúpaí daoine ar bhuail an t-údar leo ar an Camino? (*Na Daoine ar an Camino*)

_____

_____

Scríobh tréithe na gcarachtar sna boscaí.

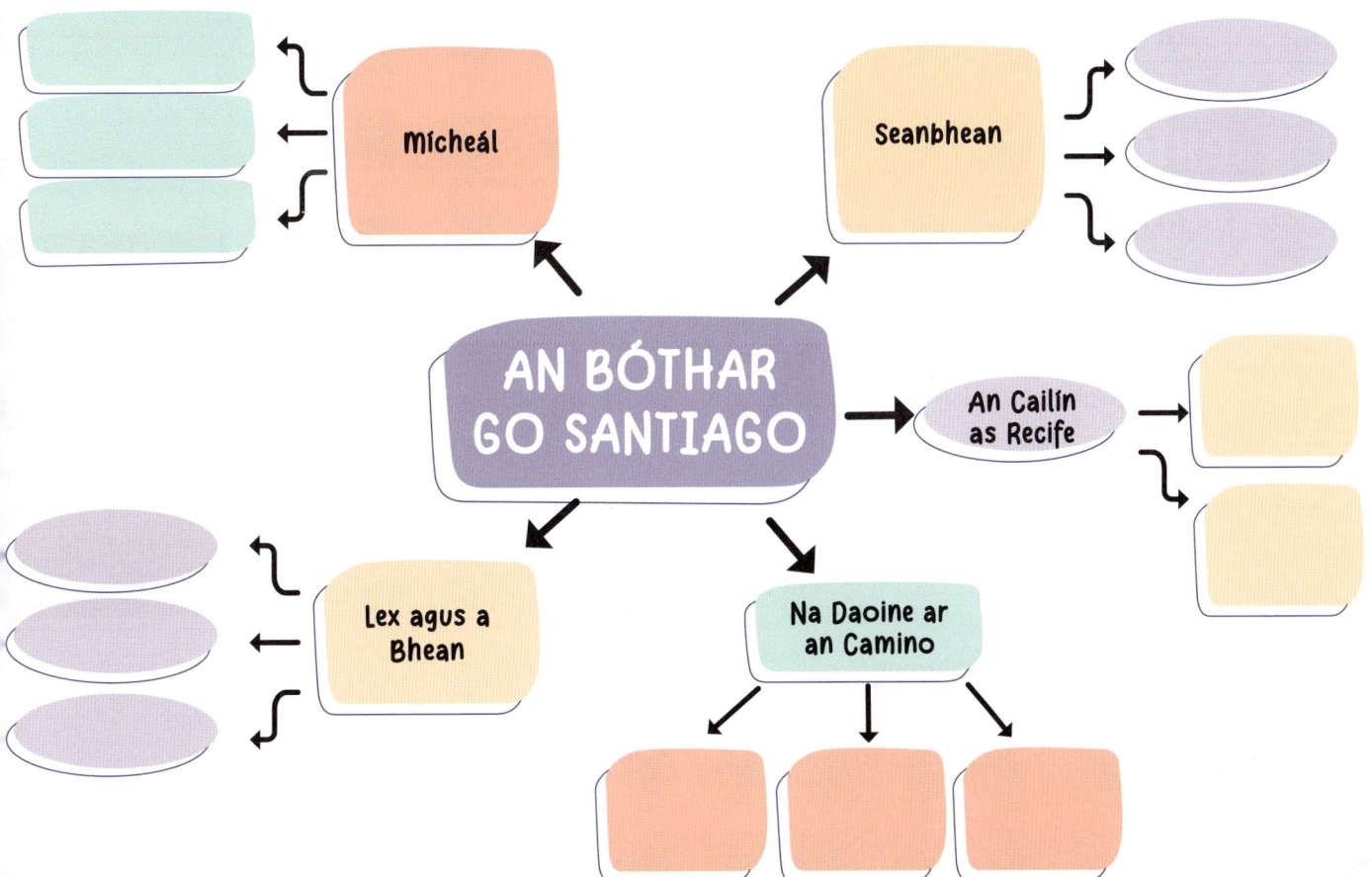

Mícheál

Seanbhean

AN BÓTHAR GO SANTIAGO

An Cailín as Recife

Lex agus a Bhean

Na Daoine ar an Camino

Scríobh dhá líne ar gach carachtar sna boscaí thíos.

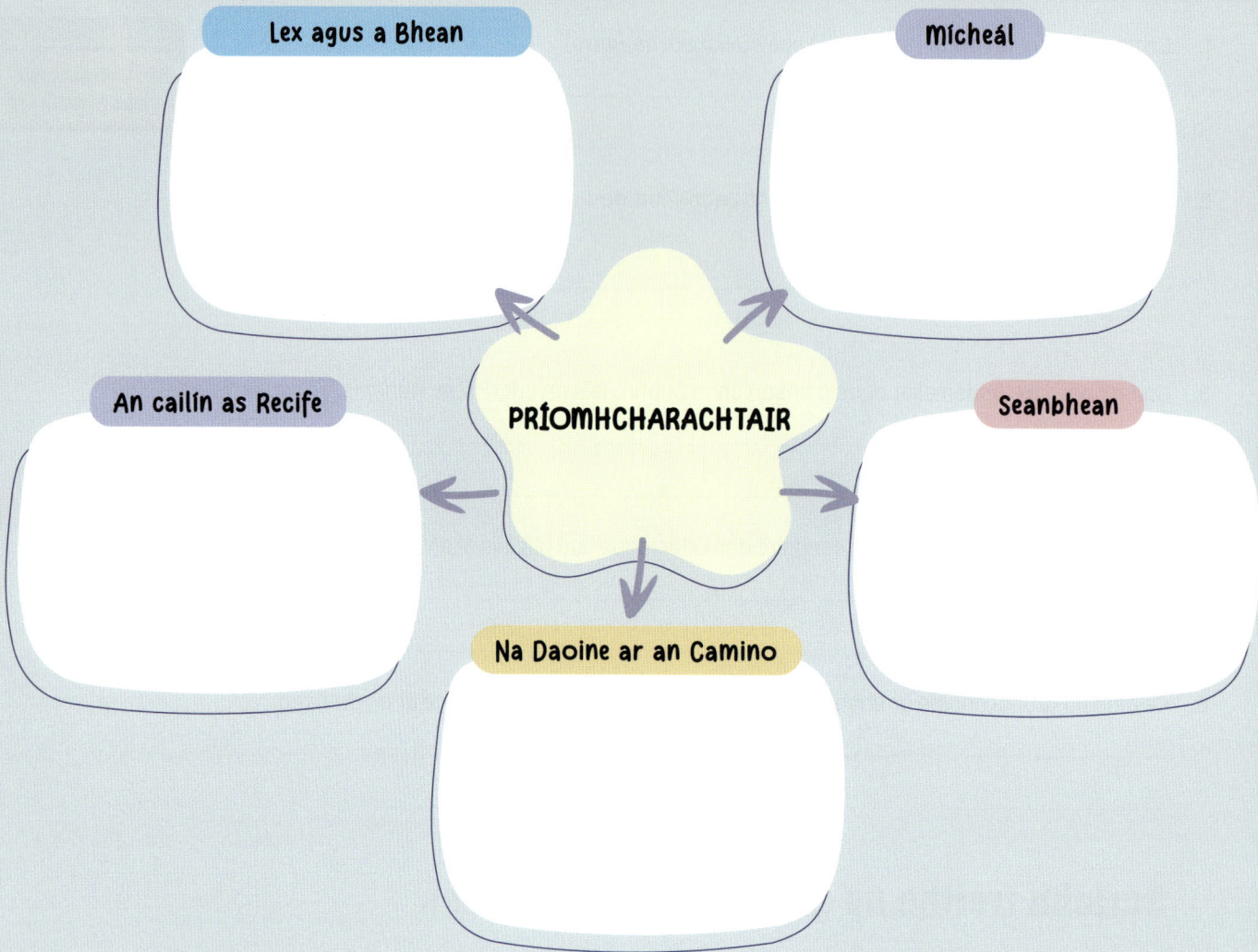

Lex agus a Bhean

Mícheál

An cailín as Recife

PRÍOMHCHARACHTAIR

Seanbhean

Na Daoine ar an Camino

PRÍOMHTHÉAMAÍ AN SCÉIL

1. **Athrú Pearsanta agus Spioradálta**

   D'fhág an t-údar a phost chun a shaol a athrú. Bhí an Camino ina thuras fisiciúil agus inmheánach dó. D'fhoghlaim sé faoi féin agus smaoinigh sé ar a shaol. Chabhraigh an turas leis fás mar dhuine.

2. **Fulaingt agus Cruatan**

   Bhí an turas crua. Bhí báisteach agus sléibhte géara ann, agus mála trom aige. Ach rinne na deacrachtaí níos láidre é. Léirigh sé go raibh an fhulaingt tábhachtach chun foghlaim agus forbairt a dhéanamh.

3. **Cairdeas agus Comhroinnt**

   Bhuail sé le daoine cineálta cosúil leis an lánúin ón Ollainn agus an cailín ón mBrasaíl. Thug siad cabhair dó. Léirigh sé go raibh an cairdeas agus an fhlaithiúlacht an-tábhachtach ar an Camino.

CEISTEANNA BUNÚSACHA

1. Cén fáth ar thaistil an t-údar an Camino? (*Athrú Pearsanta agus Spioradálta*)

   _____

   _____

2. Cén chaoi ar chabhraigh cruatan agus fulaingt leis? (*Fulaingt agus Cruatan*)

   _____

   _____

3. Cé hiad na daoine ar bhuail an t-údar leo, agus cén fáth a raibh siad tábhachtach? (*Cairdeas agus Comhroinnt*)

   _____

   _____

4. Conas a chuidigh an dúlra leis an údar? (*Freagra Cruthaitheach*)

   _____

   _____

5. Cén tábhacht a bhain le cairdeas agus le comhroinnt ar an turas? (*Cairdeas agus Comhroinnt*)

   _____

   _____

Scríobh síos trí phríomhphointe a bhaineann le príomhthéamaí an scéil.

PRÍOMHTHÉAMAÍ

1.

2.

3.

SUÍOMH AN GHEARRSCÉIL

Is suíomh éagsúil agus saibhir é suíomh an ghearrscéil seo, ag comhcheangal áiteanna fisiciúla stairiúla le heilimintí mothúchánacha a chruthaíonn timpeallacht an-láidir don eachtra:

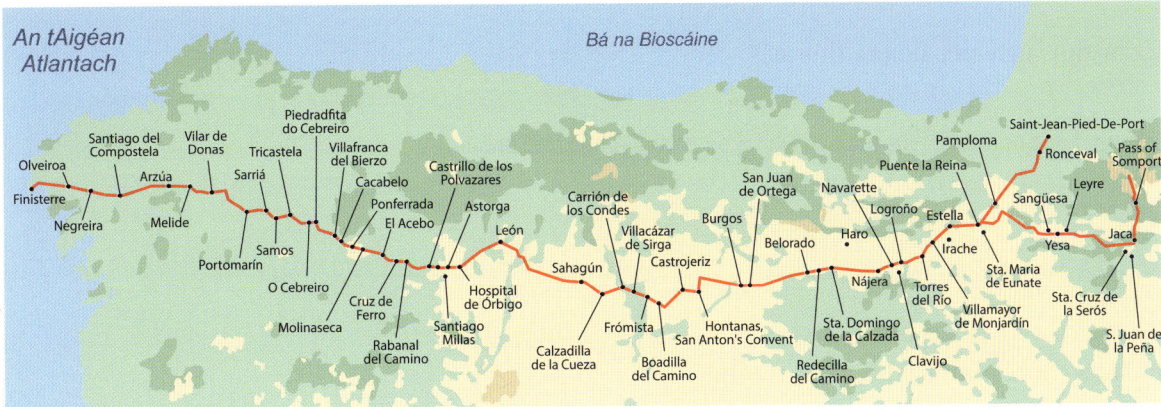

1. **Oifig an Údair:** Tosaíonn an scéal san oifig ina bhfuil an t-údar ag fágáil a shlí bheatha tar éis blianta fada. Is áit phraiticiúil í, ach tá sí lán le cuimhní, mothúcháin mheasctha agus scéalta óna shaol oibre. Cruthaíonn sé atmaisféar dúnta agus foirmiúil a léiríonn an saol atá á fhágáil ina dhiaidh aige.

2. **Traein go Saint-Jean-Pied-de-Port:** Ar an traein, cuireann an t-údar síos ar thírdhreach ollmhór na bPiréiní agus ar an atmaisféar seanaimseartha a chuireann traenacha a óige i gcuimhne dó. Tugann sé léargas ar dhraíocht nádúrtha agus ar imeacht ón ngnáthshaol.

3. **Saint-Jean-Pied-de-Port:** Baile beag stairiúil i nDeisceart na Fraince, atá suite ag bun na bPiréiní agus ina phointe tosaigh don Camino de Santiago. Tá atmaisféar cultúrtha agus stairiúil láidir ann, le ballaí daingne, sráideanna cúnga agus suíomh a chuireann béim ar ullmhú don turas atá rompu.

4. **Route Napoléon agus na Piréiní:** Tugann an tírdhreach nádúrtha álainn saibhreas don suíomh: sléibhte ollmhóra, gleannta glasa agus cosáin chontúirteacha. Tá an nádúr an-dúshlánach ach inspioráideach freisin, ag léiriú na streachailte agus an áilleacht a bhaineann leis an Camino.

5. **Roncesvalles:** Ceann scríbe an chéad lae agus suíomh an bhuaicphointe. Tá Roncesvalles lán le stair reiligiúnach agus oilithreachta, le foirgnimh mhóra cloiche, séipéal La Real Colegiata agus atmaisféar síochánta.

EOLAS FAOIN ÚDAR

Rugadh Mícheál de Barra ar theorainn na Boirne, áit atá ina bhaile spioradálta aige, i gCill Fhionnúrach, Co. an Chláir. Fuair sé a chuid oideachais ina dhiaidh sin leis na Bráithre Críostaí agus cháiligh sé mar mhúinteoir bunscoile i gColáiste Mhuire gan Smál, Marino. Tá céim aige sa Ghaeilge agus sa Spáinnis ón gColáiste Ollscoile, Baile Átha Cliath, agus rinne sé Máistreacht san Oideachas i gColáiste na Tríonóide, Baile Átha Cliath. D'oibrigh sé mar mhúinteoir bunscoile agus meánscoile in Éirinn agus san Airgintín, agus chaith sé tréimhsí gairide mar chomhairleoir treorach agus mar leas-phríomhoide meánscoile.

Foilsíodh *An Bóthar go Santiago* (Cois Life) in 2007 agus bhuaigh sé Duais Glen Dimplex 2007 i rannóg na Gaeilge don saothar seo. Foilsíodh a dhara leabhar, *Gaeil i dTír na nGauchos* (Coiscéim) in 2009 agus *Gaeil faoi Bhratach Eureka* (Coiscéim) in 2012.

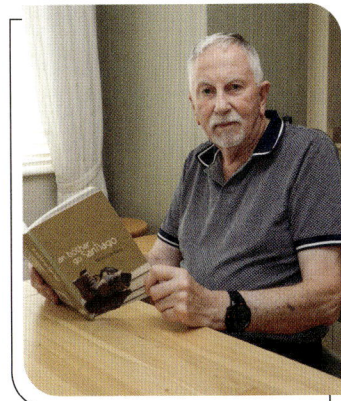

FREAGRAÍ SAMPLACHA ARDTEISTIMÉIREACHTA

Ceist: Cár thosaigh an t-údar a thuras?

Thosaigh an t-údar san oifig agus d'fhág sé a shlí bheatha ansin.

Ceist: Cad a chonaic an t-údar ar an traein?

Chonaic sé tírdhreach na bPiréiní agus mhothaigh sé draíocht an nádúir.

Ceist: Cad é Saint-Jean-Pied-de-Port?

Is baile stairiúil é i nDeisceart na Fraince agus is é tús an Camino é.

Ceist: Cad a léirigh Route Napoléon agus na Piréiní?

Léirigh siad áilleacht agus dúshlán an nádúir don údar.

Ceist: Cén áit ar chríochnaigh an chéad lá den turas?

Chríochnaigh sé in Roncesvalles, áit shíochánta ina bhfuil stair reiligiúnach.

Ceist: Cad a d'fhoghlaim an t-údar ar Route Napoléon?

FREAGRA

D'fhoghlaim an t-údar go raibh an dúlra álainn ach dúshlánach freisin. Thug na sléibhte móra agus na cosáin chontúirteacha tuiscint dó ar an streachailt a bhí roimhe, ach freisin spreagadh é leis an áilleacht agus an suaimhneas a bhí le fáil sa nádúr.

Ceist: Cén ról a bhí ag cairdeas agus comhroinnt ar an Camino?

FREAGRA

Bhí cairdeas agus comhroinnt an-tábhachtach ar an Camino. Bhuail an t-údar le lánúin ón Ollainn a thug uisce dó agus le cailín ó Recife a roinn ceapaire leis. Léirigh na gníomhartha simplí seo go raibh cairdeas agus cabhair riachtanach chun an turas crua a sheasamh.

SCILEANNA SCRÍBHNEOIREACHTA

1. Cén fáth ar fhág an t-údar a phost?

2. Cén áit a raibh an t-údar ag dul ar an traein?

3. Cad é an t-atmaisféar a mhothaigh an t-údar ar an traein?

4. Cén chabhair a fuair an t-údar ón lánúin Ollanach?

5. Cén cineál lóistín a fuair an t-údar in Saint-Jean-Pied-de-Port?

6. Conas a chuidigh cairdeas agus an dúlra leis an údar leanúint ar aghaidh leis an Camino?

7. Luaigh dhá phointe eolais faoin bhfáth ar fhág an t-údar a phost.

8. Cén áit ar chríochnaigh an t-údar an chéad lá dá aistear?

9. Cén dá thréith atá i gcarachtar an údair?

10. Cén teachtaireacht a fuair an t-údar ón gcailín ó Recife?

11. Cén ról a bhí ag an gcairdeas i dtaithí an údair ar an Camino?

12. Déan cur síos ar dhá rud a thug faoiseamh nó spreagadh don údar.

Achoimre Shimplí

Tháinig strainséir isteach i dteach Mháiréad le linn stoirme. Cé go raibh faitíos uirthi, lig sí dó fanacht. Chruthaigh sí scéal faoina fear céile chun í féin a chosaint. D'imigh an strainséir agus d'fhág sé corraithe í.

Cuairteoir le hOrna Ní Choileáin

¹Fire material

²The basket

³She didn't recognise

⁴Thunder

⁵Fear

⁶Shelter

⁷Shaved

⁸He lacked neatness

⁹Tweed jacket

¹⁰Hoarseness in her voice

¹¹Firewood

¹²Fireplace

¹³Stranger

¹⁴By him

¹⁵Continuing to watch her

¹⁶Grate

¹⁷Shovel

¹⁸Hanging on a stand

¹⁹Glance

Bhí **an t-ábhar tine**[1] á thabhairt isteach sa teachín ag Máiréad. Stad sí go tobann agus ba bheag nár thit **an ciseán**[2] as a lámh, nuair a chonaic sí an strainséir istigh roimpi sa chistin.

'Bhí an doras ar oscailt,' ar sé. 'Bhuail mé cnag air ach ní bhfuair mé aon fhreagra.'

Bhain sé an oiread sin de gheit as Máiréad duine **nár aithin sí**[3] a fheiceáil ansin ag caint léi gur theip uirthi freagra a thabhairt air seo láithreach.

Lean seisean air ag comhrá. 'Ar mhothaigh tú **toirneach**[4] san aer? Tá stoirm ag teacht. Bhí **faitíos**[5] orm go mbéarfaí amuigh orm. Ní mian liom ach **fothain**[6] a iarraidh ort go dtí go mbeidh an stoirm thart, murar mhiste leat.'

Bhí Máiréad ag féachaint air i gcónaí. Bhí an fear níos airde ná í agus droim láidir air. Cé go raibh sé **bearrtha**[7], **bhí easpa slachta air**[8]. Jíons dubha agus **seaicéad bréidín**[9] in uachtar ar t-léine a bhí á gcaitheamh aige. Ina lámh, bhí caipín feirmeora. Bhí ceann díreach cosúil leis aici féin i gcófra éigin sa teachín.

'Beidh fothain agat go dtí go mbeidh an stoirm thart,' arsa Máiréad ar deireadh, **piachán ina guth**[10]. 'Bhí mé amuigh ag bailiú ábhar tine díreach anois. Tá an **connadh**[11] agam ar an taobh eile den tigh.'

Siúd anonn ansin léi chun **an teallaigh**[12]. Níor bhog an **strainséir**[13] agus í ag siúl **thairis**[14]. Leag Máiréad síos an ciseán cois na tine agus chrom ar a cuid oibre. Sheas seisean **ag faire uirthi i gcónaí**[15].

Ar dtús, chuir an tseanbhean an **gráta**[16] ar leataobh. Ansin thóg sí an scuab agus an **tsluasaid**[17] bheag a bhí **ar crochadh ar sheastán**[18] in aice an teallaigh agus thosaigh ag glanadh amach luaithreach na hoíche aréir. Chuir sí an salachar isteach i mbuicéad galbhánaithe lena hais.

Chas sí a cloigeann beagáinín chun **sracfhéachaint**[19] a thabhairt ar an gcuairteoir. Bhí sé ag stánadh uirthi go fóill, an-tógtha lena raibh ar siúl aici.

Bhraith sí míchompordach. Sheas sí. Bhí an teallach glan anois ar aon nós. Thóg sí na cipíní ón gciseán agus chaith isteach ann iad. Ansin chuaigh chun roinnt nuachtán a fháil ón **drisiúir**[20].

Nuair a bhog sí an uair seo, bhog an cuairteoir chomh maith. Shiúil sé trasna an tseomra chun a bheith **níos gaire**[21] di. Stad sé idir an dá chathaoir uilleach. Bhí cathaoir amháin acu níos caite ná an ceann eile, seál le Máiréad ar an uilleann. Taobh leis an suíochán céanna, bhí bord beag agus grianghraf i bhfráma air. Chonaic Máiréad gur phioc sé suas an pictiúr agus go raibh sé ag féachaint air **go staidéarach**[22].

'Cén gnó atá agat i gCeann Locha?' a d'fhiafraigh sí de **go tobann**[23] agus í ag gabháil den pháipéar.

Chlis an strainséir as a bhrionglóideach. Leag sé uaidh an grianghraf.

'Inspioráid! **Foinse inspioráide**[24] is ea an ceantar aoibhinn seo. Taitníonn suaimhneas na háite liom, **dath síorghlas na sléibhte**[25], gorm geal na spéire agus loinnir na gréine ar an bhfarraige thíos uainn.'

Bhreathnaigh Máiréad i dtreo an dorais, as a dtáinig sí isteach ón ngairdín.

'Tá stoirm ag teacht,' ar sí go leamh. 'Ní bheidh againn ach gleo, spéartha liatha agus farraige **neamhthrócaireach**[26].'

Chuir an strainséir **grainc smaointeach**[27] air féin. Siúd anonn leis go dtí an doras agus bhreathnaigh amach. Bhí báisteach ag titim ón spéir ghruama dhorcha os a gcionn. Bheadh sé anseo go ceann tamaillín eile. Chuir sé lámh ar an **murlán**[28] agus rinne ar an doras a dhúnadh.

Gheit croí Mháiréad[29].

'Bhí mé ar tí an buicéad **luaithrigh**[30] a chur amach,' ar sí.

'Tá sé ag stealladh báistí anois,' arsa an strainséir. 'Ní féidir leat dul amach.' Dhún sé an doras.

Thosaigh Máiréad **ag crith**[31]. Bhí an páipéar ina lámh aici ag crith. Thug sí droim leis an strainséir, chas ar an tine agus chaith isteach na páipéir anuas ar na cipíní sa teallach. Chuir sí lámh ina póca agus d'aimsigh sí an boiscín cipíní solais. Síos léi ar a glúine. Agus a lámh ar crith, bhí sí ag iarraidh cipín lasta a chur leis na páipéir. Ar deireadh thug sí **lasair**[32] don tine.

Bhraith sí an strainséir ag siúl thart arís. Ag teacht **i gcóngar**[33] na tine a bheadh sé ar ndóigh. Shín sí lámh amach chun teacht ar an b**piocaire**[34] ach nuair a d'fhéach sí in airde ní raibh sé ann. Chas sí timpeall. Bhí an fear os a cionn agus an uirlis ina lámh aige.

D'fhéadfadh Máiréad a croí féin a chloisteáil ag bualadh istigh. Bhí an fear ina sheasamh in aice léi ar nós **deilbhe**[35], agus an piocaire ina lámh aige. Las a aghaidh leis an splanc thintrí. Thosaigh Máiréad **ag comhaireamh**[36] ina hintinn istigh. Dhá bhuile óna croí in aghaidh gach soicind. A haon-dó-trí, a-dó-dó-trí, a trí-dó-trí. Mhothaigh siad an toirneach. Smeach láidir tobann. Bhí an stoirm anuas orthu.

Gluais

[20]*Dresser*
[21]*Closer*
[22]*Studiously*
[23]*Suddenly*
[24]*Source of inspiration*
[25]*The everlasting green of the mountains*
[26]*Ruthless*
[27]*Thoughtful frown*
[28]*Handle*
[29]*Máiréad's heart jumped*
[30]*Ashes*
[31]*Shaking*
[32]*Flame*
[33]*Close to*
[34]*Poker*
[35]*Statue*
[36]*Counting*

[37]*Focused on*

Tharraing an fear a aird ón mbean agus **dhírigh**[37] ar lasair na tine. Shín sé amach a lámh agus thosaigh sé ag piocadh an tine.

'Níl aon tinteán mar do thinteán féin!' ar sé go gealgháireach.

Lig Máiréad osna faoisimh. Den chéad uair, thug sí faoi deara go raibh dealramh aige lena fear céile, mar a bhí sé tráth. Ach chaith sí uaithi an néal sin agus sheas. B'fhearr léi an cuairteoir seo a choimeád siar ón tine agus istigh i gcathaoir, áit a mbeadh sí in ann súil ghéar a choimeád air.

'Níl aon ghá leis an tine a fhadú go ceann tamaillín eile,' ar sí. 'Suigh síos go ndéanfaidh mé cupán tae duit.'

[38]*Comfortably*

Ghlac sí uaidh an piocaire agus d'fhan go dtí go raibh sé ina shuí **go compordach**[38] sa chathaoir uilleach. An chathaoir nár ghnách le Máiréad suí inti ab ea an chathaoir a roghnaigh sé. Chuir sí an piocaire ar ais ar an mballa, chuaigh chun an citeal a líonadh agus é a chur leis an teas.

'An bhfuil gaolta leat timpeall na háite seo?' arsa Máiréad.

'Níl, faraor. Is cuairteoir ar an gceantar seo mé,' arsa mo dhuine.

'Ach cá mbeidh tú ag fanacht anocht?'

[39]*The uncertain answer*

'Tugtar le tuiscint dom go bhfuil brú óige thart anseo,' ab ea **an freagra neamhchinnte**[39] a thug sé.

'Brú óige?' D'fhair Máiréad an fear a bhí ina shuí sa chathaoir uilleach. Bheadh sé ag druidim le dhá scór go leith bliain d'aois. 'Seo bóthar na farraige. Ní fheicfidh tú an bealach seo ach an fharraige.'

[40]*He laughed*

'Is cosúil go bhfuilim beagáinín ar strae!' **a gháir sé**[40]. Dhírigh sé na cosa agus bhain amach an fón póca. 'Rinne mé iarracht léarscáil á fháil ar an bhfón ach ní fiú rud ar bith é. An bhfuil rud éigin cearr leis an gcomhartha sa cheantar seo?'

Ní dhearna Máiréad ach na guaillí a shearradh. Bhí mála mór prátaí in aice an dorais. Thog sí babhla ón gcófra agus líon go barr le prátaí ón mála é. Tuairim is dhá dhosaen prátaí ar fad a bhí aici. Chuir sí ar an doirteal iad agus thosaigh á nglanadh agus **á scamhadh**[41].

[41]*Peeling*

'Tá teach lóistín píosa beag uainn. Slúlóld uair go leith ar a laghad a bheadh i gceist,' arsa Máiréad. Thug sí faoi deara anois na **bróga pointeáilte**[42] air.

[42]*Pointed shoes*

'Ní fheadar an bhféadfainn tascaí a fháil?' arsa an fear.

Tascaí? Rinne Máiréad gáire ciúin. Ní fheadar an mbeadh an fear seo sásta íoc as tacsaí dá mbeadh a leithéid ar fáil sa cheantar seo?

[43]*Neighbour of mine*
[43]*In the driveway*

'Níl aon tacsaí ann ach téann **comharsa liom**[43] an treo sin gach tráthnóna. B'fhéidir go bhfaca tú gluaisteán **i gcabhsa**[44] an tí eile sin thíos?' Dhírigh sí méar i dtreo na fuinneoige.

Bhreathnaigh an strainséir amach go smaointeach. 'Shiúil mé thar an teach sin sular tháinig mé anseo. Ní cuimhin liom aon ghluaisteán a fheiceáil ann. Seans go bhfuil sé imithe cheana féin.'

Bhí Máiréad sa teach an lá ar fad agus níor chuala sí aon ghluaisteán **ag dul thar bráid**[45].

'Thabharfainn féin dídean duit ar feadh na hoíche,' ar sí agus í ag cur mála tae isteach i muga uisce fiuchta, 'ach nach bhfuil ach an t-aon seomra codlata amháin againn.' Chas sí an mála san uisce. 'Cá mhéad siúcra?'

'Dhá cheann.'

Thóg sí amach an mála tae, chuir **braoinín**[46] bainne isteach mar aon leis an dá spúnóg siúcra, mar a d'iarr sé uirthi. Shín sí an muga chuig an gcuairteoir a ghlac go buíoch leis. **Cuireadh ar a shuaimhneas**[47] é agus bhí sé ciúin. **Chuaigh Máiréad i mbun a cúraimí**[48] agus na prátaí gearrtha a chur isteach i bpota uisce.

'Cad a dhéanann tú féin,' ar sí, 'chun go mbeadh inspioráid ag teastáil uait?'

'Is **ealaíontóir**[49] mé,' arsa an fear.

Stad Máiréad os cionn an phota. 'Ealaíontóir? Bhí m'fhear céile ag freastal ar chúrsa ealaíne ar feadh tréimhse. An phéinteáil. Thaitin sé go mór leis. **Taispeántas**[50] aige i ngailearaí fiú.'

D'fhéach an cuairteoir ar an ngrianghraf ar an mbord an athuair.

'Sin é d'fhear céile sa phictiúr,' ar sé.

'Is é,' arsa Máiréad.

'Agus cad a tharla?'

'Bhí air éirí as. Táimid i bhfad siar anseo. Aistear fada ag dul isteach agus amach agus...'

Chuir Máiréad a raibh fágtha de na prátaí isteach sa phota agus chuir an pota ar an tine. Sheas sí ansin ag féachaint ar an gcanbhás a bhí ar crochadh ar uchtbhalla an tsimléir.

Lean an cuairteoir líne a hamhairc agus leag súile ar an tírdhreach. 'Tá an saothar sin feicthe cheana agam!' a d'fhógair sé. 'Ach ní cuimhin liom cé a rinne é.'

D'amharc Máiréad[51] ar an bhfear sa chathaoir uilleach. Thosaigh a croí ag bualadh go tapa an athuair. 'Máirtín.'

'Máirtín! Anois is cuimhin liom é. Tá sé tamall maith ó bhuail mé leis. Bliain, b'fhéidir. I ngailearaí, más buan mo chuimhne. Bhí tionscadal ar siúl againn le chéile. Bhí an-chraic againn! An-chraic go deo.'

'An raibh anois?' arsa Máiréad ag baint lán a súl as.

Bhí an strainséir **ag stánadh**[52] ar an bpictiúr, na radhairc á dtabhairt chun cuimhne aige ina intinn féin go dtí gur tharraing **lasracha an tinteáin**[53] a shúile anuas chun na tine arís.

[45]Going by

[46]Drop

[47]He was comforted
[48]Máiréad went about her work

[49]Artist

[50]Exhibition

[51]Máiréad looked

[52]Staring

[53]The flames of the fire

[54]*Without warning*

'Tá neart prátaí agat ansin!' ar sé **gan choinne**[54].

'Beidh ocras ar Mháirtín nuair a thiocfaidh sé isteach,' arsa Máiréad.

'Ach shíl mé gur anseo i d'aonar a bhí tú anois!'

Bhreathnaigh Máiréad air idir an dá shúil. 'Ach cé a thug é sin le tuiscint duit? Nach bhfuil cóta m'fhir chéile ar crochadh ar chúl an dorais? Chuaigh sé amach gan é. Is leis an píopa ar an matal. Agus an síleann tú gur liomsa na buataisí móra sin **atá á dtriomú**[55] cois na tine? Tá láib na maidine orthu.'

[55]*That are being dried*

D'amharc an strainséir i dtreo an chóta ar an doras, an phíopa ar an matal, ar na buataisí salacha agus ar an ngrianghraf ar an mbord taobh leis. Ansin bhreathnaigh sé ar Mháiréad. Bhí sise ag breathnú ar an gclog ar an matal. 'Is gearr go mbeidh sé sa bhaile. Beidh tú in ann labhairt leis nuair a thiocfaidh sé ar ais.'

'Cá bhfuil sé anois?'

[56]*Out in the field*
[57]*Seeking shelter*

'**Thiar sa ghort**[56]. Seans go ndeachaigh sé féin **ag lorg fothana**[57] ón stoirm. Is dócha go mbeidh sé cantalach leis tar éis dó dearmad a dhéanamh ar a chóta ar dhul amach dó tar éis lóin. Ach nach dtabharfaidh do chuairt anseo air ardú croí dó!'

[58]*Laughed*

Gháir[58] an strainséir go támáilte. 'Is mór an trua nach mbeidh deis agam bualadh leis inniu.'

'Nach mbeidh?'

'Ní mór dom bóthar a bhualadh.'

'Nach bhfanfá tamaillín beag eile? Chun go mbeadh cúpla práta agus blúire ime agat linn. Tá **fuílleach**[59] ann do gach duine.'

[59]*Enough*

D'fhair sé an pota agus na prátaí go léir á mbeiriú ann. 'Ba bhreá liom fanacht ach tá sé in am dom imeacht. Tá an stoirm ag imeacht uainn. B'fhéidir go dtiocfaidh mé ar ais lá eile. Ach idir an dá linn, beidh orm an teach lóistín sin a aimsiú.'

'Tá sé fós fliuch amuigh.'

'Beidh mé i gceart.'

[60]*Tweed jacket*

D'fhair Máiréad an **seaicéad bréidín**[60] air.

'Beidh tú báite. Seo, beir leat é seo.'

[61]*It doesn't suit him anymore*

Chuaigh sí go dtí an cófra le hais an dorais agus d'oscail amach é. Bhain amach an seanchóta báistí fada. 'Ba le Máirtín é seo. Ach tá sé…. **ní oireann sé dó a thuilleadh**[61]. Tóg tusa é.'

'Is cuimhin liom cé chomh hard, aclaí is a bhí Máirtín,' arsa an cuairteoir agus é ag tabhairt sracfhéachaint eile ar an ngrianghraf.

'Ard agus aclaí go deo. Ní chuirfeadh rud ar bith scanradh air.'

[62]*Drizzly*

Chuir an fear air an cóta báistí os cionn an tseaicéid bréidín. D'oscail Máiréad an doras dó. Bhreathnaigh siad amach. Bhí sé **ceobhránach**[62] go fóill.

'Bhuel, go raibh maith agat as ucht gach rud – an tae, an comhluadar, an fhothain!'

'Slán agat,' arsa Máiréad.

Thug an fear aghaidh ar an domhan amuigh. Bheannaigh Máiréad dó den uair dheireanach agus dhún an doras. Chuir sí glas air.

Siúd anonn chun na fuinneoige léi chun féachaint air ag imeacht uaithi. Bhí sé imithe chomh fada leis an ngeata. D'fhéach ar dheis agus ar chlé. Ar deireadh, chas sé ar chlé agus d'imigh sé uaithi.

Anonn go dtí[63] an chathaoir uilleach léi ansin agus shuigh sí síos. Lig sí osna throm. D'fhéach sí an athuair ar an gclog ar an matal, mar nár thug sí an t-am faoi deara i gceart an chéad bhabhta. Dhá nóiméad chun a sé. Ní chuirfeadh sí glaoch riamh ar Aisling ag an am seo. Bheadh na leanaí fós ina suí. Ach **mhaithfeadh**[64] sí di an uair seo é. Thóg sí an fón ón urlár agus bhrúigh isteach uimhir a hiníne. D'fhreagair Aisling láithreach.

'Heileo, a Mham.'

Tharraing Máiréad **anáil thobann**[65].

'An bhfuil tú ceart go leor?' arsa Aisling go himníoch.

'Tá. Táim go breá, a stór.'

'Níl tú. Inis dom cad atá cearr. An rachaidh mé chugat? Beidh mé leat faoi cheann uaire sa ghluaisteán.'

'Ná déan rud ar bith dá shórt, a stór' arsa Máiréad. 'Táim go breá. Níl ann ach gur baineadh geit bheag asam ar ball beag.'

'Abair leat.'

Dhún Máiréad a súile. 'Bhí cuairteoir anseo. Dúirt sé go raibh aithne aige ar d'athair.'

'A leithéid! Tá súil agam gur chuir tú an ruaig air.'

'Tá sé **bailithe**[66] leis anois. Ní bheidh sé ag teacht ar ais.'

'An bhfuil tú cinnte?'

'Táim cinnte, a stór. Agus i ndáiríre, táim ceart go leor anois. Níl ann ach **gur airigh mé**[67] uaim do ghuth. Níor theastaigh uaim fanacht chun labhairt leat.'

Gheall Aisling go gcuirfeadh sí glaoch ar ais ar a máthair tar éis a hocht a chlog **mar ba ghnách**[68] chun a chinntiú go raibh gach rud ceart i gcónaí.

Leag Máiréad síos an guthán agus bhreathnaigh ar an ngrianghraf taobh léi. Ghlac sí chuici an íomhá dá fear céile.

'Airím do ghuthsa uaim chomh maith,' ar sí os ard. 'Fiú agus tú imithe uaim le seacht mbliana.'

[63]*Over to*
[64]*Forgive*
[65]*Sharp breath*
[66]*Gone now*
[67]*I missed*
[68]*As usual*

Scríobh achoimre ghearr ar an scéal i do chuid focal féin.

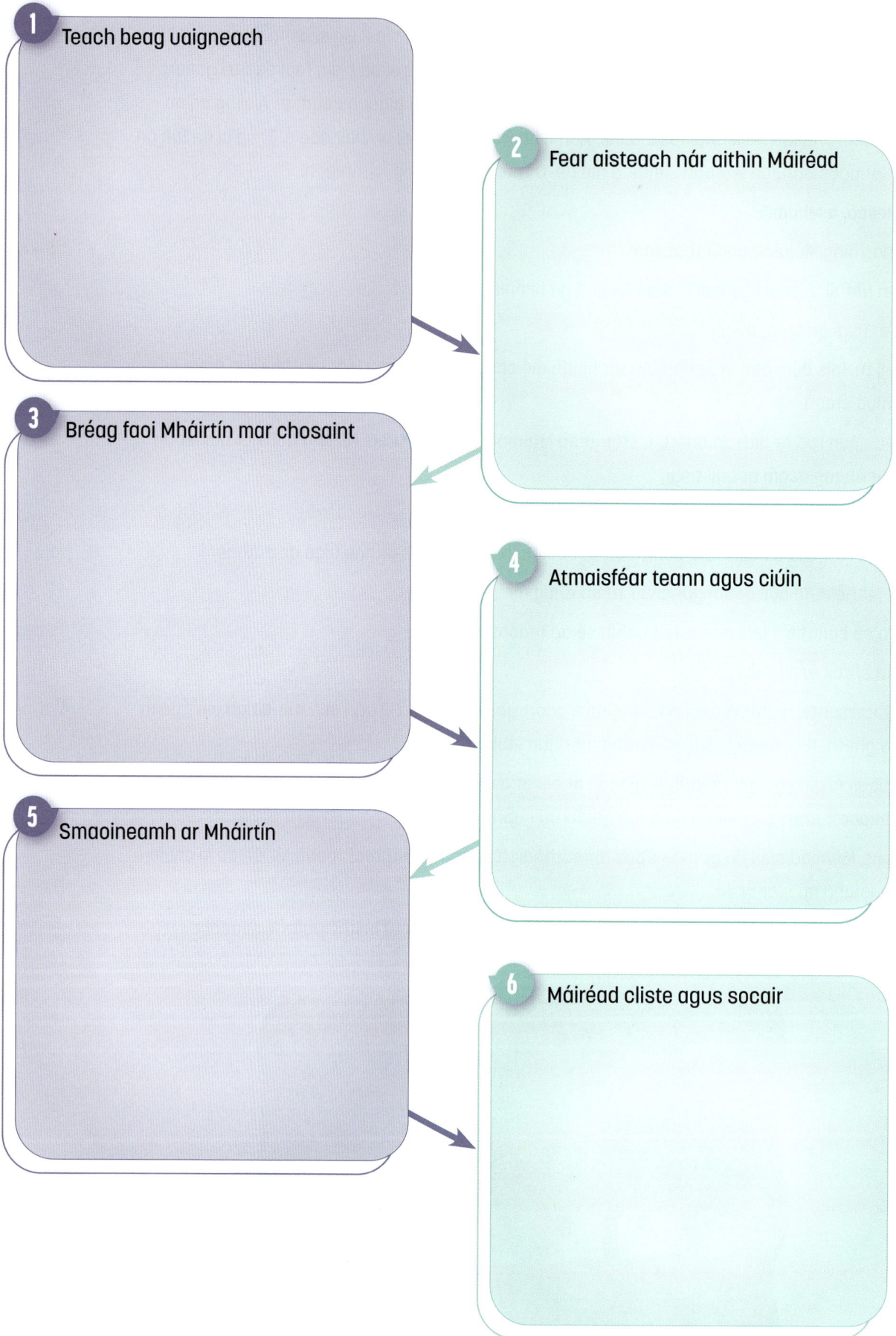

1 Teach beag uaigneach

2 Fear aisteach nár aithin Máiréad

3 Bréag faoi Mháirtín mar chosaint

4 Atmaisféar teann agus ciúin

5 Smaoineamh ar Mháirtín

6 Máiréad cliste agus socair

ACHOIMRE

1. Saol Ciúin Mháiréad

Bhí Máiréad ina cónaí léi féin i dteach beag faoin tuath. Bhí sí meánaosta[69] agus bhí saol socair aici, lán le gnáthaimh agus smacht[70]. Is cosúil gur chaill sí a fear céile roinnt blianta roimhe sin, agus mhothaigh sí uaigneas ina saol. Bhí sí cleachta le[71] ciúnas agus le príobháideachas. Ba dhuine réasúnta neamhspleách[72] í a bhí sásta lena saol, cé go raibh sé suaimhneach agus beagáinín uaigneach. Ní raibh sí ag súil le haon athrú, go háirithe cuairteoir gan choinne[73].

sí

69Middle-aged

70Routines and control

71Used to

72Reasonably independent

73An unexpected visitor

2. Teacht an Strainséara

Thosaigh an scéal nuair a chonaic Máiréad strainséir ina seomra suí. Dúirt sé go raibh an doras ar oscailt agus gur tháinig sé isteach toisc go raibh stoirm ag teacht[74]. Lig Máiréad isteach é, cé go raibh drogall uirthi é sin a dhéanamh. Bhí rud éigin aisteach faoi[75] agus bhí sí neirbhíseach agus míchompordach ó thús. Bhí cuma mhíshlachtmhar[76] air agus níor thuig sí go díreach céard a bhí uaidh. Ní raibh Máiréad cleachta le cuairteoirí, go háirithe strainséirí fireanna, agus mhothaigh sí faoi bhagairt[77].

74Storm coming
75Strange about him
76Unkempt appearance

77Under threat

3. Teannas agus Amhras

Dúirt an strainséir gur 'ealaíontóir' a bhí ann, ach bhí a iompar aisteach. Bhí sé ró-oscailte ag ceistiú Mháiréad faoina saol, agus chuir sé ceisteanna pearsanta uirthi. Labhair sé go cineálta, ach bhí rud éigin faoin gcaoi ar labhair sé a chuir drogall[78] uirthi. Lean sé timpeall an tí í agus d'fhéach sé i ngach áit. D'aithin an léitheoir[79] an teannas a bhí ag fás. Bhí rud neamhghnách ag baint leis. Bhí Máiréad fós ag iarraidh a bheith béasach, ach ag an am céanna, bhí sí ag iarraidh éalú[80] ón suíomh.

78Reluctance
79The reader recognised

80Escape

4. Scéal Cliste faoi Mháirtín

D'úsáid Máiréad a clisteacht[81] chun scéal a chumadh faoina fear céile, Máirtín. Dúirt sí go raibh sé ag teacht abhaile go luath agus gur fear láidir é. Luaigh sí rudaí cosúil le cóta mór, buataisí láibeacha[82] agus píopa chun an scéal a dhéanamh réadúil[83]. Bhí sé seo mar chosaint aici: níor theastaigh uaithi an strainséir a mhaslú[84] go díreach, ach theastaigh uaithi é a chur ar shiúl. Bhí an plean cliste agus éifeachtach. Mhothaigh an strainséir míchompordach, agus thosaigh sé á ullmhú féin chun imeachta[85].

81Her cleverness

82Muddy boots
83Realistic
84To insult
85Preparing to leave

5. Críoch Neirbhíseach agus Mhothúchánach

Mhothaigh Máiréad faoiseamh[86] mór ach bhí sí fós cráite. Ghlaoigh sí ar a hiníon, Aisling, chun an scéal a insint di. Shuigh sí síos agus d'amharc sí[87] ar ghrianghraf dá fear, Máirtín, a bhí básaithe le seacht mbliana. Tháinig na mothúcháin go léir – brón, cailliúint, eagla agus faoiseamh – le chéile ag deireadh an scéil.

86Relief

87She looked

CLEACHTAÍ

1. Léigh na habairtí agus líon na bearnaí leis na focail thíos.

   Focail le cur isteach: cuairteoir, faitíos, stoirm, Máirtín, dteachín, cóta, tine, ealaíontóir, clisteacht, hiníon

   Bhí Máiréad ina cónaí léi féin i _____ faoin tuath.

   Tháinig _____ isteach gan choinne.

   Dúirt sé gur tháinig sé isteach mar go raibh _____ ag druidim leo.

   Bhí _____ ar Mháiréad ach lig sí dó fanacht.

   D'úsáid sí scéal bréige faoina fear céile _____ mar chosaint.

   D'úsáid sí rudaí cosúil le _____, píopa agus buataisí chun an scéal a dhéanamh inchreidte.

   Dúirt an strainséir gur _____ a bhí ann.

   Stócáil sé an _____ leis an uirlis ón teallach.

   Léirigh Máiréad a _____ chun í féin a chosaint.

   Ghlaoigh sí ar a _____ nuair a d'imigh an strainséir.

2. Meaitseáil na habairtí Gaeilge agus Béarla.

Abairt Ghaeilge	Abairt Bhéarla
A. Bhí Máiréad ina cónaí léi féin.	**1.** *Máiréad rang Aisling.*
B. Tháinig strainséir isteach sa teach.	**2.** *She looked at a photograph of Máirtín.*
C. Mhothaigh sí míchompordach ina láthair.	**3.** *She used details such as a coat and boots.*
D. D'inis sí bréag faoi Mháirtín.	**4.** *The stranger picked up a tool from the fireplace.*
E. D'úsáid sí sonraí cosúil le cóta agus buataisí.	**5.** *She felt uneasy around him.*
F. Thóg an strainséir uirlis ón teallach.	**6.** *Máiréad lived alone.*
G. Cheap Máiréad go raibh sé chun ionsaí a dhéanamh.	**7.** *The stranger eventually left.*
H. D'imigh an strainséir faoi dheireadh.	**8.** *Máiréad thought he was going to attack.*
I. Ghlaoigh Máiréad ar Aisling.	**9.** *She told a lie about Máirtín.*
J. D'amharc sí ar ghrianghraf de Mháirtín.	**10.** *A stranger came into the house.*

   Freagraí

A	B	C	D	E	F	G	H	I	J
6									

3. Scríobh na huimhreacha 1–6 chun na habairtí a chur in ord mar a tharla sa scéal.

   Thóg an strainséir uirlis ón teallach ach níor ghoill sé uirthi. ☐

   Lig Máiréad isteach é, cé go raibh drogall uirthi. ☐

   Tháinig strainséir isteach i dteach Mháiréad gan choinne. ☐ 1

   Chum sí scéal faoi Mháirtín, a fear céile, chun í féin a chosaint. ☐

   D'imigh an strainséir agus ghlaoigh Máiréad ar a hiníon. ☐

   Mhothaigh sí amhras agus teannas ina láthair. ☐

Ceisteanna Ilrogha

Cuir tic leis an mbosca ceart.

1. Cá raibh Máiréad ina cónaí?

   (a) I mBaile Átha Cliath ☐ **(b)** I dteach mór sa chathair ☐ **(c)** I dteachín faoin tuath ☐

2. Cén fáth ar tháinig an strainséir isteach?

   (a) Bhí Máiréad i mbaol ☐

   (b) Dúirt sé go raibh an doras ar oscailt agus bhí stoirm ag teacht ☐

   (c) Bhí aithne aige ar Mháiréad ☐

3. Conas a mhothaigh Máiréad faoin strainséir a bheith ansin?

   (a) Bhraith sí compordach ☐

   (b) Bhraith sí suaimhneach ☐

   (c) Bhraith sí amhrasach agus corraithe ☐

4. Cad a rinne Máiréad chun í féin a chosaint?

   (a) Ghlaoigh sí ar na Gardaí ☐

   (b) D'inis sí scéal faoina fear céile Máirtín ☐

   (c) D'fhág sí an teach ☐

5. Cad a rinne an strainséir leis an uirlis ón teallach?

   (a) D'ionsaigh sé Máiréad ☐ **(b)** Rinne sé damáiste sa teach ☐ **(c)** Stócáil sé an tine ☐

Frásaí Cabhracha

Léigh na frásaí thíos. Bain úsáid astu chun 4–5 abairt shimplí a scríobh faoin scéal 'Cuairteoir' le hOrna Ní Choileáin.

Bhí an scéal suite _____.

Bhí Máiréad _____.

Tháinig _____ gan choinne.

Lig sí isteach é cé go _____.

Mhothaigh sí _____ agus é ann.

Chum sí _____.

Cheap an strainséir go _____.

Ag an deireadh, _____.

Ghlaoigh sí _____.

Léirigh Máiréad _____.

Spás le haghaidh scríbhneoireachta

_____

_____

_____

_____

_____

_____

_____

_____

CEISTEANNA BUNÚSACHA

1. Cé na carachtair a bhí sa scéal 'Cuairteoir'?

   _____

   _____

2. Cén fáth ar tháinig an strainséir isteach sa teach?

   _____

   _____

3. Cén chuma a bhí ar an strainséir?

   _____

   _____

4. Cén fáth ar baineadh geit as Máiréad sa chistin?

   _____

   _____

5. Cén fáth ar ghlaoigh sí ar a hiníon?

   _____

   _____

NA PRÍOMHCHARACHTAIR

Máiréad

Ba í Máiréad príomhcharachtar an scéil. Bhí sí ina cónaí léi féin i dteach beag faoin tuath. Bhí sí réasúnta sean agus bhí a fear céile, Máirtín, imithe ar shlí na fírinne[88]. Bhí sí uaigneach ach bhí sí cleachta lena saol socair agus ciúin.

Nuair a tháinig strainséir isteach sa teach, bhí eagla ar Mháiréad. Ach d'fhan sí socair agus d'úsáid sí a clisteacht chun í féin a chosaint. D'inis sí bréag faoin bhfear céile. Dúirt sí go raibh sé ag teacht abhaile go luath. Luaigh sí an cóta, píopa agus buataisí a bhí timpeall an tí chun an scéal a dhéanamh inchreidte.

Bhí sí neirbhíseach, ach níor chaill sí a cineáltas[89]. Lig sí don strainséir fanacht, cé go raibh sí amhrasach. Léirigh sí misneach, clisteacht agus crógacht. Feicimid tréithe tábhachtacha inti mar neart[90], cineáltas ach eagla roimh an rud anaithnid[91]. Is í Máiréad croí an scéil.

An Strainséir

B'fhear ard é an strainséir, agus cuma gharbh[92] agus éadaí míshlachtmhara air. Cé gur labhair sé go cairdiúil ar dtús, mhothaigh Máiréad nach raibh rud éigin ceart faoi. Bhí sé ró-oscailte[93] agus chuir sé ceisteanna aisteacha. Bhí rud éigin ina iompar a chruthaigh agus a chuir eagla ar Mháiréad.

[88]Deceased

[89]Her kindness

[90]Strength
[91]The unknown

[92]Rough appearance

[93]Too open

Dúirt sé gur ealaíontóir a bhí ann agus go raibh sé ag lorg smaointe. Ach níor thuig Máiréad cad go díreach a bhí uaidh. D'fhan sé rófhada sa teach agus rinne sé Máiréad an-neirbhíseach. Bhí cuma chiúin, ach bagrach[94] air.

Bhí an strainséir mar shiombail den rud anaithnid, rud nach dtuigtear agus a scanraíonn daoine. Mar gheall ar an strainséir, d'fhoghlaim Máiréad conas í féin a chosaint agus a bheith cróga. Léirigh a láithreacht[95] cé chomh tapa is a d'fhéadfadh an gnáthshaol a chur bun os cionn[96].

[94]*Threatening*

[95]*His presence*
[96]*Upside down*

Máirtín

Cé nach raibh Máirtín beo sa scéal, bhí sé fós tábhachtach. Ba é fear céile Mháiréad é. Bhí a chuid rudaí fós sa teach, mar shampla píopa, cóta mór agus buataisí láibeacha, rud a léirigh go raibh sé ina chuid de shaol Mháiréad fós.

Léiríodh é mar fhear láidir, cineálta agus suimiúil. Thaitin an ealaín leis, agus bhí sé cosúil le cosaint ag a bhean. D'úsáid Máiréad cuimhní air[97] chun í féin a chosaint. Chum sí scéal go raibh sé ag teacht abhaile, chun faitíos[98] a chur ar an strainséir.

[97]*Memories of him*
[98]*Fear*

Bhí brón agus cailliúint le feiceáil inti. Bhí grá aici fós do Mháirtín, agus chabhraigh a chuimhne léi an lá sin a sheasamh. Cé nár labhair sé riamh sa scéal, bhí a thionchar[99] le brath i ngach cuid de.

[99]*His influence*

CEISTEANNA BUNÚSACHA

nod don scrúdú
Bíodh na carachtair ar eolas go maith agat.

1. Cé hí Máiréad? Déan cur síos uirthi. (*Máiréad*)
    _____
    _____

2. Conas a mhothaigh Máiréad faoina fear céile, Máirtín, a chailliúint? (*Máiréad*)
    _____
    _____

3. Cad a dúirt an strainséir faoina phost? (*An Stráinséir*)
    _____
    _____

4. Conas a bhí an strainséir? Luaigh dhá rud. (*An Strainséir*)
    _____
    _____

5. Conas a chabhraigh a cuimhne ar Mháirtín le Máiréad sa scéal? (*Máirtín*)
    _____
    _____

Scríobh tréithe na gcarachtar sna boscaí.

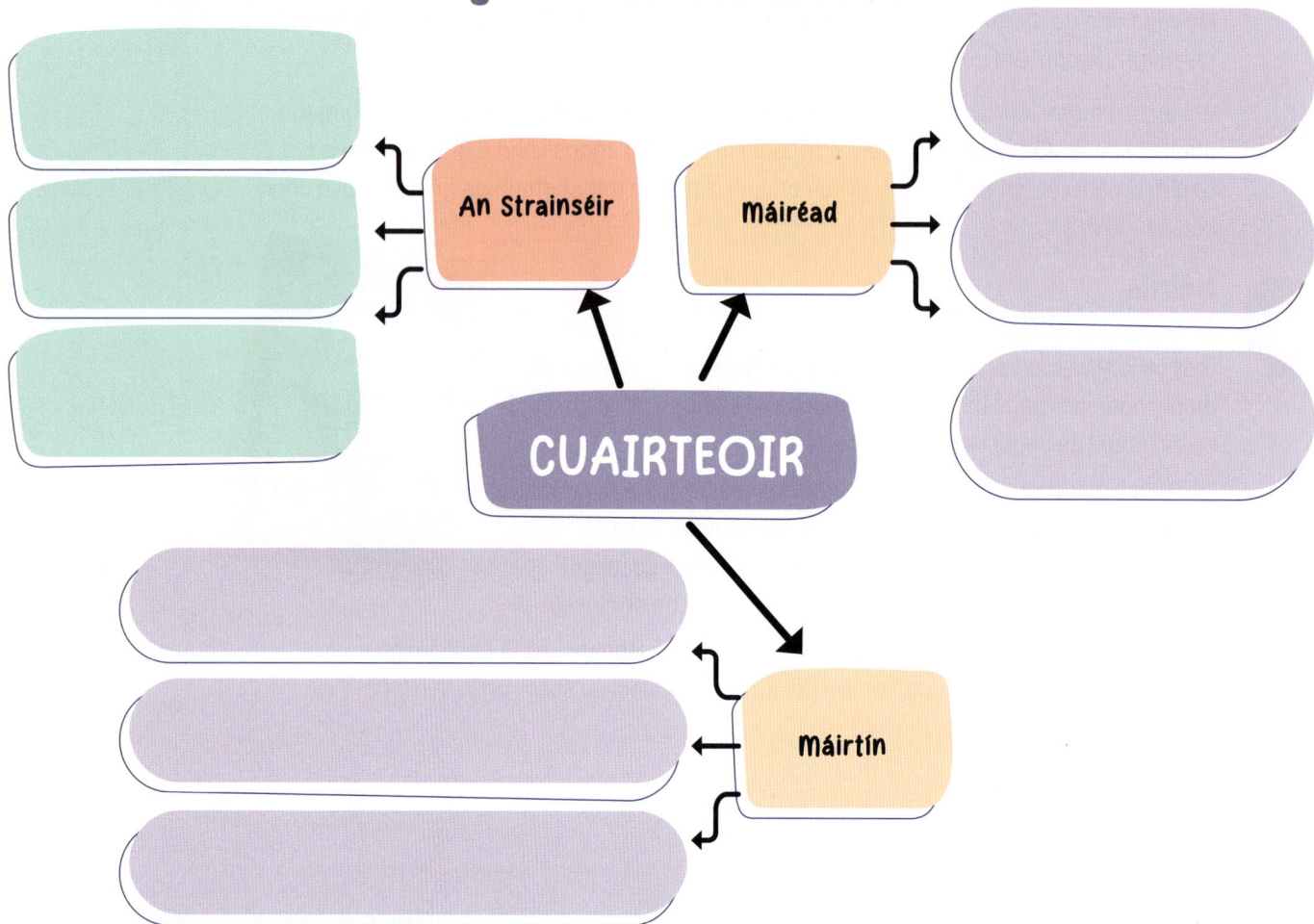

An Strainséir

Máiréad

CUAIRTEOIR

Máirtín

Scríobh dhá líne ar gach carachtar sna boscaí thíos.

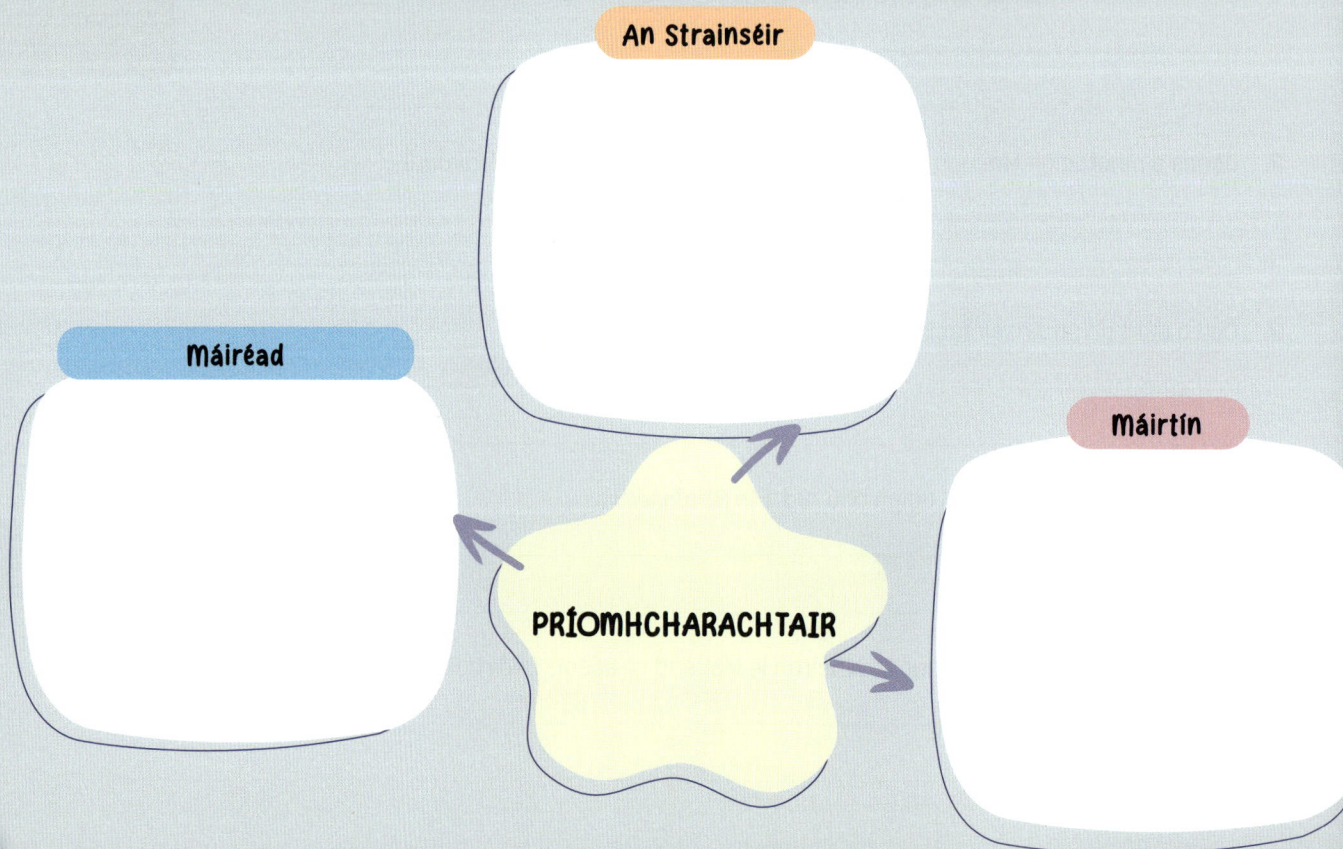

An Strainséir

Máiréad

Máirtín

PRÍOMHCHARACHTAIR

PRÍOMHTHÉAMAÍ AN SCÉIL

1. Uaigneas agus Cailliúint

Bhí Máiréad ina cónaí léi féin ó fuair a fear céile, Máirtín, bás. Bhí sí uaigneach agus bhraith sí ar a cuid cuimhní mar chabhair, cosúil le grianghraf de agus a chuid éadaí. Bhí an teachín ciúin agus iargúlta, agus ní raibh aon duine aici le caint leis/léi. Nuair a tháinig an strainséir, mhothaigh sí níos uaigní fós mar bhí sí buartha agus eaglach.

2. Eagla Roimh an Anaithnid

Nuair a tháinig an strainséir isteach, níor thuig Máiréad céard a bhí uaidh. Bhí sí neirbhíseach mar bhí sé aisteach agus bagrach. Thóg sé uirlis ón teallach agus bhí sé deacair a thuiscint céard a bhí uaidh. Bhí teannas sa teach agus ní raibh sí cinnte cathain a d'fhágfadh sé. Léiríonn sé sin conas a bhíonn daoine scanraithe nuair nach dtuigeann siad céard atá ag tarlú.

3. Neart agus Misneach

Bhí eagla ar Mháiréad, ach bhí sí fós láidir. D'úsáid sí a clisteacht chun í féin a chosaint: chum sí scéal faoi Mháirtín, fear céile láidir a bhí, dar léi, ag teacht abhaile. D'fhan sí socair agus béasach, fiú nuair a bhí sí faoi bhrú. Thaispeáin sí gur féidir le duine a bheith cineálta agus misniúil ag an am céanna, fiú i scéal deacair.

CEISTEANNA BUNÚSACHA

1. Cén fáth a raibh Máiréad uaigneach? (*Uaigneas agus Cailliúint*)

   _____

   _____

2. Cad a chabhraigh le Máiréad nuair a mhothaigh sí brónach? (*Uaigneas agus Cailliúint*)

   _____

   _____

3. Cén fáth a raibh eagla ar Mháiréad roimh an strainséir? (*Eagla Roimh an Anaithnid*)

   _____

   _____

4. Cad a rinne an strainséir a chuir míchompord uirthi? (*Neart agus Misneach*)

   _____

   _____

5. Cén tréith a léirigh Máiréad nuair a bhí sí faoi bhrú? (*Neart agus Misneach*)

   _____

   _____

Scríobh síos trí phríomhphointe a bhaineann le príomhthéamaí an scéil.

PRÍOMHTHÉAMAÍ

1.

2.

3.

SUÍOMH AN GHEARRSCÉIL

Tá an scéal suite i dteach beag, ciúin, faoin tuath. Bhí an teach in áit iargúlta, i bhfad ón gcathair agus ó dhaoine eile. Bhí sé ina áit shábháilte ag Máiréad, áit a raibh sí cleachta leis na gnáthaimh agus leis an suaimhneas. Bhí rudaí sa teach a d'fhág a fear céile, Máirtín, mar chuimhní aici.

Ach nuair a tháinig an strainséir isteach, d'athraigh an teachín. Ní raibh sé sábháilte a thuilleadh. Bhí Máiréad ina haonar agus ní raibh aon chúnamh ar fáil. Rinne an áit chiúin seo an scéal níos teinne agus níos scanrúla.

Thaispeáin an teach an suaimhneas a bhí ag Máiréad roimhe sin. Ach nuair a thóg an strainséir uirlis ón teallach, athraíodh an teach go háit aisteach agus bagrach. Bhí an suíomh tábhachtach chun na mothúcháin sa scéal a chur in iúl: brón, uaigneas, eagla agus teannas.

EOLAS FAOIN ÚDAR

Is scríbhneoir Gaeilge í Orna Ní Choileáin as Iarthar Chorcaí. Scríobhann sí ficsean do dhaoine fásta agus do pháistí, mar aon le filíocht, drámaíocht agus gearrscéalta. Tá duaiseanna buaite aici ag Oireachtas na Gaeilge agus ag féilte eile. Mhol léirmheastóirí cáiliúla a cuid scríbhneoireachta, lena n-áirítear Éilís Ní Dhuibhne agus Gabriel Rosenstock, faoi scéimeanna meantóireachta éagsúla.

Foilsíodh a céad bhailiúchán gearrscéalta, *Canary Wharf*, in 2009 agus ba mhór an cháil a bhain sé amach. Roghnaíodh ceann de na scéalta don togra *European Best Fiction 2010*. Bhí gearrscéal eile, 'Pairtnéir', mar bhunús le gearrscannán. Foilsíodh a dara bailiúchán, *Sciorrann an tAm*, in 2014, agus ainmníodh é do Ghradam Uí Shúilleabháin (Leabhar na Bliana sa Ghaeilge). Tá clú agus cáil ar Ní Choileáin as na leabhair do pháistí a scríobh sí, go háirithe an tsraith *Ailfí agus an Vaimpír*, a bhuaigh duaiseanna iomadúla. Fuair sí tacaíocht ó Chomhairle Ealaíon na hÉireann, agus tá a cuid oibre léirmheasta in *The Irish Times* agus in *Inis Magazine*.

▶ Léann Orna Ní Choileáin giota as an gcuairteoir sa phíosa seo. Cuardaigh le haghaidh 'Sciorann an tAm – Orna Ní Choileáin – Leabhar Gaeilge' (4:59).

FREAGRAÍ SAMPLACHA ARDTEISTIMÉIREACHTA

Ceist: Cá raibh Máiréad ina cónaí?

Bhí Máiréad ina cónaí i dteachín iargúlta faoin tuath.

Ceist: Cé a tháinig isteach gan choinne?

Tháinig strainséir mistéireach isteach gan choinne.

Ceist: Cad a dúirt an strainséir faoina chuid oibre?

Dúirt an strainséir gur ealaíontóir a bhí ann.

Ceist: Cad a rinne Máiréad chun í féin a chosaint?

Chum Máiréad scéal faoi Mháirtín ag teacht abhaile chun faitíos a chur ar an strainséir.

Ceist: Cén fáth ar ghlaoigh Máiréad ar Aisling?

Ghlaoigh Máiréad ar Aisling chun sólás agus tacaíocht a fháil.

Ceist: Cén fáth ar chum Máiréad scéal faoi Mháirtín?

FREAGRA

Chum Máiréad scéal faoi Mháirtín mar bhealach chun í féin a chosaint. D'inis sí don strainséir go raibh a fear céile fós beo agus ag teacht abhaile go luath. Luaigh sí sonraí mar a chóta, a bhuataisí láibeacha agus a phíopa chun an scéal a dhéanamh níos inchreidte. Trí é seo a dhéanamh, chuir sí faitíos ar an strainséir agus d'éirigh léi smacht síceolaíoch a fháil ar an scéal. Léirigh an scéal cé chomh cliste agus láidir is a bhí sí fiú agus í faoi bhrú.

Ceist: Conas a léirítear uaigneas Mháiréad sa scéal?

FREAGRA

Léirítear uaigneas Mháiréad trína saol ciúin agus scoite amach sa teachín faoin tuath. Tá sí ina haonar ó fuair a fear céile bás, agus tá sí fós ag brath ar chuimhní chun sólás a fháil. Níl aon duine aici le labhairt leis/léi go laethúil, agus tugann sin le fios go bhfuil sí ina haonar. Nuair a tháinig an strainséir, mhéadaigh an t-uaigneas sin mar mhothaigh sí neamhchinnte agus imeaglaithe ina láthair. Cuireann an scéal béim ar an dochar a dhéanann an leithlisiú do dhaoine.

SCILEANNA SCRÍBHNEOIREACHTA

1. Luaigh dhá thréith a bhain le Máiréad.

2. Cá raibh Máiréad ina cónaí?

3. Cad a tharla lá na heachtra sa scéal?

4. Cén fáth ar lig Máiréad don strainséir teacht isteach?

5. Céard a dúirt an strainséir faoina phost?

6. Conas a mhothaigh Máiréad nuair a chonaic sí an strainséir den chéad uair?

7. Cad a rinne Máiréad chun í féin a chosaint?

_____

_____

_____

8. Luaigh dhá thréith de chuid an strainséara sa scéal.

_____

_____

_____

9. Cén fáth ar ghlaoigh Máiréad ar a hiníon?

_____

_____

_____

10. Cad é téama an scéil?

_____

_____

_____

11. Cad a rinne an strainséir leis an uirlis ón teallach?

_____

_____

_____

12. Conas a d'athraigh an teachín nuair a tháinig an strainséir isteach?

_____

_____

_____

_____

_____

_____

_____

_____

_____

_____

_____

_____

Achoimre Shimplí

D'fhág Bríd a post sa *Donegal Gazette* agus thosaigh sí ag obair mar iriseoir i mBaile Átha Cliath.

Fuair sí tasc scéal coiriúil a leanúint agus d'éirigh léi labhairt le híospartach.

An tIriseoir le Michelle Nic Pháidín

¹She looked

²She stretched

³Girl
⁴Morale boost
⁵Intense hatred
⁶She imagined
⁷In a suburb

⁸Unlike herself
⁹She had to
¹⁰Dark cloud

¹¹Mirror
¹²Make-up
¹³Her small cheerful face
¹⁴Forehead

¹⁵Starting
¹⁶Red barrier

¹⁷Fairly heavy

D'amharc sí¹ amach fuinneog an chairr agus chonaic sí go raibh an ghealach go fóill ina suí mar a bheadh blaosc ann i spéir dhúghorm na cathrach.

Shín sí² í féin siar i suíochán an chairr agus mhothaigh sí smeachanna an chodlata ag éalú óna corp.

Ní raibh sé ach a seacht a chlog ar maidin agus bhí an saol ina shuí, soilse bána na gcarranna ag tarraingt uirthi ag sileadh nathracha airgid ar an bhealach fliuch agus na soilse dearga stadta roimpi ag baint na súl aisti.

Chuir sí an raidió ar siúl agus d'éist le **girseach³** agus fear óg éigin ag iarraidh **ardú meanman⁴** a thabhairt do thiománaithe na maidine. Bhí an **deargfhuath⁵** aici orthu. **Shamhlaigh sí⁶** i dtólamh go raibh saol bog acu. Daidí agus mamaí ag cur bia ar an tábla **i mbruachbhaile⁷** saibhir cathrach a fhad agus go ndearna siad freastal ar an choláiste lena gcuid cairde ardnósacha.

Murab ionann is í féin⁸ arbh éigean⁹ di oibriú faoi choinne achan rud a bhí aici ar an choláiste. Mhúch an **néal dubh¹⁰** a bhí os a cionn nuair a smaointigh sí go mbeadh sí ag obair in *The Irish Telegraph* mar iriseoir coiriúlachta ón lá inniu ar aghaidh.

Bhí toradh ar a saothar agus ba thrua don té a dhéanfadh seasamh sa chosán aici. D'amharc sí sa **scáthán¹¹** agus chonaic sí cailín, 35 bliana d'aois, le súile donna agus gruaig bhán. Bhí **smideadh¹²** istigh aici agus bhí a cuid fáinní cluaise ag glioscarnach ar achan taobh dá h**aghaidh bheag dhóighiúil¹³**. Bhí marc ar a **clár éadain¹⁴** agus ag imeall a súile ach bhí smideadh go leor orthu sa chaoi agus nach ndéanfadh duine ar bith iad a aithint.

'Déanfaidh mé cúis,' a dúirt sí léi féin go sásta.

Thiomáin sí timpeall an fhoirgnimh mhóir agus d'inis sí don fhear slándála go raibh sí **ag toiseacht¹⁵** mar iriseoir inniu. Rinne sé scairt ghutháin, rinne gáire léi agus thóg an **bhacainn dhearg¹⁶** agus bán a sheasaigh idir í féin agus an foirgneamh lena scaoileadh isteach.

Shiúil sí isteach san fhoirgneamh. D'aithnigh sí go raibh cúrsaí slándála **measartha trom¹⁷** le cóid ar ardaitheoirí agus ar dhoirse. Nuair a d'éirigh léi fáil isteach san ardaitheoir bhí bean óg ghalánta istigh roimpi. Sheasaigh Bríd siar ag caitheamh sracfhéachaint ar na bróga, an t-éadach agus an mála. Faoin uair a **d'éalaigh sí as**[18] an ardaitheoir bhí a fhios aici cad é an méid airgid a bhí caite ag **an bhean ghleoite**[19] ar a ceirteacha. Shiúil an bhean óg ghleoite isteach go taobh an tseomra a bhí ag déileáil le fógraíocht agus **shásaigh seo**[20] Bríd.

Chonaic Bríd go raibh an seomra nuachta i mbun oibre agus uair fós le dul sula raibh am oifigiúil toiseachta ann. Bhí trí theilifís ar siúl, an raidió san fhuinneog casta ar siúl agus fir i gcultacha éadaigh le canúint na Sasanach **ag scairteadh ar**[21] a chéile faoi scéalta a bhí ag briseadh thar dhroim an domhain. Gach fear acu lena thuairim oilte féin. Cultacha éadaigh dúghorma agus bróga donna á gcaitheamh ag an mhórchuid acu.

Shiúil Bríd suas go dtí an deasc nuachta. Bhí an t-eagarthóir nuachta ina shuí ansin. Chas sé a lámh agus d'amharc sé ar a uaireadóir, ghlan **a sceadamán**[22] agus labhair go gasta. 'Maidin mhaith. Is mise Ciarán Ó Gallchóir. Glacaim leis gur tusa Bríd. Sin do shuíochán thíos ansin. Má tá tú deas inseoidh duine den fhoireann duit cad é an dóigh leis an ríomhaire a úsáid. Déan na nuachtáin náisiúnta a léamh ar dtús, coinnigh do chluas leis an raidió agus déan na suíomhanna gréasáin a chíoradh, na meáin shóisialta san áireamh,' a dúirt sé.

D'inis sé di go mbeadh an príomheagarthóir istigh ar a haon déag do chruinniú na nuachta agus **bhagair sé**[23] di scéalta réasúnacha a bheith réidh aici di. Sula bhfuair Bríd deis faic a rá bhí sé ar an fhón agus ag tabhairt comhartha di lena lámh imeacht uaidh.

Shiúil Bríd go deasc a bhí suite **ag taobh na fuinneoige**[24]. D'amharc sí amach an fhuinneog agus chonaic sí go raibh **blaosc na gealaí**[25] ina scáil cheana féin ag bagairt bhánú an lae. Chruinnigh sí léi lasta nuachtán agus shuigh síos arís. Thosaigh sí ag léamh na nuachtán chomh gasta agus a thiocfadh léi.

D'aithnigh[26] sí go raibh daoine thart uirthi ag gearradh amach na scéalta a raibh suim acu iontu. Scrúdaigh Bríd na scéalta agus thóg amach ceann nó dhó. Bhí sí ag éisteacht leis an raidió i rith an ama. Níor bhac sí leis an ríomhaire. Bhí **pasfhocal**[27] de dhíth agus go dtí seo níor bhac duine ar bith labhairt léi. Rinne sí na suíomhanna gréasáin uilig a sheiceáil ar a fón agus í ag guí le Dia go ndéanfadh duine éigin suas léi ag an chruinniú nuachta.

Go tobann[28] bhí rásaí faoin tseomra nuachta agus shiúil bean isteach agus gan labhairt le duine ar bith, chuaigh sí díreach isteach sa tseomra oifige taobh leo. D'amharc Bríd ar a fón agus chonaic sí go raibh sé deich mbomaite go dtí a haon déag.

Chonaic sí an t-eagarthóir ag **doirteadh**[29] amach caife di féin agus ag tógáil an fhóin.

Go tobann mhothaigh sí Ciarán ag scairteadh.

'Cruinniú anois. Gabh achan duine isteach.'

Rith an fhoireann isteach, na fir leis na cultacha éadaigh anois ar nós uain Mhárta in ionad na cainte sean-aimseartha a bhí ar siúl acu ar maidin.

Cé nach raibh gach duine ina suí thosaigh Bean Uí Shúilleabháin, an t-eargarthóir, ag caint.

'Maidin mhaith. Tá sé anois cúig bhomaite go dtí a haon déag ar maidin Dé Domhnaigh, an ceathrú lá de mhí Eanáir. Tá cruinniú agam ar a haon. Mar sin cuir tús leis an chruinniú, a Chiaráin.'

18_She slipped out of_

19_The charming woman_

20_This satisfied_

21_Shouting at_

22_His throat_

23_He warned_

24_Beside the window_

25_Shell of the moon_

26_She recognised_

27_Password_

28_Suddenly_

29_Pouring_

A fhad agus bhí Ciarán ag caint bhí an t-eagarthóir ag amharc ar a cuid **ingne snasta dearga**[30].

'Bhí **dúnmharú**[31] ann oíche Dé hAoine. Fuair nuachtáin an Domhnaigh an mhórchuid. Labhair na teaghlaigh. Is beag a thig linn a dhéanamh ag an phointe sin ach fanacht ar na Gardaí stiúir a thabhairt dúinn,' a dúirt sé.

Chuir Bean Uí Shúilleabháin suas a lámh agus stop sí é.

'Ní fhaca mise **tagairt**[32] ar bith sna nuachtáin go raibh baint aige le mangairí drugaí in iarthar na cathrach. Glacaim leis go bhfuil tús curtha le cogadh talaimh?'

Níor labhair Ciarán. Chaith Bean Uí Shúilleabháin síos an fón.

'Bhuel, 'bhfuil mé **ceart nó contráilte**[33]?'

Labhair fear óg a bhí ina shuí ag a taobh.

'Deirtear go raibh ceangal ann. Déanfaidh mé iarracht labhairt le duine acu inniu.'

'Ceart go leor,' a dúirt Bean Uí Shúilleabháin agus **shlog**[34] siar bolgam caife. Líon **boladh pónairí caife**[35] an seomra agus ar feadh soicind bhí suaimhneas ann.

'**Déanaigí deifre**[36],' a dúirt sí go cantalach, ''bhfuil rud ar bith eile seachas sin ar siúl? Déanaigí deifre. 'Bhfuil fonn ar bith oraibh scéal maith a chur romham?'

Chuir siad siúd a bhí i láthair a gcuid smaointe in iúl: imreoir ar fhoireann rugbaí na hÉireann ag troid taobh amuigh de chlub oíche, fadhb airgeadais ag baincéir saibhir éigin, casadh ar **scéal fheachtas na dtáillí uisce**[37] agus fear a rinne éigniú ar pháistí a scaoileadh saor.

Thóg Bean Uí Shúilleabháin a ceann.

'Fág na táillí uisce ag an chomhfhreagraí Dála; níl suim ar bith agam san imreoir rugbaí; déan píosa gairid ar leathanach a seacht má tá **comhad**[38] imithe chuig an DPP; fadhb airgeadais an bhaincéara, tabhair thusa leat sin, a Chiaráin, tá tusa mór go maith le lucht an airgid agus, a Bhríd, tabhair leat an scéal faoin fhear atáthar ag géarú chun siúil.

'**Tá rún agam**[39] go mbeadh sin ar an leathanach tosaigh má labhraíonn duine de na híospartaigh. Níor labhair duine ar bith acu go dtí seo agus **más buan mo chuimhne**[40] ba scéal mór a bhí ann de bharr an oiread sin daoine a ndearna an fear céanna seo **mí-úsáid ghnéis**[41] orthu. Sin a bhfuil,' a dúirt sí ag coimeád sracfhéachaint orthu uilig agus ag tiontú chuig an ríomhaire ar a deasc.

Bhí an fhoireann uilig den bharúil go raibh Bean Uí Shúilleabháin **níos géire**[42] ná mar a bheadh **eagarthóir fireann**[43] ar bith, ach ghlac siad leis gur sin an rud a d'fhág sa phost í ó thús deireadh.

Bhí Bríd imníoch faoina scéal féin. Ní jab furasta a bhí ann tabhairt ar **íospartach**[44] ar bith labhairt. Go minic bhí Bríd den bharúil go ndearna na meáin dochar d'intinn na n-íospartach leis an dóigh ar phléigh siad leo; lár stáitse a thabhairt dóibh ar feadh seachtaine agus iad a chaitheamh ar leataobh ansin go dtiocfadh **lúb úr**[45] sa scéal agus dhéanfadh na meáin a saol a roiseadh arís agus d'fhágfadh siad na híospartaigh lom agus folamh.

30 Red glossy nails
31 Murder
32 Reference
33 Right or wrong
34 Swallowed
35 Smell of coffee beans
36 Hurry up
37 Water charges campaign story
38 File
39 I intend
40 If I remember correctly
41 Sexual abuse
42 Sharper
43 Male editor
44 Victim (of a crime)
45 New twist

Ach, sin an jab a bhí aici agus bheadh uirthi é a dhéanamh go cinnte gasta.

'A Bhríd, tar isteach anseo,' a dúirt Bean Uí Shúilleabháin.

'Tuigim go ndeachaigh muidne sa tóir ortsa. Coinnigh thusa cuimhne go bhfuil go leor daoine ar mhaith leo a bheith sa phost chéanna leat anseo, níl tú sa *Donegal Gazette* anois, **achan lá**[46] beidh ort an scéal is fearr, leis na fíricí is fearr a thabhairt chun tábla agus sin a bhfuil ann de.'

Rinne sí **comhartha**[47] i dtreo an dorais.

'Agus na daoine sin amuigh ansin, ní cairde iad, beidh éad orthu leat agus an soicind a thiteann tú ar scéal beidh siad i do mhullach mar a bheadh paca leon ann, sin a bhfuil,' a dúirt sí.

Shiúil Bríd amach agus dhírigh ar an deasc. Rinne sí **cuardach**[48] ar an scéal ar an idirlíon agus d'aimsigh cúlra an scéil.

Fuair sí uimhir an **abhcóide**[49] a bhí ag déileáil leis an chás ar son an fhir agus chuir scairt air. Chuir sé iontas uirthi go raibh sé chomh cuidiúil; **dhearbhaigh sé**[50] na blianta agus an áit ar tharlaigh na heachtraí. Bhí siad ar an mhórchuid i dtuaisceart na cathrach.

Suas go dtí an deasc le Bríd agus d'iarr cead an oifig a fhágáil. Thuig Bríd na buanna a bhí aici, dá mbeadh sí ábalta díriú isteach ar dhaoine sa cheantar bheadh an scéal léi. Bheadh daoine **i dtólamh**[51] cainteach nuair a bhí duine i láthair.

Scaoil Ciarán saor í[52]. Isteach sa charr léi. Chuir sí na **comhordanáidí**[53] isteach san fhón agus dhírigh ar an cheantar.

Agus í ag tiomáint tríd an chathair, shamhlaigh Bríd an trácht uilig ag sileadh isteach agus amach as croí na cathrach, mar a bheadh **féitheacha na beatha**[54] ann.

Nuair a shroich sí an áit, chuaigh sí chuig an ollmhargadh le buidéal uisce a cheannach. Bhí an fón ag bualadh; an deasc a bhí ann.

'Ádh ar bith go fóill?' Glór Chiaráin a bhí ann.

'**Níl mé ach i ndiaidh cur fúm**[55] anseo,' a d'fhreagair Bríd go gasta.

'Bhuel, déan deifre. Tá bus i ndiaidh imeacht den bhealach cúpla míle uait agus beidh ort na sonraí sin a chlúdach chomh maith,' a dúirt sé agus ansin bhí sé imithe.

D'iarr Bríd buidéal uisce ar fhear an tsiopa. Thóg fear an tsiopa spiorad Bhríd lena chuid cainte agus **a nós gealgháireach**[56].

Ghlac Bríd an deis.

'Is iriseoir mise le *The Irish Telegraph*. An bhfuil a fhios agat go bhfuil siad ag scaoileadh chun siúil amárach an fear a rinne mí-úsáid ghnéis ar pháistí ar an tsráid seo? Ní bheadh a fhios agat cé a dtiocfadh liom labhairt leis faoin scéal?'

D'amharc an fear uirthi ar feadh soicind agus líon a chuid súl le **deora**[57].

'Tá a fhios agam an scéal go rímhaith, ar an drochuair. Ní thig liom a chreidbheáil go bhfuil siad **ag scaoileadh an ainmhí sin saor**[58]. Rinne sé mí-úsáid ghnéis ar mo nia fein.

[46]*Every day*

[47]*Sign*

[48]*Search*

[49]*Barrister*
[50]*He confirmed*

[51]*Always*
[52]*Ciarán let her go*
[53]*Coordinates*

[54]*Veins of life*

[55]*I've just arrived*

[56]*Her cheerful manner*

[57]*Tears*

[58]*Letting that animal free*

113

[59]He destroyed

Mhill sé[59] a shaol. Is é leabhar a ba chóir duit scríobh. Leabhar a deirim leat!' ar sé, ag bualadh a dhoirn ar an tábla a bhí eatarthu.

[60]Bríd looked around

D'amharc Bríd thart[60] agus bhí sí sásta nach raibh duine ar bith eile sa tsiopa. Sin ráite, thuig sí pian an fhir fosta.

'Tuigim duit. Sin an chúis go bhfuil mé anseo. Ba mhaith liom labhairt le híospartach. Níor cheart cead siúil a thabhairt dá leithéid gan eolas a bheith ag an tsaol mhór air. An ndéanfaidh tú gar dom? An gcuirfeá ceist air an mbeadh sé sásta labhairt liom? Ní gá dó a ainm a thabhairt ar chor ar bith, **munar mhian leis**[61]. Is é sin a chinneadh féin.

[61]If he doesn't want

[62]A feat (achievement)

[63]On the alert

'Bheadh sé ag déanamh **éachta**[62] dá labhródh sé linn. Bheadh muid ábalta pictiúr an fhir sin a chur sa nuachtán agus bheadh scoileanna, páistí agus tuismitheoirí uilig **ar an airdeall**[63]. Dhéanfadh sé páistí eile a chosaint agus nár sin an rud ba thábhachtaí?' a dúirt Bríd.

Sheasaigh an fear siar ón tábla. Thosaigh sé ag labhairt go híseal le duine éigin. Ní raibh Bríd ábalta é a mhothú de bhrí go raibh sé ag cogarnach.

'Tá sé sásta labhairt leat. Beidh sé i dteach tábhairne Uí Annagáin i gceann fiche bomaite,' a dúirt fear an tsiopa.

Léim croí Bhríd le háthas, cheannaigh sí an t-uisce agus d'fhág a huimhir aige ar eagla go mbeadh scéal aige ar mhian leis aird a tharraingt air amach anseo.

[64]Phone call

[65]Sore

Fuair Bríd **scairt**[64] ó Chiarán ar an bhealach go dtí an carr. Thug sí an dea-scéal dó. In ionad moladh a thabhairt di, d'iarr sé uirthi deifre a dhéanamh. Bhí bolg Bhríd **nimhneach**[65] leis an strus. Níor thuig sí go mbeadh an oiread sin brú á chur uirthi.

Ar an bhealach go dtí an teach tábhairne, d'éist Bríd leis an raidió. Ba é tubaiste an bhus a raibh siad ag díriú air sna ceannlínte, bhí go leor daoine sásta labhairt agus bhí páiste amháin tugtha chun na hotharlainne.

[66]To recognise

Rith sí isteach go dtí an teach tábhairne agus leis sin chuimhnigh sí nach raibh dóigh ar bith aici an leaid **a aithint**[66]. Bhí an teach tábhairne lán go leor. D'iarr sí sú oráiste ar fhear an bhéair. Chaith sí súil ar an chomhluadar. Ní mó ná sásta a bhí siad go raibh strainséir istigh.

[67]Young calf

Leis sin chonaic sí é. Bhí sé istigh sa chlúid agus an darna pionta á ól aige. Bhí a fhios aici gurb é a bhí ann, shlog sé siar an bheoir mar a bheadh **gamhain óg**[67] ann. Bhí paca toitíní taobh leis agus a chuid méar buí ón chaitheamh.

Shuigh sí síos uaidh.

'Mise Bríd Nic Aoidh,' a dúirt sí leis.

D'amharc sé síos agus dúirt.

'Bhí a fhios agam gur tú a bhí ann. Ní thagann tú anseo go rialta.'

Bhí a fhios ag Bríd go mbeadh uirthi jab gasta a dhéanamh leis ach ag an am chéanna bhí gá le bheith ríchúramach.

'Tuigeann tú cad chuige a bhfuil mé anseo. Tá deis labhartha agat anois agus déan an chuid is fearr di.'

'Cad é ar mhiste le duine ar bith cad é an bharúil atá agamsa faoi faic,' a dúirt sé go híseal.

Chonaic Bríd go raibh sé ag éisteacht le Eminem ar a fhón.

'Seans gur sin an rud céanna a smaointigh Eminem ach tugann a chuid ceoil agus a chuid tuairimíochta faoiseamh do na mílte. Éisteann siad leis agus tuigeann siad nach bhfuil siad ina n-aonar agus go bhfuil daoine eile ag fulaingt ar an dóigh chéanna leo féin. Sin an chúis a n-éisteann tusa leis, nach ea?'

Tháinig solas ina chuid súl agus chonachtas do Bhríd go raibh an rud ceart ráite aici. D'inis sé **an scéal samhnasach**[68] di ó thús deireadh. Mhothaigh Bríd a cuid súl ag dó le deora a fhad agus a bhí sé ag caint. Rinne sé gach focal **a thomhas**[69] agus bhí sé cliste agus ábalta leis an scéal.

Nuair a d'fhág Bríd an teach tábhairne chonachtas di go raibh saol an leaid óg amú. Ina cuid samhlaíochta, chonaic sí é ag siúl ar thrá gheal san Astráil, é ina innealtóir agus cailín óg bhán le bláthanna bándearga ina cuid gruaige ar lámh leis. Bhí deis an ghnáthshaoil sin **sciobtha uaidh**[70] an soicind a **leag an diabhal sin méar air**[71] agus anois bhí a shaol millte ag saint agus tinneas duine eile.

Léim sí isteach sa charr agus rún aici, an scéal a insint chomh maith agus a d'fhéadfadh sí. Bhí an fón ag bualadh arís.

'Cad chuige nach raibh tú ag freagairt d'fhóin?' arsa Ciarán.

'Ní fhéadfainn an fón a bheith ar siúl agam agus mé ag déanamh an agallaimh sin,' a dúirt sí agus an fhearg **ag sileadh**[72] isteach ina croí ina tuillte.

'Ní sin an nós atá anseo, a Bhríd, bíodh d'fhón ar lámh leat i rith an ama. Anois, díreach go dtí otharlann San Séamas agus labhair leis an teaghlach, tá sonraí glactha againne ón raidió, mar sin ní gá duit, ag an phointe seo, a bheith buartha faoi sin.'

Bhrúigh Bríd an fón as agus í ag éirí tógtha. Thiomáin sí go dtí an otharlann agus chonaic sí scata iriseoirí ina seasamh ag an doras. Thóg sí a fón le taifead a dhéanamh agus thóg léi leabhar nótaí agus peann ar eagla na heagla agus rith.

Nuair a d'fhill sí ar an oifig bhí sé i ndiaidh a cúig. Níor thóg duine ar bith a cheann. Bhí méara ag bualadh na méarchlár agus cluasáin sna cluasa acu.

D'inis cailín an pasfhocal di agus thosaigh Bríd ag scríobh go gasta. Nuair a bhí an dá scéal scríofa aici bhí sé i ndiaidh a sé agus bhí am baile ann.

D'éirigh sí ón deasc agus chuir uirthi cóta. Níor labhair duine ar bith léi nuair a d'fhág sí. Thuig sí nach mó ná sásta a bhí siad go raibh sí anseo. Bheadh go leor acu ag iarraidh a poist.

Istigh ina hárasán beag ar imeall Chearnóg Mhuirfean, chuimhnigh sí ar an bhaile. Bhí sé a hocht a chlog. Ní raibh faic ite aici, bhí sí tuirseach agus bhí sí buartha faoin chinneadh a rinne sí a post buan in *The Donegal Gazette* a fhágáil.

D'amharc sí amach an fhuinneog agus chonaic sí an ghealach lán. D'amharc sí amach ar na foirgnimh ar éagsúlacht airde, ar nós méarchlár pianó, ag tarraingt isteach uirthi agus bhuail uaigneas tobann í san árasán bheag.

Cé gur stop sí ag caitheamh tobac le sé bliana, bhí paicéad i dtólamh léi ar eagla na heagla. Tharraing sí ceann dá cuid boscaí as a chéile go bhfuair sí iad. Shuigh sí siar agus chaith sí ceann. Nuair a bhí sí críochnaithe rinne sí cinneadh ceann eile a bheith aici amárach.

Chuaigh sí a luí faoin ghealach lán an oíche sin ach níor chodlaigh sí.

[68]*Horrific story*
[69]*To measure*

[70]*Taken from him*
[71]*That devil laid a finger on him*

[72]*Flowing*

Scríobh achoimre ghearr ar an scéal i do chuid focal féin.

1 Bríd sa charr

2 Ag tosú i bpost nua

3 Cruinniú leis an eagarthóir

4 Tasc faoin gcás cúirte

5 Agallamh leis an íospartach

6 Amhras agus uaigneas

ACHOIMRE

1. Tús an Lae Nua

Thosaigh Bríd a céad lá mar iriseoir le *The Irish Telegraph* tar éis di post buan a fhágáil leis an *Donegal Gazette*. Bhí sí ag smaoineamh ar a saol agus ar an gcinneadh mór[73] a rinne sí agus í ag tiomáint trí Bhaile Átha Cliath. Bhraith sí go raibh toradh[74] ar a cuid oibre agus go raibh deis nua os a comhair amach.

[73]Big decision

[74]Result

2. An Seomra Nuachta

Chuaigh sí isteach sa seomra nuachta agus chonaic sí fir i gcultacha ag scairteadh[75] faoina scéalta. Bhuail sí le Ciarán Ó Gallchóir, a thug treoracha soiléire di maidir le hobair an lae. Thosaigh sí ag léamh na nuachtán agus ag cíoradh[76] suíomhanna gréasáin go ciúin i measc na foirne.

[75]Men in suits shouting

[76]Combing through

3. Bean Uí Shúilleabháin: An tEagarthóir Géar

Ag an gcruinniú, labhair Bean Uí Shúilleabháin go borb[77] agus d'éiligh sí gníomh tapa ó gach duine. Cheap an fhoireann go raibh sí níos géire[78] ná aon eagarthóir fireann, ach ghlac siad lena cumhacht. Thug sí tasc crua do Bhríd, scéal a fháil faoin bhfear a rinne mí-úsáid ghnóic ar pháistí.

[77]Abruptly

[78]Sharper

4. Sa Tóir ar an bhFírinne

Labhair Bríd leis an abhcóide[79] agus le fear a raibh gaol aige leis an íospartach. D'éirigh léi bualadh leis an íospartach sa teach tábhairne agus éisteacht lena scéal pianmhar. D'úsáid sí íomhánna mar Eminem chun comhbhrón[80] a léiriú agus muinín a chruthú leis.

[79]The barrister

[80]Sympathy

5. Críoch Shearbh an Lae

D'fhill Bríd[81] ar an oifig, scríobh sí an dá scéal agus níor labhair aon duine léi. Ag filleadh abhaile di, mhothaigh sí uaigneach agus d'éirigh sí amhrasach faoin gcinneadh a rinne sí. Chaith sí toitín den chéad uair le sé bliana agus níor chodail sí i gceart an oíche sin.

[81]Bríd returned

CLEACHTAÍ

1. Léigh na habairtí agus líon na bearnaí leis na focail thíos.

   Focail le cur isteach: borb, eagarthóir, íospartach, abhcóide, brú, fhírinne, scéal, cruinniú, nuachtán, ríomhaire

   D'fhág Bríd a post sa *Donegal Gazette* agus thosaigh sí ag obair le _____ nua.

   Bhí sí neirbhíseach sular fhreastail sí ar an gcéad _____.

   Labhair an t-_____ Bean Uí Shúilleabháin go gonta agus gan mórán foighne.

   Bhí sí _____ le gach duine ag an gcruinniú maidine.

   Fuair Bríd tasc tábhachtach: _____ faoin bhfear a rinne mí-úsáid ghnéis.

   Chuaigh sí sa tóir ar an _____ a bhí ag plé leis an gcás.

   Bhí sé deacair teacht ar _____ a bhí sásta labhairt léi.

   Bhraith sí _____ óna bainisteoir agus ón amchlár.

   D'úsáid sí a _____ chun an scéal a scríobh faoi dheireadh an lae.

   Rinne sí a dícheall an _____ a insint go hionraic agus le tuiscint.

2. Meaitseáil na habairtí Gaeilge agus Béarla.

Abairt Ghaeilge	Abairt Bhéarla
A. D'fhág Bríd an *Donegal Gazette*.	**1.** She told him that he would help others if he spoke.
B. Bhí sí neirbhíseach ar an gcéad lá.	**2.** Bean Uí Shúilleabháin spoke abruptly.
C. Labhair Bean Uí Shúilleabháin go borb.	**3.** Bríd was given a task about a court case.
D. Fuair Bríd tasc faoi chás cúirte.	**4.** Bríd left the Donegal Gazette.
E. Chuaigh sí i dteagmháil leis an abhcóide.	**5.** She was nervous on the first day.
F. Bhuail sí leis an íospartach sa teach tábhairne.	**6.** She made contact with the barrister.
G. Dúirt sí leis go gcabhródh sé le daoine eile dá labhródh sé.	**7.** She finished the two stories on time.
H. Bhí sí cliste agus thaispeáin sí comhbhrón.	**8.** She said that the photo would be useful.
I. Dúirt sí go mbeadh an pictiúr úsáideach.	**9.** She was clever and showed empathy.
J. Chríochnaigh sí an dá scéal in am.	**10.** She met the victim in the pub.

   Freagraí

A	B	C	D	E	F	G	H	I	J
4									

3. Scríobh na huimhreacha 1–6 chun na habairtí a chur in ord mar a tharla sa scéal.

   Thosaigh sí a céad lá ag obair le *The Irish Telegraph*. ☐

   D'fhill sí abhaile buartha agus chaith sí toitín. ☐

   D'fhág Bríd a post sa *Donegal Gazette*. ☐ 1

   Scríobh sí an scéal agus chríochnaigh sí in am é. ☐

   Labhair sí leis an íospartach sa teach tábhairne. ☐

   Fuair sí tasc faoi chás cúirte faoi mhí-úsáid ghnéis. ☐

Ceisteanna Ilrogha

Cuir tic leis an mbosca ceart.

1. Cá raibh an scéal suite?

    (a) Dún na nGall ☐ **(b)** Corcaigh ☐ **(c)** Baile Átha Cliath ☐

2. Cén post a bhí ag Bríd?

    (a) Aturnae ☐ **(b)** Oibrí sóisialta ☐ **(c)** Iriseoir ☐

3. Cé a thug an tasc faoin scéal di?

    (a) An t-íospartach ☐ **(b)** Bean Uí Shúilleabháin ☐ **(c)** An leaid sa teach tábhairne ☐

4. Cé leis ar labhair Bríd faoin gcás?

    (a) Le garda ☐ **(b)** Le habhcóide ☐ **(c)** Le dochtúir ☐

5. Cén fáth ar chaith Bríd toitín ag an deireadh?

    (a) Mar bhí sí ag ceiliúradh ☐ **(b)** Mar bhí sí buartha agus cráite ☐ **(c)** Mar chonaic sí cara ☐

Frásaí Cabhracha

Léigh na frásaí thíos. Bain úsáid astu chun 4–5 abairt shimplí a scríobh faoin scéal *An tIriseoir* le Michelle Nic Pháidín.

Ba faoi _____ an scéal. Labhair sí _____.

Bhí Bríd _____. D'inis an t-íospartach _____.

D'fhág sí _____. Bhraith Bríd _____.

Thosaigh sí _____. Scríobh sí _____.

Fuair sí _____. Ag an deireadh, _____.

Spás le haghaidh scríbhneoireachta

_____

_____

_____

_____

_____

_____

_____

_____

_____

_____

_____

_____

_____

CEISTEANNA BUNÚSACHA

1. Cén fáth ar fhág Bríd a seanphost?
   _____
   _____

2. Cad a dúirt Ciarán léi a dhéanamh ar a céad lá?
   _____
   _____

3. Cén cineál duine í Bean Uí Shúilleabháin?
   _____
   _____

4. Conas a d'aimsigh Bríd an t-íospartach?
   _____
   _____

5. Cén fáth ar chaith Bríd toitín ag an deireadh?
   _____
   _____

NA PRÍOMHCHARACHTAIR

Bríd Nic Aoidh

Ba í Bríd Nic Aoidh an príomhcharachtar sa scéal. Thosaigh sí post nua mar iriseoir i mBaile Átha Cliath tar éis di a post a fhágáil sa *Donegal Gazette*.

Bhí sí cliste, tuisceanach agus díograiseach ina cuid oibre. Bhí sí buartha faoin gcinneadh a rinne sí, ach rinne sí a dícheall an scéal tábhachtach a fháil.

Labhair sí le híospartach, léirigh sí comhbhrón leis agus scríobh sí an scéal in ainneoin an bhrú. Cé go raibh uaigneas uirthi, sheas sí an fód agus chruthaigh sí gur iriseoir maith a bhí inti.

Bean Uí Shúilleabháin (An tEagarthóir)

Ba í Bean Uí Shúilleabháin an t-eagarthóir sa nuachtán. Ba dhuine borb agus cliste í.

Dúirt sí le Bríd nach raibh na hiriseoirí mór le chéile. Bhí sí mífhoighneach agus theastaigh uaithi go mbeadh gach scéal réidh go tapa.

Dúirt sí leis an bhfoireann: 'Déanaigí deifre'. Cheap na hiriseoirí go raibh sí an-ghéar, níos géire ná eagarthóir fireann. Bhí siad faoi bhrú aici agus níor mhaith leo a bheith déanach don chruinniú.

Ciarán Ó Gallchóir

Ba é Ciarán Ó Gallchóir an t-eagarthóir nuachta. Bhí sé an-ghnóthach agus faoi bhrú ag an obair. Thug sé rialacha soiléire do Bhríd agus dúirt sé léi cad a bhí le déanamh. Bhí sé géar agus dáiríre, agus bhí sé soiléir go raibh cumhacht aige sa seomra nuachta.

Fear an tSiopa

Bhí fear an tsiopa cairdiúil ar dtús. Nuair a luaigh Bríd an cás coiriúil, léirigh sé a phian phearsanta. D'inis sé do Bhríd go ndearnadh mí-úsáid ar a nia, agus chabhraigh sé léi teagmháil a dhéanamh leis an íospartach.

An tíospartach

B'fhear óg é an t-íospartach. Rinneadh mí-úsáid air, agus mhill sé sin a shaol. Bhí drogall air labhairt, ach mheall Bríd é go ciallmhar chun a scéal a roinnt.

An Fhoireann Nuachta

Bhí na hiriseoirí eile dírithe ar a gcuid oibre agus iad iomaíoch lena chéile. Níor labhair siad go cairdiúil le Bríd, ach bhí siad gairmiúil agus críochnúil. Bhí siad ag iarraidh scéalta móra a fháil go tapa.

CEISTEANNA BUNÚSACHA

nod don scrúdú
Bíodh na carachtair ar eolas go maith agat.

1. Cén fáth ar ghlac sí leis an bpost nua sa nuachtán mór? (*Bríd Nic Aoidh*)

2. Cén cineál duine í eagarthóir an nuachtáin? (*Bean Uí Shúilleabháin*)

3. Céard a dúirt Ciarán Ó Gallchóir le Bríd a dhéanamh ar a céad lá? (*Ciarán Ó Gallchóir*)

4. Céard a rinne Fear an tSiopa nuair a chuala sé faoi scéal Bhríd? (*Fear an tSiopa*)

5. Cén fáth a raibh drogall ar an Íospartach labhairt le Bríd? (*An tíospartach*)

Scríobh tréithe na gcarachtar sna boscaí.

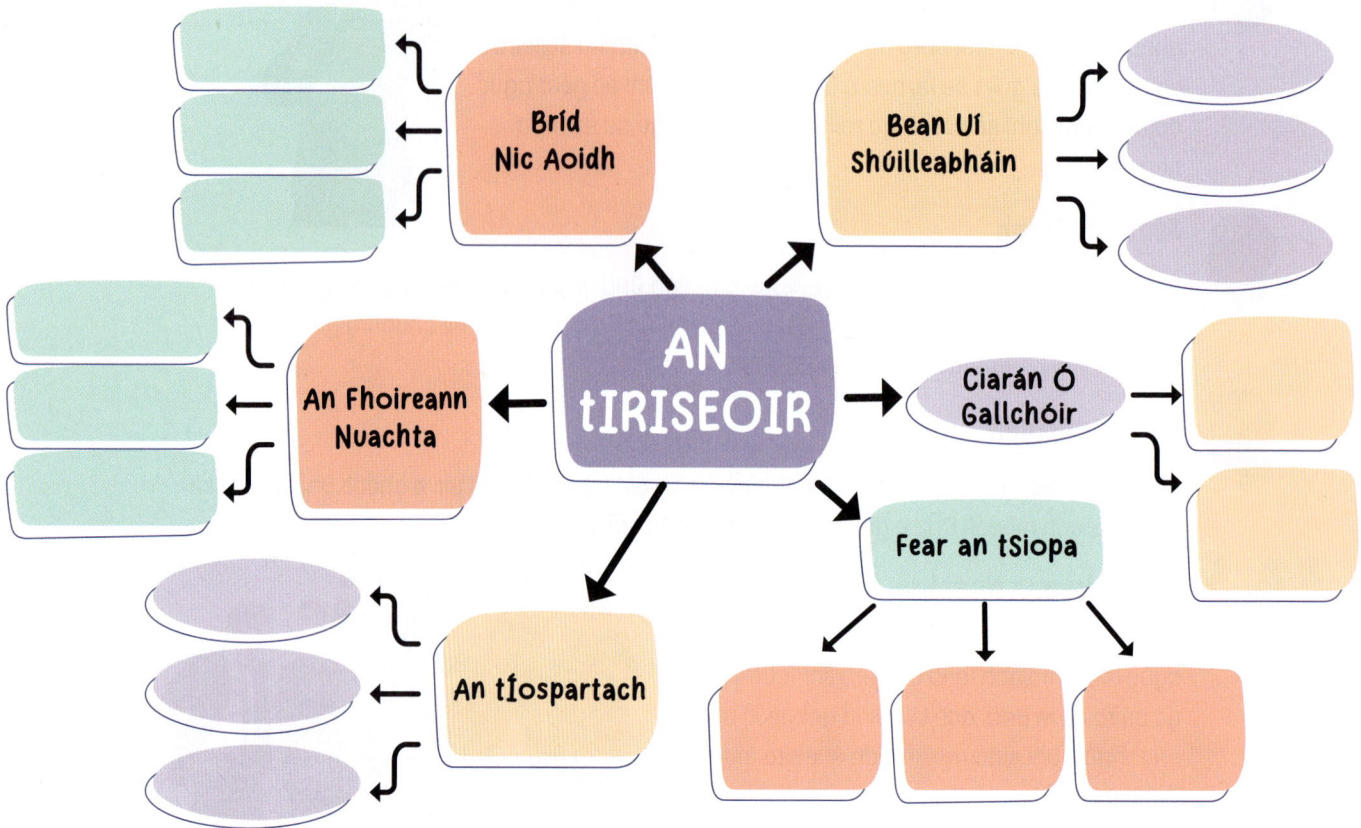

Bríd Nic Aoidh

Bean Uí Shúilleabháin

AN tIRISEOIR

Ciarán Ó Gallchóir

An Fhoireann Nuachta

Fear an tSiopa

An tíospartach

Scríobh dhá líne ar gach carachtar sna boscaí thíos.

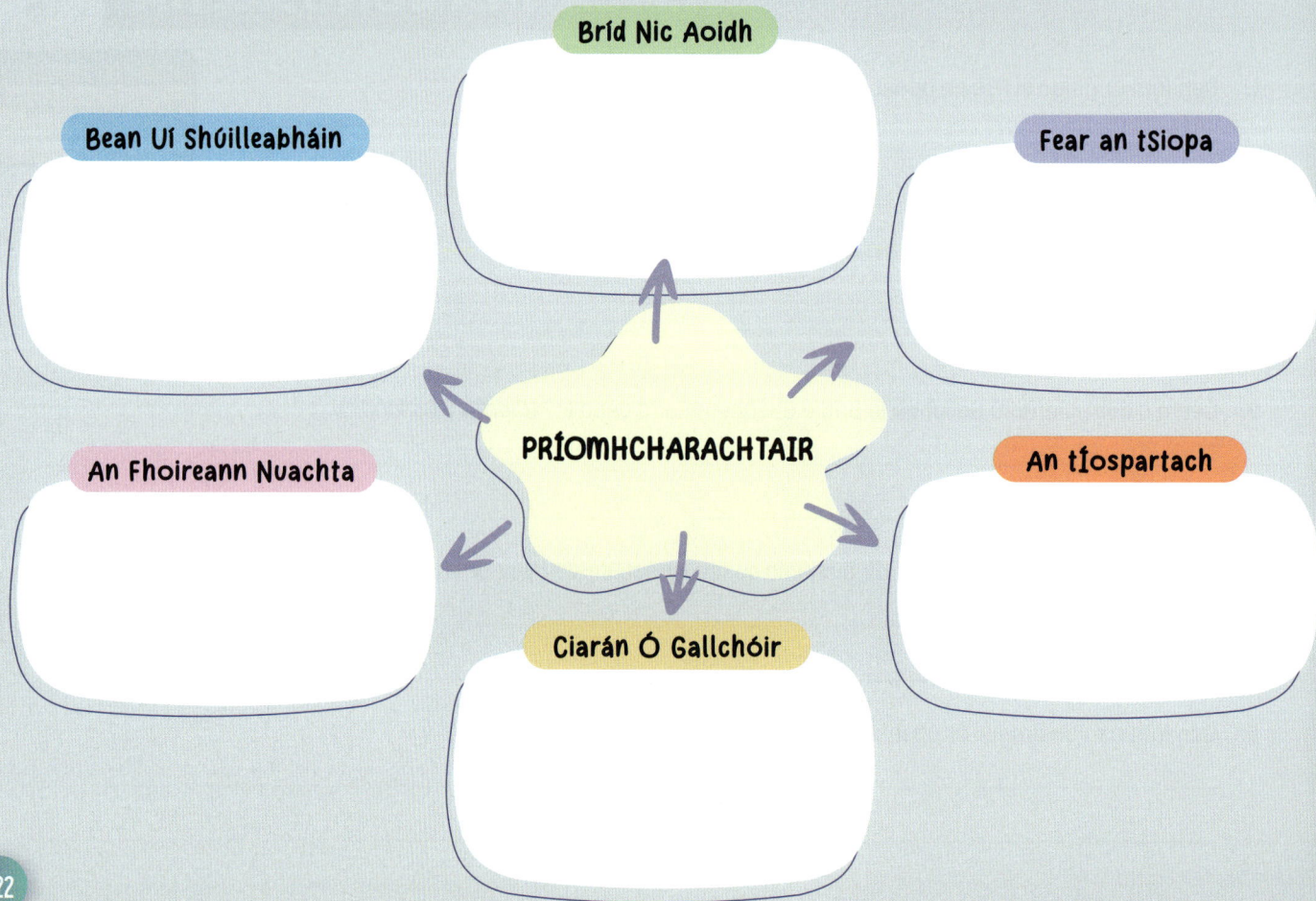

Bríd Nic Aoidh

Bean Uí Shúilleabháin

Fear an tSiopa

PRÍOMHCHARACHTAIR

An Fhoireann Nuachta

An tíospartach

Ciarán Ó Gallchóir

PRÍOMHTHÉAMAÍ AN SCÉIL

1. An Ghairm agus an Uaillmhian

D'fhág Bríd a post buan chun post nua a thosú i mBaile Átha Cliath. Bhí sí uaillmhianach agus diongbháilte, ach bhí sí neirbhíseach faoin athrú. Thaispeáin sí misneach agus díongbháilteacht phearsanta. Theastaigh uaithi dul chun cinn a dhéanamh ina saol gairmiúil.

2. Brú ag an Obair agus Saol an Nuachtáin

Bhí an seomra nuachta gasta, strusmhar agus iomaíoch. Bhí Bean Uí Shúilleabháin an-ghéar agus bhí go leor brú ar Bhríd. Ní raibh sé éasca dul i dtaithí ar an timpeallacht nua. Bhí ar Bhríd obair go crua chun coinneáil suas leis an bhfoireann.

3. Fírinne, Tuairisciú agus Tionchar

Fuair Bríd scéal faoi mhí-úsáid ghnéis agus labhair sí leis an íospartach. Bhí uirthi a bheith gairmiúil agus tuisceanach ag an am céanna. Léiríodh an tábhacht a bhaineann le hionracas san iriseoireacht. Léirigh sí comhbhrón agus chabhraigh sí leis an íospartach a ghuth a úsáid.

CEISTEANNA BUNÚSACHA

1. Cén fáth ar fhág Bríd an *Donegal Gazette*? (*An Ghairm agus an Uaillmhian*)

2. Cén chaoi a raibh an obair nua sa seomra nuachta? (*Brú ag an Obair agus Saol an Nuachtáin*)

3. Cén dúshlán a bhí roimh Bhríd nuair a fuair sí an scéal faoin gcás cúirte? (*Fírinne, Tuairisciú agus Tionchar*)

4. Conas a léirigh Bríd gur duine diongbháilte agus misniúil í? (*An Ghairm agus an Uaillmhian*)

5. Cad a d'fhoghlaim tú faoin ról atá ag iriseoirí i gcásanna íogaire? (*Fírinne, Tuairisciú agus Tionchar*)

Scríobh síos trí phríomhphointe a bhaineann le príomhthéamaí an scéil.

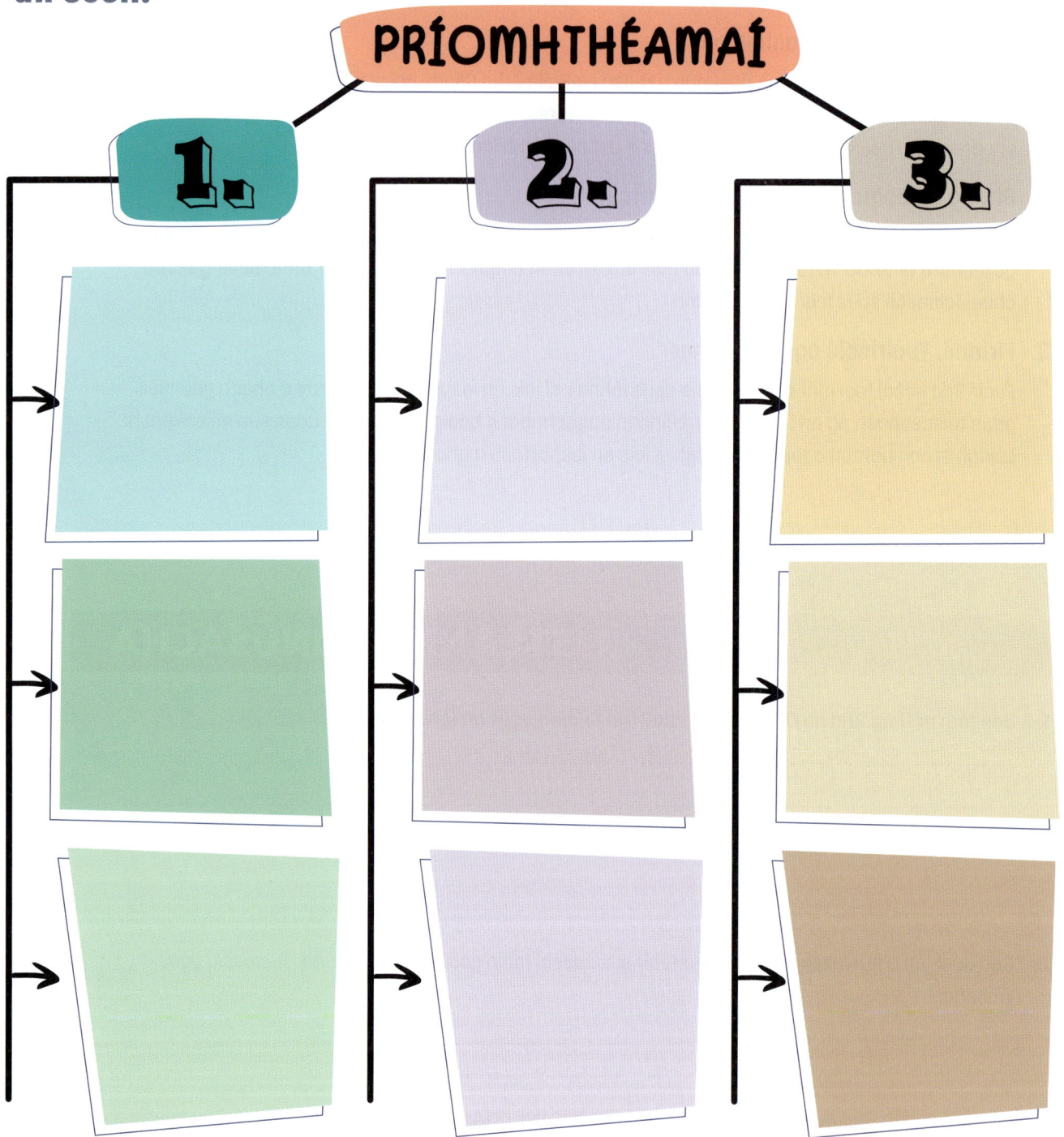

PRÍOMHTHÉAMAÍ

1.

2.

3.

EOLAS FAOIN ÚDAR

Rugadh Michelle Nic Pháidín i nGlaschú, Albain, ach tá sí lonnaithe anois in Éirinn. Is iriseoir í a bhfuil taithí aici ag obair le nuachtáin agus meáin éagsúla, lena n-áirítear *Foinse, Lá, The Donegal Democrat, The Irish Daily Mirror* agus *The Star*. Tá obair déanta aici freisin le Raidió Fáilte, TG4 agus Raidió na Gaeltachta. Tá dhá úrscéal scríofa aici: *An tIriseoir* (2016) agus *Fuascailt an Iriseora* (2018). Tá spéis ar leith ag Michelle i gcúrsaí teanga; bhí sí ina cathaoirleach ar Choiste Comhairleach na nÓg agus ina ball de Choimisiún na Gaeltachta. Sa bhliain 2004, bhain sí an dara háit i gcomórtas liteartha Oireachtas na Gaeilge leis an ngearrscéal 'Baile na mBlaincéad' agus bronnadh Corn Mháire Nic Dhonnchadha uirthi don amhránaíocht ar an sean-nós an bhliain chéanna.

FREAGRAÍ SAMPLACHA ARDTEISTIMÉIREACHTA

Ceist: Cén fáth ar fhág Bríd a post sa *Donegal Gazette*?

D'fhág sí é chun dul ag obair in áit níos mó agus chun dul chun cinn a dhéanamh.

Ceist: Cad a bhí mar chéad tasc ag Bríd san *Irish Telegraph*?

Bhí uirthi scéal a fhiosrú faoi fhear a rinne mí-úsáid ghnéis.

Ceist: Conas a chuir Bean Uí Shúilleabháin brú ar an bhfoireann?

D'éiligh sí luas agus torthaí tapa orthu ag gach cruinniú.

Ceist: Cén dúshlán mór a bhí roimh Bhríd mar iriseoir?

Bhí sé deacair di íospartach a bhí sásta labhairt léi a aimsiú.

Ceist: Conas a chuaigh an strus i bhfeidhm ar Bhríd?

Mhothaigh sí faoi bhrú agus chaith sí toitíní chun an strus a mhaolú.

Ceist: Cén tionchar a bhí ag an gcomhrá leis an íospartach ar Bhríd?

FREAGRA

Bhí tionchar mór mothúchánach ag an gcomhrá leis an íospartach ar Bhríd. Thuig sí níos fearr an dochar a rinne coireanna tromchúiseacha do dhaoine óga. Mhothaigh sí freagracht níos mó mar iriseoir chun an fhírinne a insint go cúramach agus le tuiscint. Spreag sé í chun a cuid oibre a dhéanamh le níos mó bá agus misnigh.

Ceist: Cén ról atá ag Ciarán Ó Gallchóir sa saol oibre nua atá ag Bríd?

FREAGRA

Bhí Ciarán Ó Gallchóir ina eagarthóir nuachta agus bhí sé lárnach i saol oibre Bhríde. Chuir sé brú mór uirthi scéalta a aimsiú go tapa agus ar ardchaighdeán. Cé go raibh sé géar agus neamhphearsanta uaireanta, bhí sé soiléir go raibh sé tiomanta don nuacht agus go raibh sé ag iarraidh an fhoireann a bhrú chun feabhais.

SCILEANNA SCRÍBHNEOIREACHTA

1. Cén aois a bhí Bríd Nic Aoidh nuair a thosaigh sí sa phost nua?

_____

_____

_____

2. Cad leis a raibh Bríd ag éisteacht sa charr ar a bealach chun na hoibre?

_____

_____

_____

3. Cé a thug tascanna do Bhríd ar a céad lá?

_____

_____

_____

4. Céard a dúirt Bean Uí Shúilleabháin leis an bhfoireann ag an gcruinniú?

_____

_____

_____

5. Cén fáth a raibh sé deacair ag Bríd teacht ar íospartach?

_____

_____

_____

6. Cén fáth ar mhothaigh Bríd uaigneach agus faoi bhrú?

_____

_____

_____

_____

_____

_____

_____

_____

7. Tabhair dhá thréith de chuid Bhríde sa scéal seo.

_____

_____

_____

8. Cad a d'iarr Ciarán ar Bhríd a dhéanamh nuair a bhí sí sa siopa?

_____

_____

_____

9. Luaigh dhá rud a rinne Bríd chun an scéal faoin gcás cúirte a fháil.

_____

_____

_____

10. Cén fáth a ndearna Bríd iarracht nasc a chruthú leis an íospartach?

_____

_____

_____

11. Cad a mhothaigh fear an tsiopa nuair a chuala sé faoin bhfear a rinne mí-úsáid?

_____

_____

_____

12. Mínigh conas a léirítear dúshláin agus brú an tsaoil oibre i saol Bhríde Nic Aoidh sa scéal.

_____

_____

_____

_____

_____

_____

_____

_____

_____

Téacs 5

Caithfidh daltaí rogha **amháin** as dhá cinn a dhéanamh i dTéacs Próis 5:

Eoinín na nÉan

NÓ

An Féileacán agus an Crann Úll le Mícheál Mac Cárthaigh

Eoinín na nÉan ROGHA 1

ACHOIMRE

1. Ag Teitheadh ó na Gardaí

Thosaigh an scéal le hEoinín agus a chailín Sadie ag rith ó na Gardaí. D'éalaigh siad[1] mar bhí Eoinín ag cur graifítí ar na ballaí agus bhí Sadie ag faire amach dó. Dúirt Garda leo stopadh, ach níor éist siad. D'athris Eoinín líne le Oscar Wilde, rud a thaispeáin a thaobh aislingeach[2]. Gheall sé[3] saoirse do Shadie.

Léirigh an scéal meon casta[4] Eoinín. Bhí sé cruthaitheach agus réabhlóideach, ach bhí sé faoi bhrú ón tsochaí cloí le rialacha.

2. Brú sa Bhaile agus Saol Cruthaitheach

Nuair a tháinig sé abhaile, bhí a mháthair míshásta. Fuair sé fógairt dheireanach[5] ó choláiste ealaíne ach choinnigh sé i bhfolach[6] é. Níor theastaigh uaidh a bheith 'sáinnithe i mbosca[7]'. Bhí sé ag iarraidh a shaol féin a roghnú, cé nach raibh sé ag teacht lena mháthair.

Tharraing sé[8] pictiúir ar na ballaí agus dúirt Sadie leis nach mbeadh sé saibhir gan cháilíochtaí[9].

3. Fadhbanna le Drugaí agus Fiacha

Ansin, chuaigh an scéal i dtreo domhan dorcha[10], domhan drugaí agus fiacha. Níor íoc Hugo, cara Eoinín, as na drugaí agus bhí eagla ar Sadie. Thóg Eoinín na drugaí cibé scéal é. Labhair siad faoi dhul go Londain, ach bhí a fhios acu go raibh siad i dtrioblóid.

4. An Brionglóid sa Reilg

Chuaigh Eoinín ar 'trip' sa reilg agus shamhlaigh sé a dhaid. Bhí sé ag caint leis agus d'aithin muid a chiontacht[11]. Tháinig Sadie chuige agus thuig sí gur thóg sé drugaí. Dúirt sí gur bhris sé a ghealltanas[12]. Ghabh sé leithscéal. Dúirt Sadie leis nach mbeadh sí i gcónaí ann dó.

5. Dul i gCoinne Otto

Bhuail siad le beirt fhear a lean iad. Bhí siad ag lorg Eoinín de bharr fiach[13]. Bhí Otto ag iarraidh airgid. Dúirt sé le hEoinín, 'Fág an t-airgead agam agus ní dhéanfaidh mé rud ar bith do Shadie amárach.'

Ag deireadh, tháinig siad abhaile. Bhí buidéal fíona[14] ag a mháthair don ócáid. Bhí sí bródúil as Eoinín agus bhí an t-airgead aici dá chúrsa. D'fhill sí[15] ar chuimhní air mar bhuachaill óg. Dúirt sí gur chreid sé sa tsamhlaíocht agus gur cheart dó leanúint ar aghaidh leis an ealaín.

[1]*They escaped*

[2]*His dreamy side*
[3]*He promised*
[4]*Complex mind*

[5]*Final warning*
[6]*Hidden*
[7]*Trapped in a box*
[8]*He drew*
[9]*Without qualifications*
[10]*Towards a dark world*

[11]*His guilt*
[12]*His promise*

[13]*Because of debts*

[14]*Bottle of wine*
[15]*She returned*

[16]*About their future*

Ansin chonaic muid Eoinín agus Sadie sa seomra leapa ag caint faoina dtodhchaí[16]. Dúirt Eoinín go dtabharfadh sé an t-airgead don choláiste d'Otto. Dúirt sé, 'beidh deireadh linn muna n-íocaimid Otto.' Níor thaitin sé sin le Sadie, mar bhí sí ag iarraidh aire a thabhairt dó.

[17]*Slept*

Chuaigh siad a chodladh, ach nuair a chodail[17] Eoinín, shamhlaigh sé éin ag eitilt ina bhrionglóid agus dhúisigh sé go sciobtha. Thuig sé go raibh Sadie imithe. D'éirigh sé láithreach agus rith sé i ndiaidh[18] a leannáin go dtí an coláiste.

[18]*After*

[19]*Paid*

Nuair a shroich sé an coláiste, bhí an t-airgead íoctha[19] cheana ag Sadie agus thug sí admháil dó. Dúirt sí leis: 'Táim chun imeacht, ach ní leatsa. Fútsa atá sé anois, dul tríd an doras sin nó fanacht in áit nach bhfuil ag athrú.' D'fhan Eoinín ina aonar ag smaoineamh, ach thuig sé gur ghá dó[20] bualadh le Otto.

[20]*That he must*

[21]*To make a bargain*

Ní raibh an t-airgead aige, agus rinne sé iarracht margadh a dhéanamh[21]. D'ardaigh sé a ghlór agus rinne sé rím: 'a líreaicín, a líreaicín, a mhic, níl tú mór, tá tú lag go leor...' Ach chaill sé an lámh in uachtar agus bhris Otto cúpla méar dá chuid. Scread Eoinín agus bhí sé soiléir go raibh sé faoi bhrú mór, go fisiciúil agus go meabhrach[22]. Thug Otto sé mhí dó chun an t-airgead a íoc.

[22]*Mentally*

[23]*Bleeding*

Shiúil Eoinín trí shráideanna na Gaillimhe agus é ag cur fola[23]. Bhí pian air, ach nuair a chonaic sé éin ag eitilt thuas, fuair sé a chuid inspioráide arís.

6. Saoirse, Ealaín agus Dóchas

Ag deireadh an ghearrscannáin, feictear láithreoir teilifíse agus saineolaí ealaíne ag caint faoin saothar[24]. Feictear éan dubh le heochair ina chrúb, siombail den ealaín agus den tsaoirse.

[24]*Work*

Feictear Sadie ag obair go sásta mar fhreastalaí. Tuigeann sí gur le hEoinín an saothar a bhí ar an scáileán. Dúirt an saineolaí, 'Is réabhlóid ealaíne atá anseo, ní fhaca mé a leithéid seo cheana. Aislingí atáimid ag feiceáil anseo'.

[25]*Feeling of hope and renewal*

[26]*Continuous struggle*

Chríochnaigh an scéal le mothúchán dóchais agus athbheochana[25]. Cuireann an t-amhrán deiridh, '*I will shine again, I knew I would,*' béim ar théama láidir na saoirse ealaíonta agus feabhsú pearsanta. Thug sé léargas ar an streachailt leanúnach[26] atá ag daoine idir dúshláin agus bua.

Scríobh achoimre ghearr ar an scéal i do chuid focal féin.

1 Ag teitheadh ó na Gardaí

2 Brionglóidí agus brú

3 Saol na ndrugaí

4 Grá agus coimhlint

5 Gortú agus íobairt

6 Deireadh le dóchas

CLEACHTAÍ

1. Léigh na habairtí agus líon na bearnaí leis na focail thíos.

   Focail le cur isteach: graifítí, sáinnithe, bosca, fiacha, ealaíne, Gardaí, drugaí, samhlaíocht, brón, gcoláiste

   Bhí Eoinín ag rith lena chailín, Sadie, ó na _____.

   Bhí sé ag cur _____ ar bhallaí mar chineál ealaíne agus féinléirithe.

   Níor theastaigh uaidh a bheith _____ i mbosca.

   Bhí sé ag iarraidh glacadh le háit ar an gcúrsa _____.

   Bhí sé i dtrioblóid toisc go raibh sé gafa le _____ agus le fiacha.

   Bhí _____ ar Eoinín faoi na roghanna a rinne sé.

   Bhí a mháthair ag iarraidh air dul chuig an _____.

   Bhí _____ agus brionglóidí móra ag Eoinín faoin saol.

   Bhí an _____ a bhí ar iasacht aige ó Otto ag cur brú millteanach air.

   Bhí _____ ina chroílár den scéal mar shiombail de thús agus de dheireadh.

2. Meaitseáil na habairtí Gaeilge agus Béarla.

Abairt Ghaeilge	Abairt Bhéarla
A. Tharraing Eoinín graifítí ar bhallaí na cathrach.	1. *In the end we see Eoinín's work on the screen.*
B. Bhí Sadie ag faire amach dó agus é ag teitheadh.	2. *He imagined his father and felt guilty.*
C. Ní raibh caidreamh éasca ag Eoinín lena mháthair.	3. *She left and told him he must make a choice.*
D. Fuair sé litir dheireanach ón gcoláiste ealaíne.	4. *Eoinín did not have an easy relationship with his mother.*
E. Thosaigh sé ag glacadh drugaí nuair a bhí sé faoi bhrú.	5. *Otto hit him and broke his fingers.*
F. Shamhlaigh sé a athair agus mhothaigh sé ciontacht.	6. *He took drugs when he was under pressure.*
G. D'íoc Sadie an táille don choláiste.	7. *He got a final letter from the art college.*
H. D'imigh sí agus dúirt sí leis rogha a dhéanamh.	8. *Sadie paid the college fee for him.*
I. Bhuail Otto é agus bhris sé a mhéara.	9. *Sadie stood guard for him when he was escaping.*
J. Ag an deireadh, feictear saothar Eoinín ar an scáileán.	10. *Eoinín drew graffiti on the walls of the city.*

   Freagraí

A	B	C	D	E	F	G	H	I	J
10									

3. Scríobh na huimhreacha 1–6 chun na habairtí a chur in ord mar a tharla sa scéal.

   Bhí fadhbanna aige lena mháthair agus leis an gcoláiste. ☐

   Thosaigh sé ag glacadh drugaí agus bhí sé i dtrioblóid le fiacha. ☐

   Bhí Eoinín agus Sadie ag teitheadh ó na Gardaí. ☐

   Shamhlaigh sé a dhaid agus mhothaigh sé ciontach. ☐ 1

   D'íoc Sadie na táillí coláiste ach d'imigh sí uaidh. ☐

   Bhí Otto fós ag bagairt air agus bhris sé a mhéara. ☐

Ceisteanna Ilrogha

Cuir tic leis an mbosca ceart.

1. Cá raibh an scéal suite?
   (a) Baile Átha Cliath ☐ **(b)** Conamara ☐ **(c)** Gaillimh ☐

2. Cad a rinne Eoinín ar na ballaí?
   (a) Scríobh sé filíocht ☐ **(b)** Rinne sé graifítí ☐ **(c)** Phéinteáil sé a sheomra ☐

3. Céard a tharla nuair a ghlac sé na drugaí?
   (a) Chuaigh sé ar ais abhaile ☐ **(b)** Shamhlaigh sé a athair ☐ **(c)** D'imigh sé go Londain ☐

4. Cad a rinne Sadie i gcás an choláiste?
   (a) D'iarr sí cead isteach dá cara ☐ **(b)** D'íoc sí an táille ☐ **(c)** D'fhág sí litir ☐

5. Cad a rinne Otto nuair nach bhfuair sé an t-airgead?
   (a) Ghoid sé saothar Eoinín ☐ **(b)** Bhris sé méara Eoinín ☐ **(c)** D'imigh sé gan tada a rá ☐

Frásaí Cabhracha

Léigh na frásaí thíos. Bain úsáid astu chun 4–5 abairt shimplí a scríobh faoin ngearrscannán *Eoinín na nÉan*.

Ba faoi _____ an scéal.   Bhí Sadie _____.

Bhí Eoinín _____.   Cheap Tess _____.

Bhí sé ina chónaí _____.   Ag an deireadh, _____.

D'inis sé _____.   D'iarr Otto _____.

Níor thuig daoine eile _____.   Léirigh an scéal _____.

Spás le haghaidh scríbhneoireachta

_____
_____
_____
_____
_____
_____
_____
_____
_____
_____
_____
_____
_____
_____

CEISTEANNA BUNÚSACHA

1. Cén fáth a bhí Eoinín ag rith ó na Gardaí?

2. Cé léi a raibh Eoinín i gcónaí?

3. Cad a rinne Sadie i gcás an choláiste?

4. Conas a mhothaigh Eoinín faoin tsochaí timpeall air?

5. Cad a léirigh an deireadh faoin athrú i saol Eoinín?

NA PRÍOMHCHARACHTAIR

Eoinín

Carachtar Casta

Ba dhuine casta é Eoinín. Bhí sé lán le smaointe agus bhí grá mór aige don ealaín. Bhí sé cruthaitheach agus reibiliúnach, ach bhí sé ag streachailt le rialacha na sochaí.

Saol Deacair

Ní raibh sé éasca ar dhaoine Eoinín a thuiscint. Bhí sé ag iarraidh a bheith saor, ach rinne sé botúin uaireanta. Bhí sé ag smaoineamh go minic ar a athair agus mhothaigh sé brón agus ciontacht.

Ealaíontóir Fiáin

Bhí tallann mhór don ealaín ann. Rinne sé graifítí ar bhallaí le cur síos ar a chuid mothúchán. Níor lean sé rialacha, ach léirigh sé a shaoirse tríd an ealaín.

Grá agus Tacaíocht ó Sadie

Bhí Sadie an-tábhachtach dó. Bhí grá aici dó agus chabhraigh sí leis. Cé gur rinne sé botúin, choinnigh sí ag tacú leis. Léirigh sí grá agus foighne i gcónaí.

Sadie

Grá agus Dílseacht

Bhí grá mór ag Sadie d'Eoinín. D'fhan sí lena thaobh, fiú nuair a bhí sé i dtrioblóid. Bhí sí dílis agus chruthaigh sí gur chailín cróga í.

Tacaíocht agus Treoir

Ní grá amháin a thug sí dó, rinne sí iarracht é a threorú freisin. Rinne sí iarratas don choláiste ar a shon agus thacaigh sí lena chuid aislingí.

Frustrachas agus Grá

Bhí sí buartha agus feargach nuair a bhris sé a ghealltanas agus ghlac sé drugaí. Léirigh sí go raibh sí bréan de na botúin, ach go raibh grá aici fós dó.

Bean Chinéalta, Bean Neamhspleách

D'úsáid sí an t-airgead a bhí curtha i leataobh dá choláiste chun íoc as an gcúrsa ealaíne dó, ach dúirt sí leis gurbh é féin a chaithfeadh an cinneadh a dhéanamh. Níor fhan sí air – thosaigh sí a saol féin.

Bean Láidir

Ag deireadh an scéil, bhí grá aici fós dó, ach rinne sí cinneadh leanúint ar aghaidh léi féin. Bhí sí láidir, ciallmhar agus neamhspleách.

Tess

Grá Mór dá Mac

Ba mháthair chineálta í Tess a raibh grá mór aici d'Eoinín. Cé nach raibh sí i gcónaí sásta lena chuid roghanna, bhí sí ag iarraidh é a spreagadh agus cabhrú leis.

Tacaíocht agus Dóchas

Shábháil sí airgead le haghaidh an choláiste mar chreid sí ina chuid tallainne. Bhí sí ag súil go n-úsáidfeadh sé an ealaín le saol níos fearr a chruthú dó féin.

Cuimhní agus Creideamh

Chuimhnigh sí ar Eoinín mar pháiste a dúirt 'Céard é samhlaíocht?', rud a léirigh a dóchas don todhchaí.

Grá gan Teorainn

Fiú dá mbeadh sí buartha faoi na rudaí a rinne sé, sheas sí leis i gcónaí. Níor thuig sí gach rud faoina shaol, ach chreid sí ann fós.

Siombail de Ghrá Máthar

Léirigh sí an cineál grá nach n-imíonn: grá máthar a mhaireann fiú nuair atá rudaí deacair.

Otto

Duine Contúirteach

Ba dhuine bagrach é Otto. Bhí sé i gceannas ar dhíol drugaí agus bhí eagla ar dhaoine roimhe.

Foréigean agus Cumhacht

Nuair nach raibh Eoinín in ann an t-airgead a thabhairt dó, bhris Otto a mhéara. D'úsáid sé foréigean chun a chumhacht a choinneáil.

Saol Dorcha

Bhain Otto leas as daoine óga cosúil le hEoinín. Léirigh sé saol dorcha na coiriúlachta.

Codarsnacht le Sadie

Murab ionann agus Sadie a thug grá agus tacaíocht do Eoinín, bhí Otto ag brú air dul níos doimhne isteach sa chontúirt.

Siombail an Dorchadais

Ba shiombail é Otto den saol scanrúil agus dian a d'fhéadfadh Eoinín a shlogadh mura n-éalódh sé.

CEISTEANNA BUNÚSACHA

1. Déan cur síos ar thréith amháin a bhain le hEoinín. (*Eoinín*)

   _____

   _____

2. Cén fáth a raibh Sadie dílis d'Eoinín? (*Sadie*)

   _____

   _____

3. Conas a thaispeáin máthair Eoinín a grá dó? (*Tess*)

   _____

   _____

4. Conas a mhothaigh Eoinín faoin tsochaí timpeall air? (*Eoinín*)

   _____

   _____

5. Cén sórt carachtair é Otto? (*Otto*)

   _____

   _____

Scríobh tréithe na gcarachtar sna boscaí.

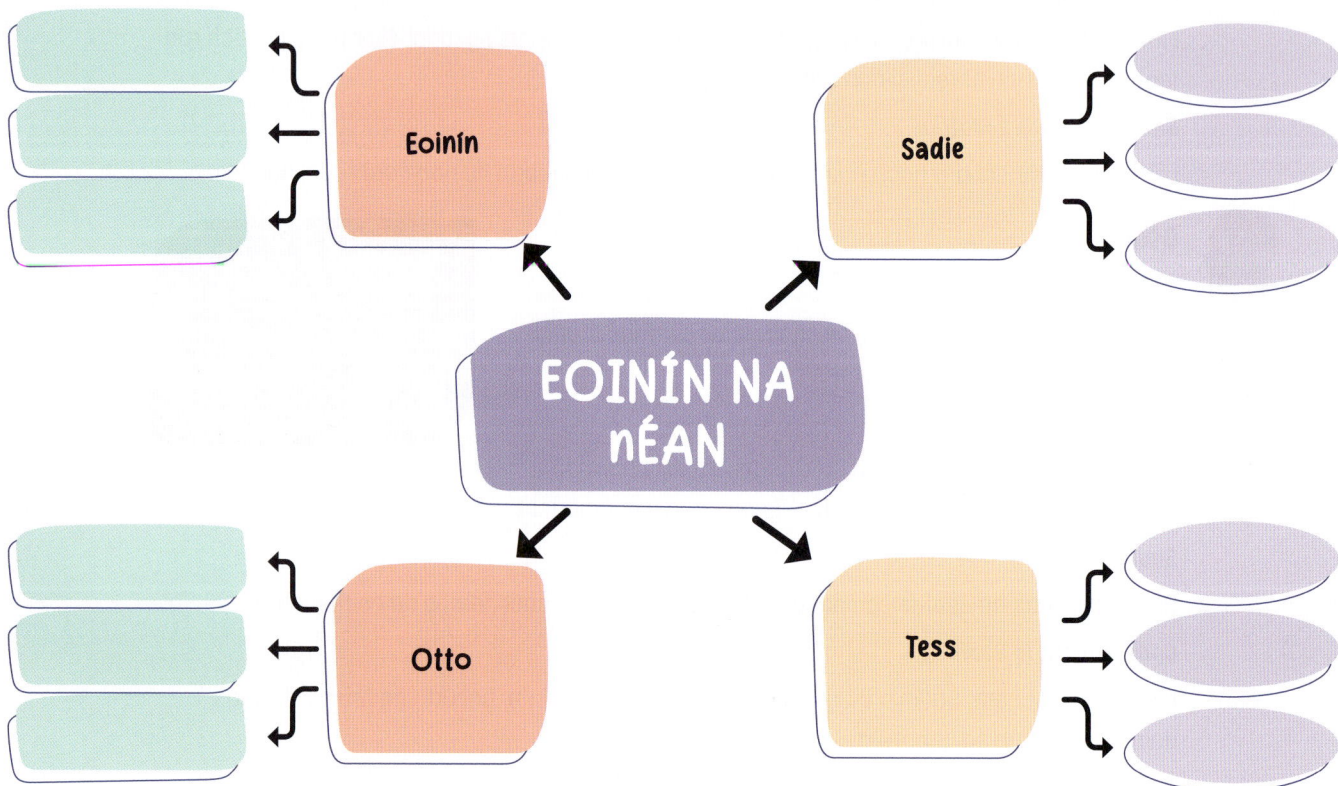

Eoinín

Sadie

EOINÍN NA nÉAN

Otto

Tess

Scríobh dhá líne ar gach carachtar sna boscaí thíos.

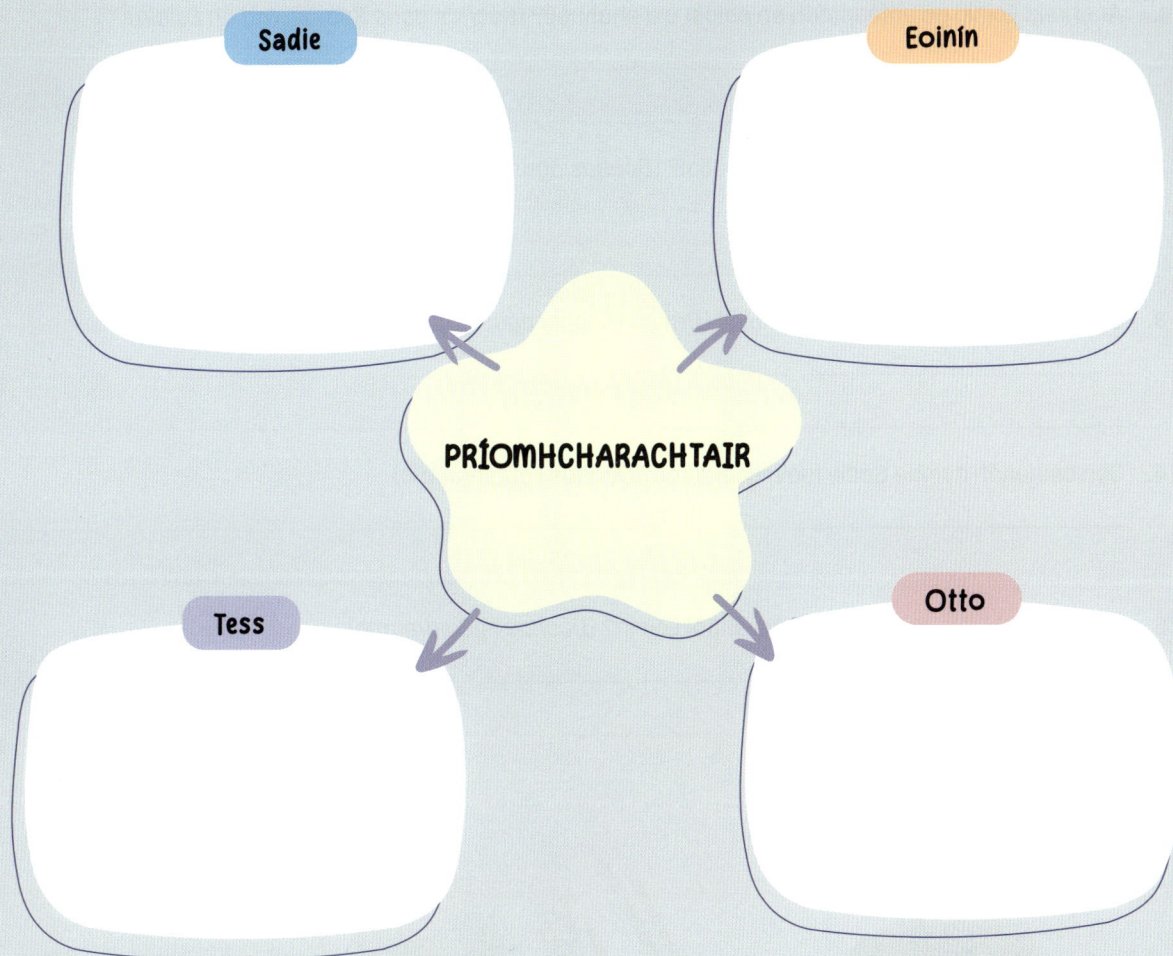

Sadie

Eoinín

PRÍOMHCHARACHTAIR

Tess

Otto

PRÍOMHTHÉAMAÍ AN SCANNÁIN

1. **Dóchas agus Saoirse tríd an Ealaín**

   Bhí Eoinín ag iarraidh a bheith saor agus a chuid roghanna féin a dhéanamh sa saol. Níor mhaith leis cloí le rialacha na sochaí. D'úsáid sé graifítí chun a chuid mothúchán agus smaointe a chur in iúl. Cé gur theastaigh óna mháthair go leanfadh sé cosán cinnte, chreid sé go bhféadfadh an ealaín saol níos fearr a thabhairt dó.

2. **Brú ón tSochaí agus Rogha Eoinín**

   Bhí Eoinín i lár coinbhleachta idir a mhian saoirse a bheith aige agus an brú ó dhaoine timpeall air, go háirithe ó Otto. Ach ag deireadh an scéil, thuig sé go raibh rogha aige: leanúint leis an dorchadas nó bealach nua a ghlacadh. Bhí dóchas fós ann dó.

3. **Dóchas i gCaidreamh**

   Bhí Sadie agus a mháthair an-tábhachtach i saol Eoinín. Thug siad grá agus tacaíocht dó fiú nuair a rinne sé botúin. Níor thréig siad é. Thaispeáin Sadie dó go raibh seans aige a shaol a fheabhsú. Ag an deireadh, d'fhág sí an doras ar oscailt dó, siombail den dóchas agus de rogha nua sa saol.

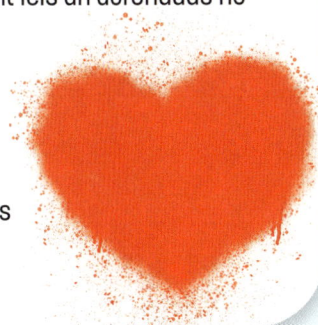

CEISTEANNA BUNÚSACHA

1. Ar chreid Eoinín go bhféadfadh an ealaín é a shábháil? (*Dóchas agus Saoirse tríd an Ealaín*)

2. Cén fáth a ndearna sé graifítí ar na ballaí? (*Dóchas agus Saoirse tríd an Ealaín*)

3. Céard a bhí Otto ag iarraidh ar Eoinín? (*Brú ón tSochaí agus Rogha Eoinín*)

4. Cén cinneadh a rinne Sadie faoin gcoláiste? (*Dóchas i gCaidreamh*)

5. Cad a léirigh deireadh an scéil faoi shaol Eoinín? (*Dóchas i gCaidreamh*)

Scríobh síos trí phríomhphointe a bhaineann le príomhthéamaí an scannáin.

PRÍOMHTHÉAMAÍ

1.

2.

3.

FREAGRAÍ SAMPLACHA ARDTEISTIMÉIREACHTA

Ceist: Cén fáth a ndearna Eoinín graifítí ar na ballaí?

Chuir sé a chruthaitheacht agus a chuid mothúchán in iúl trína ghraifítí.

Ceist: Cén fáth ar fhan Sadie dílis d'Eoinín?

Bhí grá aici dó agus chreid sí go bhféadfadh sé athrú.

Ceist: Conas a léirigh máthair Eoinín a tacaíocht dó?

Shábháil sí airgead don choláiste agus spreag sí é leanúint leis an ealaín.

Ceist: Cén tionchar a bhí ag Otto ar Eoinín?

Chuir Otto brú agus eagla air agus tharraing sé isteach i saol na ndrugaí é.

Ceist: Cad a léirigh deireadh an scéil faoi Eoinín?

Léiríodh go raibh seans aige a shaol a athrú agus bealach nua a ghlacadh.

Ceist: Conas a léirigh Sadie grá agus tacaíocht d'Eoinín tríd an scéal?

FREAGRA

Léirigh Sadie a grá d'Eoinín trína bheith dílis dó, fiú nuair a rinne sé botúin. D'fhan sí lena thaobh agus rinne sí iarracht é a threorú i dtreo cosán níos sábháilte. Rinne sí iarratas ar an gcoláiste ar a shon agus d'íoc sí an táille gan é a insint dó. Fiú nuair a bhris sé a ghealltanas di faoi dhrugaí, chuaigh sí á lorg agus níor thréig sí é. Thaispeáin sí go raibh sí tuisceanach, láidir agus sásta é a spreagadh chun a shaol a fheabhsú.

Ceist: Conas a léiríodh an téama dóchais ag deireadh an scéil?

FREAGRA

Ag deireadh an scéil, bhí an dóchas le brath i ngníomhartha Sadie agus i smaointe Eoinín. D'fhág Sadie an doras oscailte dó, ag tabhairt seans dó rogha a dhéanamh faoin saol. Cé go raibh Eoinín gortaithe go fisiciúil agus go mothúchánach, thuig sé go raibh sé fós in ann a shaol a athrú. Léiríodh go raibh cumhacht ag an gcruthaitheacht agus ag na caidrimh sa saol, fiú i ndomhan atá dorcha agus deacair. Bhí deireadh an scéil dearfach, ag tabhairt teachtaireacht láidir go bhfuil dóchas ann i gcónaí.

SCILEANNA SCRÍBHNEOIREACHTA

1. Cén teachtaireacht a bhí sa ghraifítí a rinne Eoinín?

2. Cad a léirigh brionglóid Eoinín faoi na héin?

3. Cén fáth a ndearna Eoinín iarracht éalú óna shaol?

4. Conas a d'imir caidreamh Eoinín lena athair tionchar ar a shaol?

5. Cad a dúirt Sadie nuair a d'íoc sí an táille le haghaidh an choláiste?

6. Conas a léirigh Otto cumhacht agus foréigean?

7. Luaigh dhá fhadhb atá ag Eoinín sa scéal.

_____

_____

_____

8. Cad a rinne máthair Eoinín ag deireadh an scéil chun a tacaíocht a thaispeáint?

_____

_____

_____

9. Cén fáth a raibh deireadh an scéil lán dóchais, in ainneoin na ndeacrachtaí?

_____

_____

_____

10. Luaigh dhá mhothúchán a mhothaíonn Eoinín sa scéal.

_____

_____

_____

11. Cad a chiallaigh na héin do Eoinín sa scéal?

_____

_____

_____

12. Cad a dúirt an saineolaí ealaíne faoin saothar a rinne Eoinín?

_____

_____

_____

_____

_____

_____

_____

_____

_____

_____

Achoimre Shimplí

Thit fear óg ó na spéartha go talamh agus thosaigh sé ag fiosrú an tsaoil. Bhuail sé le carachtair éagsúla agus é ag cuardach an dea-shaoil, ach tháinig frustrachas air nuair nach n-aimsíonn sé freagraí sásúla. Fuair sé comhairle ón Saoi agus d'oibrigh sé leis an bhFear Oibre, rud a thug tuiscint dhomhain dó ar shaol fiúntach. Tháinig an Féileacán ag deireadh mar shiombail den tsaoirse agus den iontas, agus fágadh an lucht féachana ag smaoineamh ar bhrí an tsaoil.

An Féileacán agus an Crann Úll le Micheál Mac Cárthaigh

ROGHA 2

Gníomh 1

Suíomh: *An domhan ar maidin, lá geal gréine.*

Radharc 1

*Dorchadas. Ardaítear na soilse go mall le héirí na gréine a chur in iúl. **Cúlbhrat**[1] buí nó dubh. **An saoi**[2] ina luí ar bharr cnoic ar dheis. Sceacha i lár baill. Bloic thógála agus adhmaid ar clé.*

[1]*Back curtain*
[2]*The sage*

SCÉALAÍ 1 *(ina sheasamh ar dheis)***:** Fadó, fadó, le héirí na gréine.
  (Bíonn na soilse á n-ardú go fóill).

SCÉALAÍ 2 *(ar clé)***:** Thit **rud aisteach**[3] anuas ó spéir úr na maidine.
  *(Feictear rud a bhfuil **cruth mála**[4] nó cóta air ag titim anuas taobh thiar de na sceacha. An-torann nuair a bhuaileann sé an talamh, agus ansin scread agus olagón.)*

[3]*Strange thing*
[4]*Shape of a bag*

SCÉALAÍ 1: Ba ghearr go raibh sé ag amharc ar an domhan iontach mór.
  (AN FEAR BOCHT ag amharc amach trí na sceacha.)

SCÉALAÍ 2: Agus an domhan mór iontach!
  *(**Amharcann**[5] NA SCÉALAITHE ar an fhear bocht. Tá AN FEAR BOCHT ag amharc amach **trí na sceacha**[6] mar a bheadh éan beag sa nead, a bhéal ar leathadh le hiontas. Go tobann ritheann sé amach as na sceacha le breathnú mórthimpeall.)*

[5]*Look*
[6]*Through the bushes*

AN FEAR BOCHT: Cad é seo? *(Ag síor-rith agus ag síor-amharc)*... Cad é seo?... Cá bhfuil mé anois?... Cé bhfuil mé? An bhfuil duine ar bith anseo?

AN SAOI *(ag suí síos ar bharr an chnoic go tobann)***:** Hé tusa, ní lá aonaigh atá ann! Íslígh do ghuth!

AN FEAR BOCHT: Ach tá mé caillte. Inis dom cá bhfuil mé!

AN SAOI: Tá tú ar talamh. Ar domhan.

AN FEAR BOCHT: Ar domhan! *(Go hamhrasach)* Agus cé tú féin?

AN SAOI: Is mise an Saoi.

AN FEAR BOCHT: Mise an fear a rugadh ar maidin.

AN SAOI: Sea, chuala mé an clampar.

AN FEAR BOCHT *(ag amharc timpeall)***:** Mmm! Seo an domhan, a deir tú. Amharc ar an spéir dheas ghorm... ar na cnoic ghlasa... agus ar na sléibhte corcra!

(Píosa ceoil, teaglaim as 'Rhapsody Rua', agus máirseálann FEAR FEADÓIGE, FEAR GLIC, RINCEOIR 1, PEADARÓ, *an* tSEANBHEAN, FEAR GARÁISTE *agus* CEOLTÓIR *ag seinm ar bhosca ceoil isteach ar dheis i líne dhíreach. Stopann siadsan i lár stáitse. Stopann an ceol. Ní bhogann aon duine agus bíonn tabló againn. Bíonn bodhrán ag* PEADARÓ.*)*

AN FEAR BOCHT: Cad é seo? Ní fhaca mé a leithéid riamh.

AN SAOI: Sin an saol.

AN FEAR BOCHT: An saol! Agus cad é atá ar siúl aige?

AN SAOI: Tá sé ag dul thart.

(Bogann an slua chun siúil arís, ag dul amach ar clé le buillí ón bhodhrán ach gan cheol.)

AN FEAR BOCHT: Ag dul thart? *(Feiceann sé iad ag imeacht. Iontas air)* Tá an ceart agat, tá sé ag dul thart! Shíl mise ar dtús go raibh sé ina sheasamh!

AN SAOI: Tusa a bhí i do sheasamh!

AN FEAR BOCHT: Agus an slua daoine sin, cá bhfuil a dtriall?

AN SAOI: Gach duine acu ar thóir rud éagsúil: an Fear Glic ar thóir amadáin agus óinsí, Fear an Gharáiste **ar thóir custaiméirí saibhre**[7], cailín deas ag lorg fir, an Fear Oibre ag lorg oibre, an Fear Grinn ag cuardach gáire.

AN FEAR BOCHT: Agus cad chuige a bhfuil tusa thuas ansin ar mhullach an chnoic, agus an Saol ag imeacht thart thíos fút?

AN SAOI: De bhrí gur anseo amháin a bhíonn **suaimhneas**[8] agam.

AN FEAR BOCHT: Cad é a dhéanann tú leis an suaimhneas seo?

AN SAOI: Sa suaimhneas is féidir liom **machnamh**[9], agus sa dóigh sin tiocfaidh mé ar an Fhírinne lá éigin.

AN FEAR BOCHT: An Fhírinne… ! Cad is **Fírinne**[10] ann?

AN SAOI *(é ar bhuile)***:** Tá tú ró-óg leis na nithe seo a thuiscint. Cad é atá á lorg agat féin? Cad chuige a bhfuil tú ag crá na ndaoine le ceisteanna? Cad é atá ar siúl agat?

AN FEAR BOCHT *(go humhal)***:** Dada.

AN SAOI: Dada… ! Is tusa an fear a rugadh ar maidin. Tá an ghrian ag éirí sa spéir, agus deir tú nach bhfuil dada ar siúl agat! **Ní bhraithfidh**[11] tú go mbeidh an lá thart. Nach bhfuil rud ar bith á lorg agat sa saol?

AN FEAR BOCHT: Mo-mo bhricfeasta, b'fhéidir.

AN SAOI: Do bhricfeasta! *(Déistin*[12] *air)* Níl á lorg agat ach sin! Bíonn **na beachóga**[13], na luchóga is na neantóga féin ag lorg a mbricfeasta. Smaoinigh ar rud fiúntach! *(Damhsaíonn* TRIÚR RINCEOIRÍ *isteach ar dheis, timpeall an stáitse agus amach ar clé. Ceol: 'The Rocky Road to Dublin' ar fheadóg stáin. Cuireann an Fear Bocht an-spéis sna rinceoirí.)*

AN FEAR BOCHT: B'fhéidir gur mhaith liom a bheith i mo dhamhsóir.

AN SAOI: Ag damhsa! A dhiabhail! B'fhearr duit a bheith ag treabhadh is ag fuirseadh amuigh sa ghort. Tá do shaol go léir romhat. Smaoinigh ar rud fiúntach!

*(**Ceol cruite nó sreanga**[14]. Damhsaíonn an* FÉILEACÁN *isteach agus mórthimpeall, a gluaiseachtaí chomh héadrom go sílfeadh duine gur ag eitilt a bhí sí. Nuair a dhamhsaíonn sí amach leanann súile an Fhir Bhoicht í. Cuireann* AN SAOI *isteach air.)*

AN SAOI: Comhairle amháin duit[15], a fhir óig, ná himigh choíche ar thóir na bhféileacán! An caitheamh aimsire is measa dá bhfuil ann! Tá na damhsóirí is na ceoltóirí dona go leor, ach níl dada níos amaidí ná na féileacáin. B'fhearr duit a bheith ag iarraidh eitilt san aer nó comhrá a dhéanamh le portáin na trá ná a bheith ag gabháil leis na féileacáin sin.

AN FEAR BOCHT: Ach tá sise gleoite!

[7]*Looking for wealthy customers*

[8]*Tranquillity*

[9]*Reflect*

[10]*Truth*

[11]*You will not feel*

[12]*Disgust*

[13]*The bees*

[14]*Harp or string music*

[15]*One bit of advice for you*

AN SAOI: Gleoite! Áaaaaach! Stad! Stop! Cuir srian leat féin!... Inis dom arís cad é atá á lorg agat sa saol.

AN FEAR BOCHT: Tá an cheist sin ródheacair dom anois, a dhuine uasail. Tá mé cloíte. Cuir comhairle orm!

AN SAOI *(go duairc)***:** Níl sa saol ach lá.

AN FEAR BOCHT *(go haerach)***:** Sea! Lá mór amháin!

AN SAOI: Comhairlím duit, a fhir óig aineolaigh, amaidigh, thútaigh, mhístuama...

AN FEAR BOCHT: Sea?

AN SAOI: Comhairlím duit dul ar thóir an dea-shaoil.

AN FEAR BOCHT: An dea-shaol! *(Tar éis dó machnamh a dhéanamh)* Cogar, a dhuine chóir, an bhfuil sé sin maith, anois?

AN SAOI: Níl dada níos fearr ar an domhan... nó sna flaithis.

AN FEAR BOCHT: Cinnte?

AN SAOI: Lánchinnte! Níl dada níos deise ná an dea-shaol, an saol fiúntach, an saol a bhfuil aidhmeanna arda aige – saol a thugann cúl ar an chaitheamh aimsire!

AN FEAR BOCHT: Glacfaidh mé le do chomhairle, a dhuine léannta, agus rachaidh mé anois díreach ar thóir an dea-shaoil.

(Caitheann sé a chóta thar a ghualainn.) Is. Is... ní chaillfidh mé bomaite eile!

AN SAOI: Go dté tú slán! *(Cromann sé a cheann chun machnaimh. Ansin imíonn sé beagnach as radharc.)*

SCÉALAÍ 1: Agus ar aghaidh leis an Fhear Bhocht láithreach, agus sceitimíní air, ar nós girsí ar a bealach chun a bainise féin, agus é ag cuardach an dea-shaoil, an saol fiúntach is an saol a bhfuil aidhmeanna arda aige.

(Ceol. Véarsa amháin de 'I am a Rambling Irishman', ach é á sheinm go gasta. Siúlann AN FEAR BOCHT ar nós duine ag taisteal, ag breathnú ar dheis agus ar clé ar nithe a shamhlaítear a bheith ann.)

[16]*Butcher*

SCÉALAÍ 2: Bhuail sé le **búistéir**[16].

(Stopann an ceol. Tagann an BÚISTÉIR isteach ar clé, naprún búistéara air, agus todóg ina bhéal...)

[17]*Elegant*

AN FEAR BOCHT: Go mbeannaí Dia dhuit, a dhuine **galánta**[17]!

AN BÚISTÉIR: Go mbeannaí Dia duit féin, a strainséir!

AN FEAR BOCHT: Is mise an fear a rugadh ar maidin... ag lorg an dea-shaoil.

AN BÚISTÉIR *(tógann an todóg as a bhéal)***:** Tháinig tú chuig an duine ceart. Búistéir mise. Tabharfaidh mé post breá duit... agus beidh saol níos fearr agat ná mar a bheadh **i bpálás an rí**[18]. Goitse!

[18]*In the king's palace*

(Téann AN FEAR BOCHT chuige, agus cuireann AN BÚISTÉIR naprún air.)

Anois, is búistéir den tríú grád tú. Comhghairdeas!

AN FEAR BOCHT *(sceitimíní air)***:** Go raibh maith agat!

[19]*Ribs*

AN BÚISTÉIR: Anois, déan deifir, is tóg isteach na **heasnacha**[19] mairteola atá sa chlós... agus caith amach na málaí cnámh a thabharfaidh mo bhean duit! *(Téann AN BÚISTÉIR amach ar clé.)*

[20]*He carried*

SCÉALAÍ 1: Rinne an Fear Bocht amhlaidh. **D'iompair sé**[20] an mhairteoil isteach sa teach, agus rug sé na cnámha amach leis.

SCÉALAÍ 2: Agus rug sé na cnámha amach leis, is tharraing sé an mhairteoil isteach.

(Téann AN FEAR BOCHT amach ar dheis, filleann sé le heasnacha mairteola agus beireann sé leis iad amach ar clé. Filleann sé le mála mór cnámh, agus téann sé amach

ar dheis. Déanann sé é seo trí huaire. An chéad uair éiríonn leis gan stró, an dara huair, bíonn sé leath-chromtha faoin ualach, an tríú huair titeann sé i lár stáitse faoi na heasnacha mairteola. **D'oirfeadh dreas ceoil sa radharc seo[21].***)

SCÉALAÍ 1: Agus nuair a bhí sé sin déanta aige míle uair, thit sé leathmharbh faoi ualach bó bradaí!

AN FEAR BOCHT *(tar éis titim)*: Úúú! Tá mé **i ndeireadh na feide[22]**!

AN BÚISTÉIR *(ag siúl isteach ar clé)*: Cad é seo, in ainm Chroim! Sclábhaí ina luí ar an talamh in ionad a bheith ag obair.

AN FEAR BOCHT: Ó, a mháistir, tá mé millte, gonta, is briste ag an obair… agus déanfaidh an bhó bhradach seo praiseach díom go luath.

(Ardaíonn AN BÚISTÉIR an leathchliathán go héasca le lámh amháin agus caitheann sé amach chuig a bhean chéile sna sciatháin ar dheis é.)

AN BÚISTÉIR: A Ghobnait… ! Beir ar an phíosa feola seo!

AN FEAR BOCHT *(ag éirí go himníoch)*: Déanfaidh an obair seo **praiseach[23]** díom má fhanaim… Tabhair dom mo chuid pá, a mháistir, agus lig dom éalú. *(Baineann sé de a naprún.)*

AN BÚISTÉIR: Ní ag iarraidh airgid a tháinig tú an chéad uair, ach ag cuardach an dea-shaoil… ach díolfaidh mé thú mar sin féin… Anois… seo… seo… seo dhuit!… Pingin iomlán.

AN FEAR BOCHT: Pingin iomlán!

AN BÚISTÉIR: Is fear saibhir anois thú!

AN BÚISTÉIR: Tá mé saibhir! Saibhir! Is gan leath de mo shaol caite agam go fóill. Nach iontach sin? Go raibh maith agat, a Bhúistéir.

SCÉALAÍ 1: Agus shálgh an Fear Bocht an **saibhreas[24]** seo go domhain i bpóca a bhríste, agus as go brách leis!

SCÉALAÍ 2: Bhuail sé le cailín deas óg. *(Damhsaíonn cailín isteach.)*

AN FEAR BOCHT: Cad é mar atá tú, a chailín óig? Fear saibhir mise ar thóir an dea-shaoil. Cén rud is mó ba chóir a bheith agam, dar leatsa?

RINCEOIR 1: Más fear saibhir thú, ba chóir go mbeadh carr **mór millteach[25]** agat.

AN FEAR BOCHT *(ar nós páiste)*: Ceann mar seo… Brrrrrr, brrrrrree. *(Ritheann sé mórthimpeall.)* Brrrrree… (ag stopadh) Gluaisteán, an ea?

RINCEOIR 1: Sea, cinnte.

AN FEAR BOCHT: Go raibh maith agat, a chailín dheas! Ceannóidh mé carr láithreach bonn.

(Damhsaíonn an RINCEOIR amach ar clé.)

SCÉALAÍ 1: Is ar aghaidh leis ag sodar go siopa na gcarranna!

*Ceol damhsa. Déanann sé **céimeanna[26]** atá idir rith agus damhsa agus é ag gabháil an bhóthair. Samhlaítear go bhfuil garáiste ar thaobh na láimhe deise. Stánann AN FEAR BOCHT amach ó na sciatháin le breathnú ar an fhuinneog.*

Isteach le FEAR AN GHARÁISTE ar dheis, gléasta go péacach.)

FEAR AN GHARÁISTE: Maidin mhaith, a dhuine uasail! An bhfuil rud ar bith de dhíth ort?

AN FEAR BOCHT: Duine saibhir mise, ar thóir an dea-shaoil. Ba mhaith liom carr a cheannach, le do thoil.

FEAR AN GHARÁISTE: Ba mhaith leat carr a cheannach! Nach cliste an fear saibhir thú…! Ar mhaith leat carr mór? Carr caol? Carr buan? Carr baoil? Carr seascair? **Carr sleamhain[27]**? Carr corcra? Carr donn? Carr mara? Carr tíre? Carr oibre? Carr saoire? Carr oscailte? Carr dúnta? Carr geáitsíochta? Carr fiúntach? Carr spioradálta?… Carr sofaisticiúil?

Marginal notes:

[21] *A piece of music would fit in this scene*

[22] *At the end of my tether*

[23] *A mess*

[24] *Wealth*

[25] *Enormous*

[26] *Steps*

[27] *Smooth car*

AN FEAR BOCHT: Carr…

FEAR AN GHARÁISTE: Sea?

AN FEAR BOCHT: Carr… beag.

[28]*Look at*

FEAR AN GHARÁISTE *(go sollúnta)*: Carr beag. **Amharc ar**[28] na carranna san fhuinneog! Ar mhaith leat Jaguar beag?… Nó Mercedes beag?… Nó Rolls Royce beag?

AN FEAR BOCHT: Ba mhaith liom an ceann eile, an ceann dea-chumtha.

FEAR AN GHARÁISTE: An carr spóirt! Go maith! Go maith! Go maith! Anois caithfidh tú amharc uirthi!

AN FEAR BOCHT: Ó, tá mé ag amharc uirthi, a dhuine uasail.

[29]*To taste*

FEAR AN GHARÁISTE: Sea, ach caithfidh tú lámh a leagan uirthi, í a bhrath, suí isteach inti, aithne a chur uirthi… **í a bhlaiseadh**[29]!

AN FEAR BOCHT *(iontas air)*: Í a bhlaiseadh!

[30]*One man reverses the car*

FEAR AN GHARÁISTE *(ag deifriú amach ar dheis)*: Tógfaidh mise amach chugat í. *(Cloistear fuaim chairr ag tosú. **Cúlaíonn fear amháin an carr**[30] amach go lár stáitse. Ansin tiomáineann sé ar aghaidh, ag déanamh leathchiorcail, ionas go mbíonn srón an chairr dírithe ar na sciatháin ar clé. Tagann sé amach as an gcarr.)* Nach agat a bheidh an dea-shaol sa charr gleoite seo…! *(Ag bualadh bos agus ag glaoch amach)* A mhná óga!

(Ceol bríomhar. Tagann triúr cailíní as an siopa. Tig leis na Rinceoirí na páirteanna seo a ghlacadh.)

Glanaigí, is maisígí, is cuirigí snas an tsnasa ar charr an duine uasail seo!

(Ardaítear an ceol, agus tosaíonn NA CAILÍNÍ ag obair láithreach le scuaba, glantóirí agus bláthanna. Cuireann siad an-snas ar an charr, agus tugann duine acu bláth don Fhear Bocht sula n-imíonn siad amach arís ar dheis. Stadann an ceol.

(Labhraíonn sé leis an fhear bhocht:) Nach bhfuil sí go hálainn? Suigh isteach inti! Cuir aithne uirthi…! Tiomáin í…! Ar aghaidh leat!

(Suíonn AN FEAR BOCHT isteach, agus déanann seisean leathchiorcal fosta, sa dóigh go mbíonn srón an chairr dírithe ar dheis.)

AN FEAR BOCHT: Á! *(go sona, ag teacht as an gcarr)* Cá mhéad atá ar an charr?

FEAR AN GHARÁISTE: Airgead, airgead…! Nach cuma faoin airgead! Is leor go bhfuil tú sásta – tabhair míle punt dom!

AN FEAR BOCHT: Níl míle punt agam.

FEAR AN GHARÁISTE: Níl… ach nach cuma! *(ag smaoineamh)* An mó atá agat?

AN FEAR BOCHT: Pingin.

FEAR AN GHARÁISTE *(i gcogar)*: Pingin?

AN FEAR BOCHT: Sea.

[31]*You rogue*

[32]*Trickster*

FEAR AN GHARÁISTE *(i gcogar go fóill)*: Pingin… *(ag screadach)* PINGIN! Níl agat ach pingin, is tá tú ag iarraidh carr a cheannach! Ag cur mo chuid ama amú! **A rógaire**[31]! A shladaí! **A chladhaire**[32]! *(Buaileann sé a bhosa ar a chéile)* A ghirseacha…! *(Filleann an triúr.)* Bainigí na giobail sin as an gcarr! *(Tógann siad na bláthanna, srl. leo.)* … *(leis an fhear bhocht)* Agus gread tusa leat is cuardaigh do dhea-shaol áit éigin eile! *(Feiceann sé an bláth ar chóta an fhir bhoicht.)* Fan bomaite! *(Baineann sé an bláth de, agus cuireann sé ar a chóta féin é.)* Anois bailigh leat! *(Suíonn sé isteach sa charr, agus tiomáineann sé amach ar dheis. Fágtar an Fear Bocht go huaigneach leis féin.)*

[33]*It's difficult*

AN FEAR BOCHT: **Is doiligh**[33] do lucht airgid ar thóir dea-shaoil. Ní maith leis an fhear sin pinginí. Caithfidh mé tuilleadh comhairle a fháil… Seo seanbhean ag teacht an bóthar. Iarrfaidh mé comhairle uirthi. *(Tagann AN tSEANBHEAN isteach ar clé.)*

Go mbeannaí Dia dhuit, a bhean mhacánta! Tá an dea-shaol **á chuardach**[34] agam de bhrí gur fear óg saibhir mé. Cad ba chóir a bheith agam seachas airgead?

AN TSEANBHEAN: Arú, níl de dhíth ort anois ach **cailín deas maisiúil**[35].

AN FEAR BOCHT: Cailín deas maisiúil! Ach cad é a dhéanfaidh mé léi?

AN TSEANBHEAN: Déanfaidh tú suirí léi, agus ansin pósfaidh tú í.

AN FEAR BOCHT (iontas air)**:** Pósfaidh mé í!

AN TSEANBHEAN: Sea, leoga. Ádh mór ort! Is minic a bhíonn mná óga dathúla deacair **a láimhseáil**[36]! (Imíonn an tSEANBHEAN amach ar dheis. Tosaíonn AN FEAR BOCHT ag machnamh ar an mhéid a dúirt sí. Tagann AN FEAR GLIC isteach ar dheis. Bíonn gach sórt daighsíní á dhíol aige.)

FEAR GLIC: **Péarlaí**[37]! Fáinní óir! Uachtar reoite! Pinn luaidhe! Péarlaí... (Feiceann sé an Fear Bocht ag machnamh, agus tagann sé anonn.) Cad é atá ag cur as duit, a fhir óig aeraigh na coille?

AN FEAR BOCHT: Tá mé le bean óg mhaisiúil a phósadh.

FEAR GLIC: Ní thig sin a shárú! Ba chóir do gach duine bean óg mhaisiúil a phósadh! Beidh suaimhneas agus **scléip**[38] agus do dhóthain le hithe agat anois go deireadh do shaoil. Go raibh meitheal mór clainne agat, is gach **stócach**[39] chomh buan leis an charraig, is gach girseach chomh donn líofa leis an seagal aibí san Fhómhar...! Anois, ar mhaith leat fáinne óir, breachta le seoda geala? Amharc ar an fháinne seo. Ór níos buí, seoda níos lonraí ní fheicfeá sa tSean-Éigipt nó i **seanchúirt**[40] na Spáinne. Amharc ar an obair chasta, shlachtmhar! Nach álainn í! Ón India a tháinig sé. Bí fial, bí flaithiúil ar son do ghrá ghil! Ní thig le duine ar bith ach cladhaire luach a chur ar an ghrá...! An nglacfaidh tú an fáinne sin ar mhíle punt? (É seo go gasta)

AN FEAR BOCHT: Ba mhaith liom, ach –

FEAR GLIC: Níl míle punt agat... Ceart go leor, ceart go leor... Arbh fhear leat fáinne eile ar chéad punt? ... Tuigim, tuigim, níl céad punt agat... ! Péarlaí ar chaoga punt? (Croitheann AN FEAR BOCHT a cheann gach uair.)... Muince óir ar thríocha punt?... Slabhra airgid – fiche punt?... (Déistin air) Suaitheantas iarainn ar dheich bpunt?... A Dhiabhail dhuibh as Ifreann fiáin! Cá mhéad airgid atá agat, a fhir shaibhir?

AN FEAR BOCHT: Pingin.

FEAR GLIC: Pingin!

AN FEAR BOCHT: An t-airgead go léir a shaothraigh mé ag obair don bhúistéir.

FEAR GLIC: Cé tú féin?

AN FEAR BOCHT: Is mise an fear a rugadh ar maidin.

FEAR GLIC: Tá an chuma sin ort, ceart go leor! (Ag smaoineamh) Agus... ba mhaith leat féirín a cheannach do do ghrá geal, do ghrá geal do chroí. Agus tá pingin agat, pingin mhór amháin! Ó, dá mbeadh pingin iomlán agam féin, cad é a cheannóinn do mo ghrá geal? Cad é a cheannóinn ar an phingin chéanna?... (Ritheann smaoineamh leis.) Lollipop! ... Sea, cinnte, lollipop, cad eile ach lollipop. (Tógann sé **líreacán**[41] as a mhála.) Má bhlaiseann sí an lollipop seo, fanfaidh sí i ngrá leat go mbeidh sciatháin ar na muca... (Go borb) Tabhair dom do phingin! (Glacann sé an phingin. Ansin baineann sé an páipéar den líreacán.)

Seo dhuit an lollipop! Blais é...!

(Glacann AN FEAR BOCHT an líreacán uaidh agus blaiseann sé é.)

Tabhair ar ais dom é! (Tógann sé an líreacán, agus cuireann ar ais sa pháipéar é) Anois, go n-éirí an bóthar leat, is go bhfana tú saibhir i gcónaí!

AN FEAR BOCHT (an-imní air)**:** Ach mo lollipop! Thóg tú mo lollipop ar ais!

[34]Looking for

[35]A pretty, attractive girl

[36]To handle

[37]Pearls

[38]Enjoyment
[39]Young man

[40]Old court

[41]Lollipop

FEAR GLIC *(ar a bhealach amach ar clé)*: Do *lollipop*! Ní fhaigheann tú ach blas amháin ar phingin.

(Tosaíonn sé ag canadh agus é ag dul amach.)

'Slán is céad ón taobh seo uaim,

Cois Máighe na gcaor, na gcraobh, na gcruach.'

AN FEAR BOCHT: Ach anois, níl dada agam le tabhairt do mo ghrá geal!

FEAR GLIC *(ag cur a chinn ar ais)*: Tabhair póg di... ! Is as radharc b'fhéidir go mblaisfeadh sí an *lollipop*! *(Imíonn sé ar fad, agus é ag gáire.)*

SCÉALAÍ 1: D'imigh an Fear Glic. Shuigh an Fear Bocht ar an talamh. Bhí sé buartha agus brónach.

AN FEAR BOCHT: Is dócha nach mblaisfidh mé an dea-shaol choíche.

SCÉALAÍ 2: Ach ag an bhomaite sin, ghabh cailín óg isteach agus í ag damhsa go haerach.

(Damhsaíonn RINCEOIR 1 isteach agus mórthimpeall le rithim an bhodhráin.)

AN FEAR BOCHT *(sceitimíní air)*: **Bean óg mhaisiúil**[42]. *(Éiríonn sé ina sheasamh.)* Cad é mar tá tú, a bhean óg? *(Leanann sise uirthi ag damhsa gan aird aici air.)* ... Ba mhaith liom rud beag a iarraidh ort. *(Stopann sise go tobann le héisteacht leis.)* An bpósfaidh tú mé?

RINCEOIR 1: Rud beag, a deir tú! *(Damhsaíonn sí amach, a ceann san aer, ag gáire faoi.)* Á, há, há, há!

AN FEAR BOCHT: **Ní phósfaidh mé**[43] an bhean sin ar aon chuma... níl sí deas!

SCÉALAÍ 2: Ach casadh cailín óg eile sa **ród**[44] air, agus ise ag damhsa fosta. *(Damhsaíonn RINCEOIR 2 isteach).*

AN FEAR BOCHT: Bean óg mhaisiúil eile! Is mian liom **dreas cainte**[45] a dhéanamh leat, a bhean óg.

RINCEOIR 2 *(ag damhsa léi)*: Sea, a fhir bhoicht?

AN FEAR BOCHT *(é an-bhuartha)*: Thug sí an Fear Bocht orm! *(Ag iompú a dhroma léi.)*

RINCEOIR 2 *(ag stopadh go tobann)*: Sea, bhí rud éigin le rá agat? *(Iompaíonn seiseann timpeall go mall.)*

AN FEAR BOCHT *(go faiteach)*: An... an bpósfaidh tú mé?

RINCEOIR 2: Tusa! An bpósfaidh mé thusa! Fear beag suarach is tú gléasta i mbalcaisí, gan phingin i do phóca, tá mé cinnte, is gan fiú carr agat. A leithéid!

(Ag tabhairt clabhta dó. Siúlann sí amach ar dheis, ar buile, le rithim an bhodráin.)

AN FEAR BOCHT *(ar buile)*: Ní phósfaidh mé an bhean sin ach oiread – tá sí róchrosta!

SCÉALAÍ 1: Bhí an Fear Bocht níos ainnise ná mar a bhí riamh. Thosaigh sé ag machnamh go domhain.

SCÉALAÍ 2: Ach mhúscail torann millteanach é ó na smaointe dubha.

(Torann. Tagann FEAR OIBRE isteach le bara rotha ar dheis.)

SCÉALAÍ 1: Fear oibre i mbun gnóthaí.

AN FEAR BOCHT: Is mise an fear a rugadh ar maidin.

FEAR OIBRE: Ní gá duit é sin a insint do gach duine! Cad é a bhí ar siúl agat go dtí anois?

AN FEAR BOCHT: Bhí mé ag cuardach an dea-shaoil.

[42]*A fancy young woman*

[43]*I won't marry*

[44]*Road*

[45]*Conversation*

FEAR OIBRE: Agus ní bhfuair tú é! Tá mise ag tógáil tí. An gcuideoidh tú liom? Ní bheidh díolaíocht i gceist, ach déanfaidh an obair fear díot... agus cuirfidh sí an t-ádh ort!

AN FEAR BOCHT *(tar éis dó a mhachnamh a dhéanamh)***:** Tá go maith... cuideoidh mé leat.
(Ceol. Moltar an port, 'My Darling Asleep,' agus tosaíonn an bheirt acu ag obair. Tógann siad an teach go gasta. Cuireann siad síos na bloic, déanann siad na fardoirse, na fuinneoga, agus cuireann siad díon air. Damhsaíonn siad leis an cheol, agus téann an ceol i bhfeidhm ar na gluaiseachtaí uilig. Tá an rithim agus an luas tábhachtach. Stadann siad don tae, nuair a thógann an FEAR OIBRE dhá mhuga amach. Stopann an ceol, agus suíonn an bheirt. Tosaíonn siad ag ithe ceapaire an duine.)

FEAR OIBRE *(ag amharc suas i dtreo an tSaoi)***:** An bhfuil seisean ina chodladh?

AN FEAR BOCHT: Ag machnamh atá sé.

FEAR OIBRE: Ar ghlac tú riamh comhairle ón fhear sin?

AN FEAR BOCHT: Chomhlairligh sé dom imeacht ar thóir an dea-shaoil... saol fiúntach.

FEAR OIBRE: An ghealt! *(ag breathnú suas ar an Saoi)*

(Ólann an bheirt acu braon tae.)

AN TSEANBHEAN *(ag rith isteach ar dheis)***:** Tá baol cogaidh ann! Cogadh leis an tír eile! Teachtairí ón chaisleán ag moladh do na fir óga a bheith réidh... na taoisigh ag teacht is ag imeacht... saighdiúirí i ngach áit... toscairí ag teacht anonn is anall ón tír eile. *(Ag rith amach di)* Deirtear nach mbeidh réiteach ar bith ar an scéal!

FEAR OIBRE: Rud éigin faoi chogadh! Bíonn an oiread sin bladair aici! *(Ag éirí ina sheasamh)* Bíodh ár dteach réidh againn sula smaoineoimid ar thír ar bith a chosaint! *(Gan cheol, cuireann siad díon ar an teach agus críochnaíonn siad an obair. **An-torann**[46] acu agus an-chuma oibre orthu)*

[46]*Very noisy*

FEAR OIBRE *(ag bogadh siar ón teach)***:** Anois, nach bhfuil sé deas? Nach bhfuil sé seasmhach, sóch? *(Leis an fhear bhocht)* Seo dhuit, a chara, bronntanas beag, caipín dearg, as ucht na hoibre go léir. Maith thú! Beidh fáilte romhat don dinnéar am ar bith. Agus, ná bíodh comharsa **in easnamh**[47] ort choíche!

[47]*Lacking*

AN FEAR BOCHT *(sceitimíní air)***:** Go raibh maith agat, a chara! *(Ag cur an chaipín air)*

FEAR OIBRE: Anois go bhfuil teach **deas teolaí**[48] agam, bó agus gort, níl de dhíth orm ach rud amháin eile.

[48]*Nice and cosy*

AN FEAR BOCHT: Asal?

FEAR OIBRE: Arú ní hea, ach bean!

AN FEAR BOCHT *(ag cur lámh thar a chluas)***:** Bíonn na mná crua sa taobh seo tíre.

FEAR OIBRE: Arú, ní bhíonn deacracht ar bith ann le mná; níl le déanamh agat ach iad **a mhealladh**[49] ar an dóigh cheart.

[49]*To attract*

AN FEAR BOCHT *(go soineanta)***:** Dá mbeadh *lollipop* agat.

FEAR OIBRE: *Lollipop*! Bhfuil tú as do mheabhar? *(Tógann sé amach feadóg stáin.)* Seo an gléas a mheallfaidh iad. (**Cromann sé ar phort a sheinm**[50]. *Moltar* 'Down by the Sally Gardens.')

[50]*He starts to play a tune*

Damhsaíonn na RINCEOIRÍ *isteach, duine i ndiaidh a chéile.*

Tógann an FEAR OIBRE *feadóg eile as a phóca agus tugann sé feadóg eile do Rinceoir 2, agus seinneann sise an port in éineacht le Rinceoir 1.*

Le linn dóibh a bheith cromtha ar an cheol, cuireann an FEAR OIBRE *a lámh faoi choim Rinceoir 3, agus beireann sé leis í isteach sa teach tríd an chúl-doras.)*

SCÉALAÍ 1: Agus mhair siad go sona i dteannta a chéile sa teach deas teolaí.

AN BÚISTÉIR *(ag rith isteach ar dheis)*: Tá sé beagnach meán lae! *(Stopann an ceol.)*

FEAR GLIC *(ag teacht isteach ar clé)*: Tá an ghrian go hard sa spéir!

FEAR AN GHARÁISTE *(ag teacht isteach ar dheis)*: Cá bhfuil an ceol? Cá bhfuil an damhsa. Tá sé ina mheán lae!

AN FEAR BOCHT: Cad chuige a mbeadh ceol agus damhsa ann?

AN BÚISTÉIR: D'fhéile an mheán lae, a leibide!

AN TSEANBHEAN *(ag teacht isteach ar clé)*: Nach iontach é? Tá sé ina mheán lae!

(Damhsaíonn an FÉILEACÁN isteach. Ceol cláirsí, éadrom agus bríomhar. Damhsaíonn sí mórthimpeall.)

Amharcaigí ar an fhéileacán ag damhsa don mheán lae!

AN FEAR BOCHT: Ó, tá sí go hálainn!

(Damhsaíonn an FÉILEACÁN amach arís.)

AN BÚISTÉIR *(Ag breathnú ar an spéir agus ag liú)*: ANOIS! Tá sí ag teacht! Tá sí ag teacht anuas! Cruinnígí mórthimpeall!

(Damhsaíonn an ghrian isteach ar dheis. Aisteoir i gculaith ghréine nó masc.)

GACH DUINE: An ghrian, an ghrian, an ghrian!

FEAR OIBRE *(ag teacht amach doras tosaigh an tí, lena bhean agus babaí aici)*: An ghrian! Fáilte roimh an ghrian!

AN BÚISTÉIR: Déanaimis Damhsa an Mheán Lae!

(Moltar ceol damhsa bríomhar. Gluaiseachtaí simplí chun tosaigh, ar gcúl anonn, anall agus i bhfoirm fáinne. Bíonn an damhsa ar siúl tamall sula nglacann an fear bocht páirt ann. Ach nuair a thosaíonn sé, damhsaíonn sé go hanamúil, ag baint spraoi as. Ag deireadh an damhsa damhsaíonn an slua amach. Leanann an fear bocht air go damhsa go dtí go mbraitheann sé go bhfuil sé ina aonar. Stopann sé. Ceol a bheadh oiriúnach don damhsa: 'Muirsín Durcan', 'Marie's Wedding' nó 'Fifty Years Ago'.)

AN SAOI: An fear a rugadh ar maidin! Bhí tusa ag damhsa fosta! Tá sé i ndiaidh meán lae! Cad é a rinne tú le do shaol? An bhfuil caisleán agus tailte agus carráiste agus bean uasal agat? An bhfuil maoin agus saibhreas agus barraíocht clainne agat?

AN FEAR BOCHT: Níl agus níl agus níl arís! Ghnóthaigh mé pingin iomlán ag obair don Bhúistéir agus cairdeas ag obair don Fhear Oibre... Thug bean óg mhaisiúil an teanga dom agus fuair mé cluaisín ó stóinse eile. Ní bhfuair mé aon bhlas ab fhiú den dea-shaol go dtí go raibh mé ag déanamh Dhamhsa an Mheán Lae.

AN SAOI: Ó, fir óga na laethanta seo! Leath de do shaol caite, agus gan dada le taispeáint dá bharr! Nach raibh rud ar bith fiúntach i do shaol? Nach ndearna tú **gaisce clúiteach**[51] ar bith?

[51]*Famous deed*

AN FEAR BOCHT: Muise, ní dhearna.

AN SAOI: Nár thit tú i ngrá le haon bhean álainn?

AN FEAR BOCHT: Níor thit mé i ngrá le bean ar bith – cé go raibh mé ag iarraidh beirt acu a phósadh.

AN SAOI: Nach bhfaca tú rud ar bith a chuir draíocht ort?

[52]*Very beautiful*

AN FEAR BOCHT: Chonaic, cinnte. Chonaic mé rud amháin **fíorálainn**[52] a chuir draíocht ar mo shúile, ar m'aigne, ar mo ghéaga – orm ar fad!

AN SAOI *(an-spéis aige ann)*: Cad é a rinne sin duit?

AN FEAR BOCHT: An féileacán.

AN SAOI: An féileacán! An damhsóir, an leisceoir óinsí! Níor chóir duit amharc uirthi ná bheith ag smaoineamh fúithi.

(*Ag luí síos arís*) Ó... níl leigheas ar do shórt!

(*Baineann* AN FEAR BOCHT *searradh as a ghuaillí agus bogann sé trasna an stáitse. Amharcann sé ar an ghrian, atá ag luascadh ar chúl an stáitse go fóill.*)

AN FEAR BOCHT (*ag luí ar an talamh*)**:** Ó, tá sé go deas anseo faoin ghrian. B'fhéidir gur anseo atá an dea-shaol. Mmmmm! (*É ag baint spraoi as teas na gréine.*)

FEAR GLIC (*laistiar*)**:** A shaighdiúirí chóra! (*Ag teacht isteacht ar clé*) **Fir chróga**[53] le haghaidh arm na tíre!

[53]*Brave men*

(*Tagann an* tSEANBHEAN *agus* PEADARÓ *isteach ar dheis le héisteacht leis.*)

Caithfear ár gcearta a chosaint i gcoinne na gcomharsan allta... ! (*Ag caitheamh súile thart*)

A stócaigh óga, a fheara cróga, nochtaigí bhur dtírghrá... ! Cad fútsa anois, a fhir bhoicht?

AN SAOI (*ag suí*)**:** Níl rud ar bith níos fearr ar an saol seo ná bheith ag troid ar son na tíre dúchais!

FEAR GLIC: Sin fear cliste ag caint!

AN FEAR BOCHT: Seo fear cliste ag éisteacht... Caithfidh mé smaoineamh faoi! (*É ina luí faoin ghrian go fóill*)

FEAR GLIC (*leis an Fhear Oibre atá tar éis teacht chuig doras an tí*)**:** Cad mar gheall ortsa, a Fhir Oibre?

FEAR OIBRE (*gan dúil aige*)**:** Tá bean agus clann agam!

(*Cloistear trumpa, agus ansin scaifte ag screadach laistair. Ansin screadann duine amháin: 'Tá sé ina chogadh'; guth eile: 'Cuirigí tús leis an troid!' agus guth eile arís: 'Tá an cogadh ann cheana féin!'*)

FEAR GLIC: Éistigí, éistigí leo! Tá tús leis an chogadh. Tá ár dtír bhocht i mbaol!

FEAR OIBRE (*ag teacht amach*)**:** Tiocfaidh mé mar sin. (*Cloistear cloig eaglaise.*)

FEAR GLIC: Tá siad ag guí roimh an chogadh.

AN FEAR BOCHT: Má bhíonn lucht na tíre eile ag guí fosta, beidh sé **deacair ar Dhia**[54].

[54]*Difficult for God*

(*Ag suí*) An bhfuil an Dia céanna acu?

AN SAOI (*go fíochmhar*)**:** Níl ach Dia amháin ann!!!

FEAR GLIC: Is mór an trua nach dtig leatsa teacht linn, a Pheadaró, ach tá ort fanacht le do ghrá geal, nach bhfuil?... Amharc! Thuas!

(*Déanann sé comhartha i dtreo na spéire. Amharcann* PEADARÓ *suas, agus sciobann an* FEAR GLIC *an bláth atá i lámh Pheadaró. Siúlann* RINCEOIR 1 *isteach ar dheis.*) Ó, a bhean óg spéiriúil, tá an cogadh ann, agus beidh muidne, na saighdiúirí cróga, ag imeacht. Seo féirín beag duitse amháin!

(*Ag bronnadh an bhlátha uirthi. Téann siad amach ar clé agus greim láimhe acu ar a chéile. Leanann an* FEAR OIBRE *iad.*)

AN tSEANBHEAN: Ná bac leis, a Pheadaró! Bíonn scilling ag an fhear chéanna as gach saighdiúir a fhaigheann sé don arm. (*Cloistear na cloig ag bualadh. Ritheann AN BÚISTÉIR isteach ar dheis.*)

AN BÚISTÉIR: Tá sé ina chogadh! (*Ag deifriú amach ar clé.*)

AN tSEANBHEAN (*Na cloig arís. Téann sí ar a glúine*)**:** Tá siad ag guí. (*Ciúnas. Cromann AN SAOI a cheann. Éisteann an Fear Bocht agus Peadaró leis an chiúnas.*)

55 Behind
56 War dance
57 Not an ordinary march
58 Awful
59 Wings
60 More explosions
61 Massacre

AN FEAR BOCHT *(i gcogar)***:** Tá siad ag troid, ach ní fios do dhuine ar bith cad chuige a bhfuil siad ag troid. Fanaimis anseo, a Pheadaró! Beidh cogadh eile ann – lá eile.

(Cloistear torann an cheoil laistiar[55] *ag teacht chucu.)*

AN tSEANBHEAN *(ag éirí)***:** Tá siad ag teacht! Tá an t-arm ar a bhealach!

Éiríonn gach duine. Tagann an ceol níos gaire. Moltar go mór 'Máirseáil Bhriain Bhóraimhe Mhóir' – béim ar bhualadh na mbodhrán nó na ndrumaí mar is saghas damhsa troda[56]*, bunúsach, Afracach atá i gceist, agus ní gháth-mháirseáil*[57]*.*

An Búistéir ina ghinearál. Na fir eile go léir san arm. Bratacha agus airm acu go léir. Damhsaíonn siad isteach ar clé, agus timpeall i bhfoirm chiorcail, ag bualadh na mbodhrán go fóill, ag déanamh ceoil agus ag damhsa. Stopann siad go tobann.
(Seasann AN SAOI ar an chnoc. Liú ón scaifte.)

AN SAOI: Tá sé ina chogadh! *(Torann agus screadach ón slua)* Seo troid ar son na tíre!
(Torann agus béicíl) … i gcoinne naimhde salacha agus allta.
(Tuilleadh screadaí) (Go fíochmhar) Agus níl eagla orainn!

GACH SAIGHDIÚIR: Níl!

AN SAOI: Bheith ag troid ar son do thíre: sin an dea-shaol!

(Torann millteanach[58] *agus screadach. Ceol arís agus iad ag damhsa ar dheis chun an chatha.*
Damhsaíonn PEADARÓ ina dhiaidh faoi mar a bheadh sé ag dul ag troid, ach stopann sé ag na sciatháin[59]*, agus ní fhágann sé an stáitse.)*

AN tSEANBHEAN: Nach iontach iad na saighdiúirí s'againne!… agus nach diabhail mhallaithe iad an dream ón tír eile!

RINCEOIR 3 *(ag teacht amach lena leanbh)***:** Nár mhaith leatsa a bheith i do shaighdiúir ar nós do dhaidí nuair a bheidh tú mór?… Nár mhaith, a bhabaí mo chroí?

(Pléascanna, clampar agus béicíl)

AN SAOI *(á chaitheamh féin ar a aghaidh)***:** Tá siad ag troid! *(Tuilleadh pléascanna*[60]*, teitheann na mná.)*

AN tSEANBHEAN *(ag dul amach ar clé)***:** Sábháil sinn ón olc!

(Leanann na pléascanna, an rí-rá agus an screadadh ar aghaidh.)

AN FEAR BOCHT: Tá deireadh leis an cheol.

AN SAOI *(ag ardú a chinn)***:** Tá deargár*[61] *ar siúl!

(Tuilleadh clampair agus pléascanna)

AN FEAR BOCHT: Cad é atá ar siúl anois?

AN SAOI *(imní ina ghuth)***:** Tá siad ag marú a chéile.

AN FEAR BOCHT: Cinnte. Tá sé ina chogadh…! Agus anois?

AN SAOI *(ag éirí le radharc níos fearr a bheith aige)***:** Tá… tá… ní thig liom ach arm na Tíre Eile a fheiceáil. Tá siad… tá siad go léir marbh!

AN FEAR BOCHT: Iad go léir marbh! Tá an bua ag an tír seo mar sin… *(Ciúnas)* Nach bhfuil? … *(Ciúnas)* An bhfuil?

AN SAOI: An t-arm s'againne, feicim anois iad! Tá siad… tá siadsan…

AN FEAR BOCHT: Sea, abair é!

AN SAOI: Tá siadsan go léir marbh fosta.

AN FEAR BOCHT: Is aisteach an cogadh é seo!

AN SAOI: Óóóó! *(Ag iompú a dhroma leis an choimhlint)* Chuirfeadh páirc an áir an Mhuir Dhearg i gcuimhne duit. *(Uafás air. Tiontaíonn sé timpeall arís agus amharcann sé go faiteach amach ar pháirc an áir.)* Tá na taoisigh ann anois…

AN FEAR BOCHT: An bhfuil siad ag troid?

AN SAOI: Ní go fóill.

AN FEAR BOCHT: Beidh muid gan taoisigh go luath.

AN SAOI: Tá siad ag druidim i dtreo a chéile... airm ag gach duine acu. *(Ciúnas)*

AN FEAR BOCHT: Agus anois? An bhfuil siad ag troid? An bhfuil?

(Tá an saoi ag stánadh amach, ach ní fhreagraíonn sé.)

Cad é atá ar siúl? An bhfuil siad ag troid?

AN SAOI: Tá siad ag croitheadh lámh. Tá an cogadh thart.

AN FEAR BOCHT: An bhfuil siad ag ól dí i dteannta a chéile?

AN SAOI *(sórt déistine air)*: A... a... deoch bheag. *(Suíonn sé.)*

AN FEAR BOCHT: Tá ciall ag na taoisigh sin sa deireadh. *(Ag suí síos agus ag caint leis féin)*
Is drochlá é seo. Scrios déanta ar Fhir na Tíre seo, is ar Fhir na Tíre eile...! Agus tá mo chara, an Fear Oibre, marbh.

(Téann PEADARÓ *amach go ciúin ar clé.)* Cén mhaith a bheith ag cuardach dea-shaoil a thuilleadh?... Níl meas ar bith agam anois ar fhocail an tSaoi. Ní sna néalta ach ar na réaltaí atá sé... Seo anois mé gan chara, gan dóchas.

(Tagann PEADARÓ *isteach agus úll aige don Fhear Bocht.)*

A Pheadaró...! Bronntanas!

(Glacann sé an t-úll.)

Tá sin galánta ar fad! Fuair tú é sin ar an chrann thíos an bóthar. Sin an áit ina mbíonn an féileacán ag damhsa, tá's agat. *(Ag amharc ar an úll arís)* Tá sé seo go breá. Suigh síos, a Pheadaró, agus inseoidh mé duit faoin chruachás ina bhfuil mé.

(Suíonn PEADARÓ, *agus tógann sé fidil ina lámh. Caitheann* AN FEAR BOCHT *súil i dtreo an tSaoi.)* Níl sé féin ag éisteacht? Níl! A Pheadaró, an bhfuil a fhios agat go bhfuil mise i ngrá?

SCÉALAÍ 1: Agus bhí an oiread sin áthais ar Pheadaró, gur sheinn sé port beag ar an fhidil.

(Éiríonn PEADARÓ *ina sheasamh agus seinneann sé cúpla barra bríomhar ar an fhidil.)*

SCÉALAÍ 2: Ach ar chlos na nithe sin dó, thiontaigh an saoi timpeall agus chuir sé cluas mhór air le héisteacht.

AN FEAR BOCHT: Sea, tá mé i ngrá, agus is cuma liom anois dea-shaol nó drochshaol, soineann nó doineann, mar feictear dom gurb é an grá an t-aon ní fiúntach sa saol.

SCÉALAÍ 1: Is beag nár thit an Saoi den chnoc ar chlos na n-abairtí sin dó.

SCÉALAÍ 2: Cé go raibh breis agus naoi mbliana déag is ceithre scór slánaithe aige, bhí suim thar fóir aige i gcúrsaí grá.

AN FEAR BOCHT: Ach is olc an grá é seo, a Pheadaró. Níl dul as, mar ní féidir é a shéanadh... ach ag an am céanna, níl réiteach le fáil air. An dtuigeann tú, a Pheadaró, tá mé i ngrá leis an fhéileacán.

SCÉALAÍ 1: Lig an Saoi scread as:

AN SAOI: Áááááááááááá! Ní féidir sin! Fear agus féileacán! Ní thig le duine a bheith i ngrá le – le féileacán. Tá sé i gcoinne an nádúir. Titfidh an tír as a chéile. Beidh deireadh leis an chine daonna!

SCÉALAÍ 2: Agus leis sin, thit an Saoi fuar marbh ag bun an chnoic.

(Titeann AN SAOI *anuas ar an talamh ag bun an chnoic.*

Ritheann AN FEAR BOCHT *trasna chuige. Cromann sé síos in aice leis.*

Éiríonn PEADARÓ *ina sheasamh.)*

AN FEAR BOCHT: Tá sé marbh – an fear bocht! *(Ag iompú[62] ar ais ón Saoi)* Is iad **na mairbh[63]** amháin atá bocht go fírinneach ar an saol seo. *(Amharcann sé ar ais ar an saoi marbh,*

[62] *Turning*
[63] *The dead*

agus suíonn sé síos arís.) Abair liom, a Pheadaró, an bhfuil grá **níos measa**[64] ná sin ar fáil, fear i ngrá le féileacán?

(As seo amach déanann Peadaró mím lena chuid freagraí a léiriú nó a chur i dtuiscint.)

(Deir PEADARÓ 'sea' lena cheann.)

AN FEAR BOCHT: Tá, a deir tú!

(Cuireann PEADARÓ lámh ar a chroí féin le cur in iúl go bhfuil sé féin i ngrá.)

AN FEAR BOCHT: Tá tú féin i ngrá! Tusa!! Ach níl tú i ngrá le féileacán, bhfuil?

(Croitheann PEADARÓ a cheann le 'Níl' a rá. Is léir óna aghaidh go bhfuil deacrachtaí aige.)

AN FEAR BOCHT: Ná habair go bhfuil do chás-sa níos measa ná mo chás féin?

(Déanann PEADARÓ comhartha go láidir go bhfuil.)

Tá cinnte, a deir tú! Nach aisteach sin! Cé hí do ghrá gheal, a Pheadaró?

(Déanann PEADARÓ geáitsí le taispeáint go bhfuil sé i ngrá leis an ghealach. Cuireann sé lámh ar a ucht, agus amharcann sé suas i dtreo na gealaí.)

AN FEAR BOCHT: A Pheadaró… ! A Pheadaró… ! Tá tú i ngrá leis an ghealach… ! Ó, a Pheadaró bhoicht! Nach bhfuil sé sin go holc ar fad?

(Croitheann PEADARÓ a cheann le cur in iúl dó nach bhfuil an ráiteas sin fíor.)

AN FEAR BOCHT: Ó! *(iontas an domhain air)* Tá tú sásta le do ghrá geal, an ghealach… ! Nach breá duit, mar sin, a Pheadaró?

AN SAOI *(ag aiséirí)*: Ó, tá deireadh an domhain ag teacht! Fear amháin i ngrá leis an ghealach! Agus fear eile i ngrá le féileacán! Níl i ndán dúinn ach an dorchadas agus an anachain!

AN FEAR BOCHT: Hé tusa, luigh síos!

*(Luíonn AN SAOI síos ach déanann sé **iarracht**[65] eile éirí.)*

Tá tú marbh! Luigh síos!

(Luíonn AN SAOI síos faoi mar a bheadh sé marbh.)

Caithfidh muid é a chur láithreach nó ní thabharfaidh sé suaimhneas ar bith dúinn.

(Déanann AN FEAR BOCHT agus PEADARÓ é a adhlacadh faoin chnoc.)

Go ndeana Dia trócaire ar a anam. Sílim féin go raibh sé i ngrá leis an chnoc. *(Filleann an bheirt acu go lár stáitse.*

Amharcann AN FEAR BOCHT suas ar an spéir.)

An bhfuil a fhios agat, a Pheadaró… nuair a amharcann tú uirthi, tá an ghealach go hálainn. *(Léiríonn PEADARÓ go gcuireann na focail seo **lúcháir**[66] air, ag léim san aer, agus ag seinm nóta fada ar an fhidil.)*

AN FEAR BOCHT: Is dócha go mbíonn tú amuigh ag siúl léi gach oíche?

(Deir PEADARÓ 'sea' go haerach lena cheann.)

AN FEAR BOCHT: Níl an t-ádh céanna ormsa. Ní maith leis na féileacáin na daoine, tá's agat. Ní thiocfaidh sí féin in aice liomsa… agus níl **réiteach**[67] ar bith le fáil ar an scéal sin agam.

(Séanann sé an ráiteas seo lena cheann.)

AN FEAR BOCHT: Níl sé sin fíor… ! Tá slí amach, deir tú. Ach cad é sin?

(Cuireann PEADARÓ cruth crainn air.)

AN FEAR BOCHT: Mise a bheith i mo chrann!

*(Cuireann PEADARÓ cruth crainn úll air, **ag déanamh úll dá dhoirne**[68].)*

AN FEAR BOCHT: Mise a bheith i mo chrann úll... ? Crann úll a dhéanamh díom féin... !
Á, ní hea, ní smaoineoinn ar a leithéid.
(Déanann PEADARÓ aithris ar chrann úll arís agus arís eile.)

AN FEAR BOCHT: Crann úll... do bharúil?
(Deir PEADARÓ 'sea' arís agus arís lena cheann.)

AN FEAR BOCHT: Ach ní bheinn in ann siúl... agus bheadh úlla agus duilleoga ag fás ar mo
ghéaga... agus caonach ar mo chosa... !
*(Déanann PEADARÓ geáitsí le cur in iúl don Fhear Bocht go dtitfidh an FÉILEACÁN i ngrá
le crann úll.)*

AN FEAR BOCHT: Deir tú go dtitfidh sí féin i ngrá le crann úll... ! Cinnte?
*(Deir PEADARÓ 'sea' an-dearfa lena cheann, agus tugann sé cuireadh arís don Fhear
Bocht le crann úll a dhéanamh de féin.)*

AN FEAR BOCHT: Ó, tá go maith, mar sin. Bainfidh mé triall as... Bím i mo chrann úll!
*(Tosaíonn AN FEAR BOCHT ag déanamh crainn úll de féin, ag leathnú amach a ghéaga,
ag sá a chos go buan sa chré, ag coinneáil a chinn go hard san aer.)*
*(Ansin, seinneann PEADARÓ dreas ceoil, agus damhsaíonn sé le linn dó a bheith ag
seinm. Go tobann, stopann sé, amharcann sé ar clé agus cuireann sé i dtuiscint go
bhfuil an Féileacán ag teacht.)*

AN FEAR BOCHT: Tá sí ar a bealach! Tá an féileacán ag teacht?
(Deir PEADARÓ 'sea' go láidir lena cheann, agus le cúpla nóta ceoil.)

AN FEAR BOCHT: An bhfuil mé i mo chrann úll deas, a Pheadaró?
(Deir PEADARÓ 'sea' arís lena cheann, agus le nóta fada ar an fhidil.)

AN FEAR BOCHT: Tá... ! Ó, go raibh maith agat, a Pheadaró!
(Damhsaíonn an FÉILEACÁN isteach ar clé.
Stoitheann PEADARÓ téada na fidle le ceol éadrom rithimeach a dhéanamh di.
Stadann an féileacán go tobann nuair a thugann sí an crann úll faoi deara.)

FÉILEACÁN: Ó, a chrainn úll, nach tú atá go hálainn! Nach láidir atá tú, nach deas caol ard
atá tú fosta! Agus amharc ar na húlla deasa dearga!... Ní fhaca mé **de mhacasamhail**[69]
sna tíortha i gcéin.

[69]*The likes*

CRANN ÚLL: Tá tú féin gleoite, a fhéileacáin – agus tá mé báite i ngrá leat.

FÉILEACÁN *(iontas uirthi)***:** Crann úll ag caint!

CRANN ÚLL: Bhínnse i m'fhear bocht uair amháin, agus rinne mé crann úll díom féin, mar bhí
mé i ngrá leatsa... Anois, tá bronntanas agam duit.
(Síneann sé amach géag, agus bronnann sé úll dearg uirthi.)

FÉILEACÁN: Úll! Níl grá ar bith níos fearr ann ná seo. Ach níl bronntanas ar bith agam duitse
ach amháin an gáire i mo shúile.

CRANN ÚLL: Is leor é sin domsa, mar sílim go bhfuil tusa mar a bheadh seoid bheo ann!

FÉILEACÁN: Ní thugann na féileacáin póga, tá's agat.

CRANN ÚLL: Mór an trua!

FÉILEACÁN: Ach tig liom teacht in aice leat... mar seo.
*(Cuireann sí a leiceann i gcoinne **a leicinn**[70].)*

[70]*His cheek*

CRANN ÚLL: Ó, tá sin go deas. Déanaimis arís é!

FÉILEACÁN: Agus anois, téimis ag damhsa!

CRANN ÚLL: Ag damhsa! Ní thig leis an chrann úll bheith ag
damhsa! Tá muid ceangailte leis an talamh.

FÉILEACÁN: Is crann úll faoi leith tusa. Éireoidh tú, is rachaidh muid le chéile ag damhsa 's ag
baint suilt as an saol ar fud na cruinne...agus is againne a bheidh an dea-shaol.

CRANN ÚLL: An dea-shaol! Againne! Do bharúil?

FÉILEACÁN: Cinnte, cinnte! Ardaigh do fhréamhacha! Tarraing ón talamh iad! Go maith! Anois an chos eile. Tarraing sea, tarraing ar na fréamhacha! Aililiú! Tá tú saor! Déanaimis damhsa! Is bímis sona! *(Ceol bríomhar)*

SCÉALAÍ 1: Is rinne siad damhsa go haerach, is go sona, is go fras i dteannta a chéile.

SCÉALAÍ 2: Thar chnoic agus thar choillte, thar pháirceanna agus thar bhánta, ar bhruacha sruthán agus aibhneacha, ar na tránna, cois farraigí móra leathana… thar chríocha agus thar thíortha, mórthimpeall an domhain. *(Déanann siad an damhsa mór. Bíonn an crann úll trom ar na cosa ar dtús, ach go luath tagann éadroime ina chuid gluaiseachtaí. Moltar ceol anamúil, leithéidí 'Hartigan's Fancy'. Damhsaíonn siad agus greim láimhe acu ar a chéile. Nuair a stadann an ceol, íslítear na soilse, agus feictear an bheirt mar phictiúr beo nó tabló i lár stáitse, agus iad reoite ansin. Tagann SCÉALAÍ 1 chun tosaigh agus deir sé, mar fhocal scoir)*

SCÉALAÍ 2: Is má fheiceann sibh, is sibh ag taisteal, féileacán is crann úll, beidh a fhios agaibh, cé go bhfuil na céadta marbh sna cogaí, agus sna hachrainn dhíomhaoine, agus cé go bhfuil na mílte duine i ngátar is in ainnise go fóill, go bhfuil, ar a laghad, féileacán amháin, is crann úll amháin, amuigh faoin ghrian, go sona is go sásta i dteannta a chéile, agus bímis buíoch go bhfuil acu siúd ar a laghad blas an dea-shaoil.

Scríobh achoimre ghearr ar an dráma i do chuid focal féin.

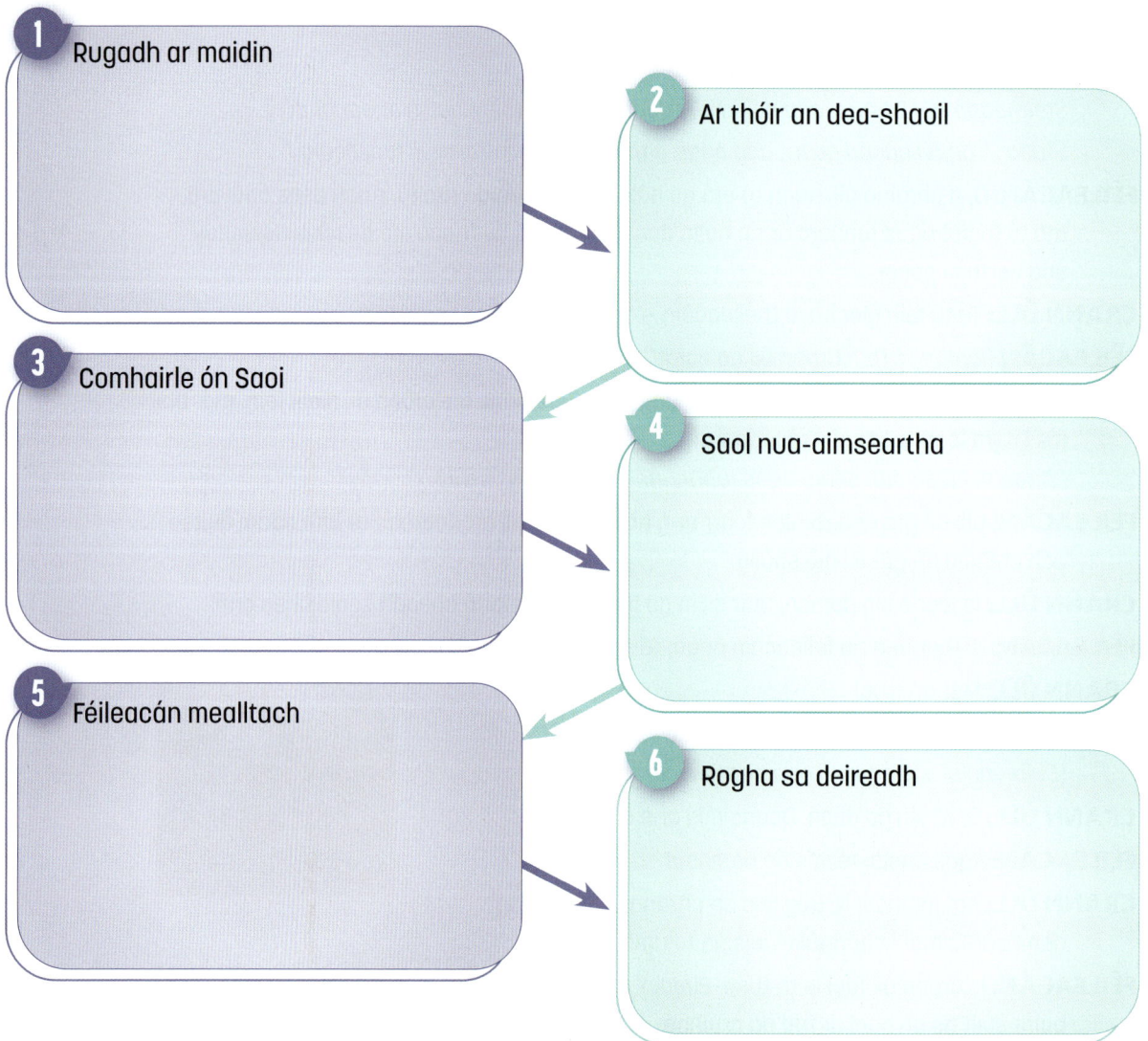

1 Rugadh ar maidin

2 Ar thóir an dea-shaoil

3 Comhairle ón Saoi

4 Saol nua-aimseartha

5 Féileacán mealltach

6 Rogha sa deireadh

ACHOIMRE

1. Tús an Dráma

Thosaigh an dráma sa dorchadas[71] agus d'éirigh na soilse go mall. D'inis beirt scéalaithe scéal dúinn faoin éirí gréine fadó. Dúirt duine acu gur thit rud ón spéir: sin é An Fear Bocht. Bhí atmaisféar draíochtúil[72] ann agus tharraing na scéalaithe[73] aird an luchta féachana[74].

2. An Fear Bocht

Tháinig An Fear Bocht anuas ón spéir[75]. Níor thuig sé an domhan seo agus bhí sé soineanta. Dúirt sé, 'Cá bhfuil mé anois?' Bhuail sé leis An Saoi, fear críonna a bhí ag smaoineamh ar bhrí an tsaoil. Mhol An Saoi dó rud fiúntach[76] a dhéanamh agus dul ar thóir an dea-shaoil. Thaispeáin sé mearbhall agus fiosracht[77] agus é ag iarraidh a thuiscint cá raibh sé.

3. Ag Lorg Brí

Chuaigh An Fear Bocht ar a thuras. Bhuail sé le daoine éagsúla ar nós búistéara, rinceora, seanmhná agus an Fhir Ghlic. Ghlac sé le comhairle[78] uathu agus rinne sé iarracht rudaí a fháil mar phost, carr agus líreacán, ach theip air i gcónaí. Thug gach duine ar bhuail sé leis/léi comhairle dó faoi conas an dea-shaol a bhaint amach.

4. Soineantacht agus Greann

Bhí sé ag iarraidh brí an tsaoil a thuiscint ach níor thuig sé rialacha an domhain[79] nua-aimseartha. Bhí greann sa dráma, ach léirigh sé freisin cé chomh deacair is atá sé don duine simplí áit a fháil sa saol. Bhí sé greannmhar uaireanta, ach léirigh sé chomh neamhullmhaithe[80] is a bhí sé don saol seo.

5. Teachtaireacht an Dráma

Léirigh An Saoi go raibh an saol cosúil le 'lá mór amháin' agus gur chóir dúinn[81] rud fiúntach a dhéanamh lenár saol. Bhí An Fear Bocht cosúil le féileacán: saor, caillte agus ag cuardach brí. Chuala sé ceol traidisiúnta agus lean sé air lena thuras. Mhúin an dráma go bhfuil an fíorshonas[82] le fáil i ngníomhartha simplí agus croíthe ionraice[83].

[71]In the darkness

[72]Magical atmosphere
[73]Storytellers
[74]Audience
[75]From the sky

[76]Worthwhile thing
[77]He showed confusion and curiosity

[78]Advice

[79]World rules

[80]Unprepared

[81]We should
[82]True happiness
[83]Simple deeds and truthful hearts

CLEACHTAÍ

1. Léigh na habairtí agus líon na bearnaí leis na focail thíos.

   Focail le cur isteach: dea-shaoil, féileacán, pingin, carr, daoine, Búistéir, Saoi, comhairle, bhfírinne, obair

   Bhí An Fear Bocht ag lorg an _____ ar fud an domhain.

   Dúirt An _____ leis machnamh a dhéanamh agus fanacht ciúin.

   Thug an _____ post crua don Fhear Bocht ina theach.

   An t-aon airgead a bhí ag An bhFear Bocht ná _____ amháin.

   Bhí sé ag iarraidh _____ a cheannach sa gharáiste ach ní raibh airgead aige.

   Bhuail sé le _____ éagsúla agus fuair sé comhairle uathu.

   Dúirt An Saoi leis gan dul ar thóir an _____ mar nach raibh sé fiúntach.

   D'iarr An Fear Bocht _____ ar an Saoi mar ní raibh a fhios aige cad ba cheart dó a dhéanamh.

   Dúirt An Saoi go dtiocfadh sé ar an _____ trína bheith ciúin agus ag smaoineamh.

   Fuair An Fear Bocht sonas trí _____ a dhéanamh i bpáirt leis an Fear Oibre.

2. Meaitseáil na habairtí Gaeilge agus Béarla.

Abairt Ghaeilge	Abairt Bhéarla
A. Bhuail sé leis An Saoi ar an mbóthar.	1. The Saoi said that the butterfly wasn't important.
B. Dúirt An Saoi leis fanacht ciúin agus smaoineamh.	2. He turned himself into an apple tree.
C. Fuair sé bronntanas ó Pheadaró.	3. He ran after the butterfly.
D. Ní raibh airgead ag An bhFear Bocht.	4. He learned the truth about life in the end.
E. Thug an Búistéir obair chrua dó.	5. He met the Saoi on the road.
F. Bhí sé ag iarraidh líreacán a cheannach.	6. He got a present from Peadaró.
G. Chuaigh sé ar thóir an fhéileacáin.	7. The Saoi told him to stay quiet and to think.
H. Dúirt An Saoi nach raibh an féileacán tábhachtach.	8. The Búistéir gave him hard work.
I. Chuir sé cruth crann úll air féin.	9. The Fear Bocht didn't have any money.
J. Tháinig sé ar fhírinne an tsaoil sa deireadh.	10. He wanted to buy a lollipop.

   Freagraí

A	B	C	D	E	F	G	H	I	J
5									

3. Scríobh na huimhreacha 1–6 chun na habairtí a chur in ord mar a tharla sa scéal.

   Chuaigh An Fear Bocht ar thóir an fhéileacáin. ☐

   Rinne sé obair chrua i dteach an bhuistéara. ☐

   Bhuail sé leis An Saoi a thug comhairle dó fanacht ciúin. ☐ 1

   Bhí sé traochta tar éis na hoibre agus bhraith sé brónach. ☐

   Chuir sé cruth crann úll air féin agus smaoinigh sé go domhain. ☐

   Thuig sé gur i ngníomhartha simplí agus i gcroíthe ionraice a bhí an sonas le haimsiú. ☐

Ceisteanna Ilrogha

Cuir tic leis an mbosca ceart.

1. Cad a bhí á lorg ag An bhFear Bocht?

   (a) Post sa chathair ☐   **(b)** An dea-shaol ☐   **(c)** An féileacán ☐

2. Cé leis ar bhuail sé ar an ród?

   (a) Leis an mBúistéir ☐   **(b)** Leis an Saoi ☐   **(c)** Leis an gcailín álainn ☐

3. Cén obair a rinne sé i dteach an Bhúistéara?

   (a) D'iarr sé airgead ☐   **(b)** Bhris sé fuinneog ☐   **(c)** Rinne sé obair chrua ☐

4. Cad a fuair sé ón mBúistéir tar éis na hoibre?

   (a) Pingin ☐   **(b)** Úll ☐   **(c)** Cóta ☐

5. Cad a d'fhoghlaim sé faoi dheireadh?

   (a) Bhí ábharachas go maith ☐

   (b) Bhí an fhírinne le haimsiú sa chiúnas agus i ngníomhartha simplí ☐

   (c) Bhí sé níos fearr as i gcathair mhór ☐

Frásaí Cabhracha

Léigh na frásaí thíos. Bain úsáid astu chun 4–5 abairt shimplí a scríobh faoin dráma *An Féileacán agus an Crann Úll*.

Ba scéal faoi _____ é.   Rinne sé _____ sa siopa.

Bhí An Fear Bocht _____.   Fuair sé _____.

Bhí sé ag lorg _____.   Smaoinigh sé ar _____.

Bhuail sé le _____.   Thuig sé _____.

Thug an Saoi _____ dó.   Ag an deireadh, _____.

Spás le haghaidh scríbhneoireachta

_____

_____

_____

_____

_____

_____

_____

_____

_____

_____

_____

_____

CEISTEANNA BUNÚSACHA

1. Cé hé An Fear Bocht?

2. Cén chomhairle a thug An Saoi don Fhear Bocht?

3. Cén fáth an raibh An Fear Bocht ag iarraidh líreacán a cheannach ón bhFear Glic?

4. Cén tábhacht atá le cruth an chrainn úll sa deireadh?

5. Cad a d'iarr An Fear Bocht ar Fhear an Gharráiste?

NA PRÍOMHCHARACHTAIR

An Fear Bocht

Ba é An Fear Bocht príomhcharachtar an dráma. Bhí sé soineanta agus neamhurchóideach, agus ní raibh mórán eolais aige faoin saol mór. Bhí sé ag iarraidh teacht ar an bhfírinne nó ar rud éigin fíor a d'fhéadfadh sonas a thabhairt dó. Bhuail sé le go leor daoine, ach bhí sé caillte agus míshásta fós. Sa deireadh, d'iompaigh sé ina chrann úll, siombail go raibh sé ag fás agus ag foghlaim.

An Saoi

B'fhear é An Saoi a raibh go leor smaointe agus comhairle aige. Mhol sé don Fhear Bocht fanacht ciúin agus machnamh a dhéanamh, ach níor lean An Fear Bocht an chomhairle sin. Cé go raibh An Saoi ag iarraidh treoir a thabhairt, ní raibh a chuid moltaí i gcónaí úsáideach ná oiriúnach don fhíorshaol. Léirigh sé gur minic nach leor eagna amháin le daoine a chur ar a mbealach ceart.

An Fear Glic

Ba dhuine cliste ach mealltach é an Fear Glic. Dhíol sé líreacán leis An bhFear Bocht ach thóg sé ar ais é. Bhain sé úsáid as neamhurchóideacht An Fhir Bhoicht ar mhaithe leis féin. Bhí sé greannmhar ach dainséarach, siombail den ábharachas agus den chruálacht. Chuir sé béim ar chúrsaí seachtracha seachas ar fhíorbhrí an tsaoil.

An tSeanbhean

Ba charachtar níos sine agus traidisiúnta í An tSeanbhean. Thug sí comhairle don Fhear Bocht bunaithe ar a taithí féin. Mhol sí grá agus pósadh dó, cé nach raibh sé sin oiriúnach dó. Bhí sí cosúil leis an tseanbhean i scéal béaloidis, lán le tuairimí faoin tsochaí. Sheas sí do na sean-nósanna, ach ní raibh sí i gcónaí ceart.

Peadaró

Ba dhuine ciúin agus mistéireach é Peadaró. Níor labhair sé ach rinne sé cumarsáid tríd an mím. Bhí sé gar don dúlra agus thuig sé an saol ar bhealach síochánta. Thaispeáin sé nach raibh gá le focail chun grá nó tuiscint a chur in iúl. Spreag sé An Fear Bocht chun glacadh leis an domhain nádúrtha agus crann úll a dhéanamh de féin.

CEISTEANNA BUNÚSACHA

1. Cé hé príomhcharachtar an dráma? (*An Fear Bocht*)

2. Cad a rinne An Saoi nuair a bhuail sé leis An bhFear Bocht? (*An Saoi*)

3. Conas a mheall an Fear Glic An Fear Bocht? (*An Fear Glic*)

4. Cén chomhairle a thug An tSeanbhean don Fhear Bocht agus ar oir sí dó? (*An tSeanbhean*)

5. Cad a d'fhoghlaim An Fear Bocht ó Pheadaró ag deireadh an dráma? (*Peadaró*)

nod don scrúdú
Bíodh na carachtair ar eolas go maith agat.

Scríobh tréithe na gcarachtar sna boscaí.

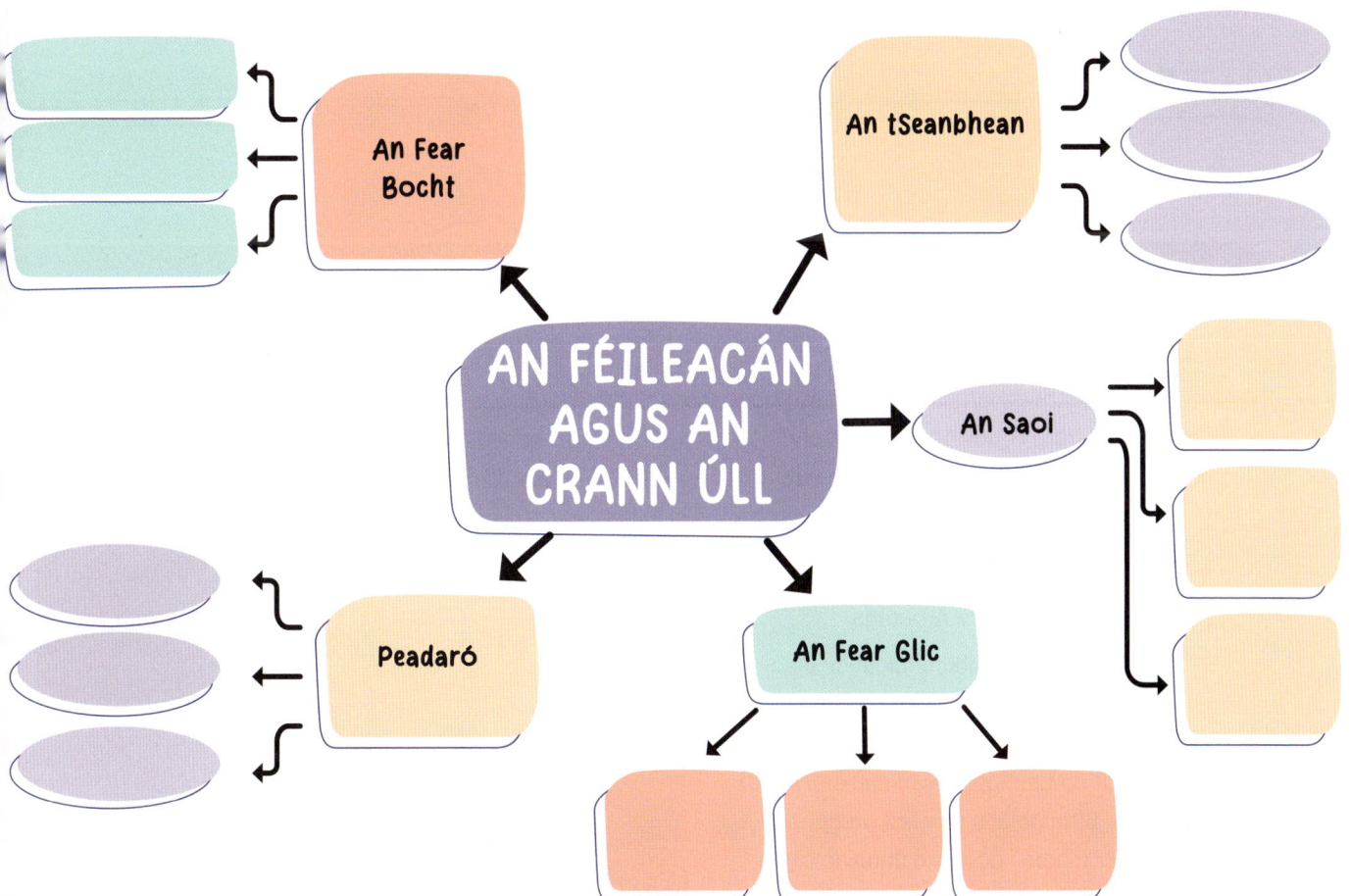

An Fear Bocht

An tSeanbhean

AN FÉILEACÁN AGUS AN CRANN ÚLL

An Saoi

Peadaró

An Fear Glic

Scríobh dhá líne ar gach carachtar sna boscaí thíos.

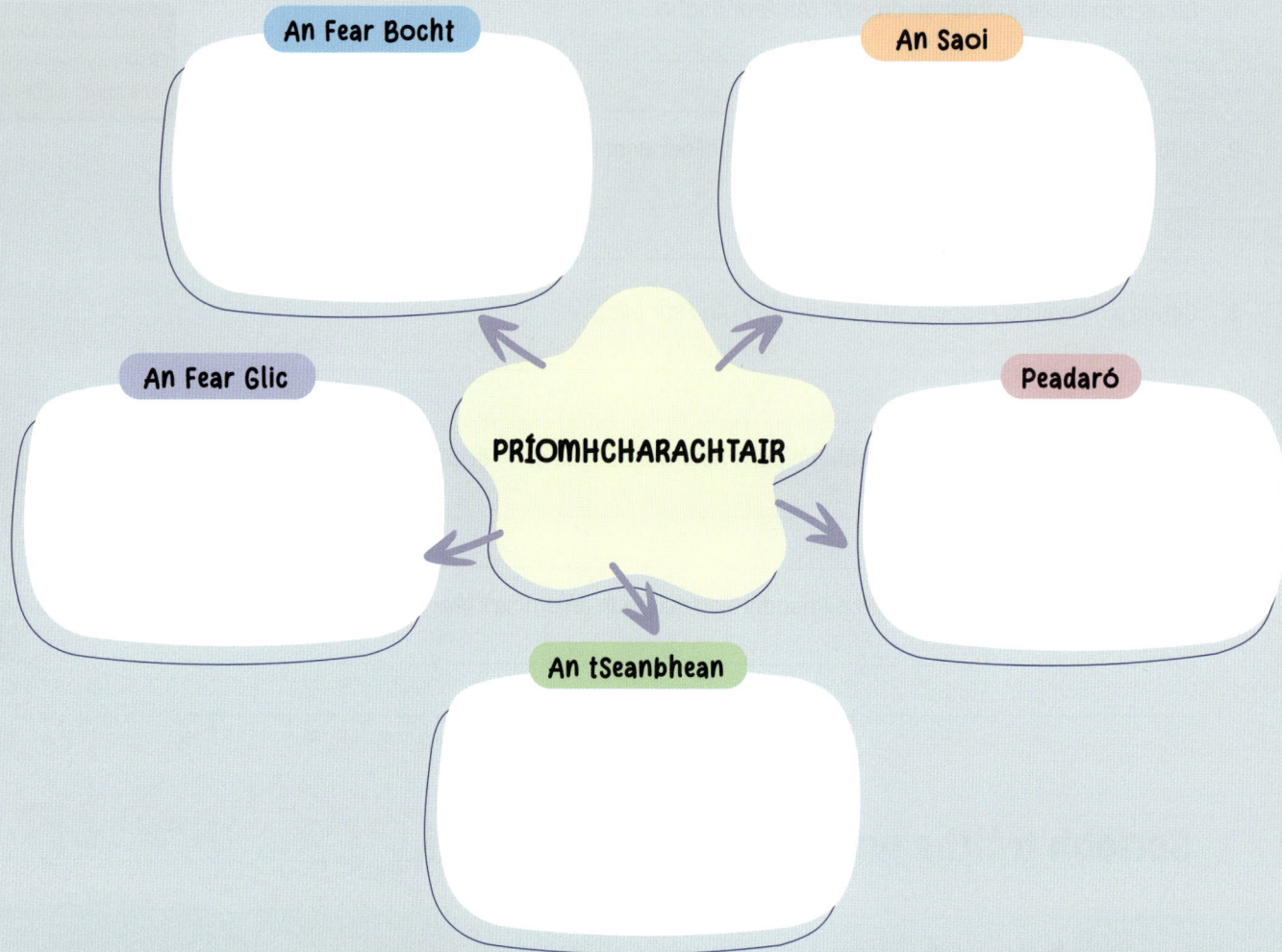

An Fear Bocht

An Saoi

An Fear Glic

PRÍOMHCHARACHTAIR

Peadaró

An tSeanbhean

PRÍOMHTHÉAMAÍ AN DRÁMA

1. Tóir ar an Dea-Shaol

Bhí An Fear Bocht ag lorg an dea-shaoil. Cheap sé go dtabharfadh airgead agus rath sonas dó. Rinne sé obair chrua agus bhí daoine eile ag magadh faoi. Bhí sé faoi thionchar na sochaí agus daoine leithleacha. Sa deireadh, d'iompaigh sé ina chrann úll, siombail den tsíocháin agus den fhíorthuiscint.

2. Neamhurchóid agus Aineolas

Bhí An Fear Bocht neamhurchóideach agus gan mórán eolais. Bhraith sé ar dhaoine eile chun cabhrú leis, ach mheall siad é. Níor thuig sé gur theastaigh níos mó ná croí maith i saol crua. D'fhoghlaim sé nach dtagann freagraí ciallmhara i gcónaí ó dhaoine cliste.

CEISTEANNA BUNÚSACHA

1. Cad a bhí á lorg ag an bhFear Bocht sa dráma? (*Tóir ar an Dea-Shaol*)

2. Cad a cheap sé a thabharfadh sonas dó? (*Tóir ar an Dea-Shaol*)

3. Cén fáth a raibh sé éasca é a mhealladh? (*Neamhurchóid agus Aineolas*)

4. Cad a d'fhoghlaim sé faoi dhaoine cliste cosúil leis an Saoi? (*Neamhurchóid agus Aineolas*)

5. Cad a tharla dó ag deireadh an dráma? (*Tóir ar an Dea-Shaol*)

EOLAS FAOIN ÚDAR

Is scríbhneoir Éireannach é Mícheál Mac Cárthaigh a bhfuil clú agus cáil air as a chuid saothar liteartha sa Ghaeilge, go háirithe iad siúd atá dírithe ar an aos óg. Tá a chuid scríbhneoireachta tréithrithe ag meascán den ghreann agus den siombalachas, ceisteanna morálta agus fealsúnachta a phléitear i gcomhthéacs simplí ach cumhachtach, agus úsáid ghníomhach na Gaeilge chun téamaí sóisialta agus traidisiúnta a iniúchadh. Tá clú ar Mhac Cárthaigh mar gheall ar éagsúlacht a shaothir, a chuimsíonn an drámaíocht don aos óg agus staidéar ar logainmneacha áitiúla.

Scríobh síos trí phríomhphointe a bhaineann le príomhthéamaí an dráma.

PRÍOMHTHÉAMAÍ

1.

2.

3.

FREAGRAÍ SAMPLACHA ARDTEISTIMÉIREACHTA

Ceist: Cén fáth ar tháinig An Fear Bocht anuas ón spéir?

Tháinig sé anuas ón spéir mar shiombail dá shointeacht agus dá thús neamhurchóideach.

Ceist: Cad a d'fhoghlaim sé tar éis dó pingin a fháil ón mBúistéir?

Thuig sé nach raibh fíorshonas le fáil san airgead.

Ceist: Conas a léirigh an dráma cáineadh ar ábharachas?

Léirigh sé nach bhfaightear sonas i rudaí amhail carranna nó airgead.

Ceist: Cad a tharla nuair a rinne sé iarracht an féileacán a ghabháil?

D'éalaigh an féileacán, ag léiriú nach dtagann sonas nuair atá tú á lorg d'aon ghnó.

Ceist: Cad a shiombalaigh an Crann Úll ag deireadh an dráma?

Shiombalaigh sé gur cheart glacadh leat féin agus síocháin inmheánach a bheith agat.

Ceist: Cad a d'fhoghlaim An Fear Bocht faoin dea-shaol?

FREAGRA

D'fhoghlaim An Fear Bocht nach dtagann fíorshonas ó airgead ná ó rudaí ábhartha. Cheap sé ar dtús go mbeadh sé sásta dá mbeadh pingin nó carr aige, ach níor mhothaigh sé sásta ina dhiaidh sin. Thuig sé gur tháinig fíorshonas ón nádúr, ó chaidreamh le daoine eile agus óna bheith sásta leis féin. Sin an fáth ar athraigh sé ina chrann úll ag deireadh an dráma.

Ceist: Conas a léirigh an dráma soineantacht An Fhir Bhoicht?

FREAGRA

Bhí An Fear Bocht soineanta agus neamhurchóideach. Níor thuig sé an domhan timpeall air agus tháinig daoine eile i dtír air sin. Mar shampla, cheannaigh sé líreacán ón bhFear Glic ach baineadh de arís é. Níor thuig sé comhairle An tSaoi ach an oiread. Faoi dheireadh, d'fhoghlaim sé óna thaithí féin agus d'éirigh sé níos ciallmhaire.

SCILEANNA SCRÍBHNEOIREACHTA

1. Cén fáth ar tháinig An Fear Bocht anuas ón spéir?

   _____

   _____

   _____

2. Cad a cheap An Fear Bocht faoin sonas ag tús an dráma?

   _____

   _____

   _____

3. Cad a tharla nuair a fuair An Fear Bocht pingin ón mBúistéir?

   _____

   _____

   _____

4. Cén fáth a raibh an bhean óg ag magadh faoin bhFear Bocht?

   _____

   _____

   _____

5. Cad a tharla nuair a rinne An Fear Bocht iarracht an Féileacán a ghabháil?

   _____

   _____

   _____

6. Cad a d'fhoghlaim An Fear Bocht ón bhFéileacán?

   _____

   _____

   _____

   _____

   _____

   _____

   _____

   _____

   _____

   _____

   _____

7. Luaigh dhá phríomhthéama sa dráma agus mínigh ceann amháin acu.

_____

_____

_____

8. Cad a d'fhoghlaim tú ón scéal seo? Luaigh dhá rud.

_____

_____

_____

9. Cén cineál cumarsáide a d'úsáid Peadaró?

_____

_____

_____

10. Cad a léirigh an Féileacán sa dráma?

_____

_____

_____

11. Cén fáth, dar leat, ar thug An Saoi comhairle don Fhear Bocht gan dul ar thóir na bhFéileacán?

_____

_____

_____

12. Tabhair dhá shampla den mhagadh nó den ghreann sa dráma.

_____

_____

_____

_____

_____

_____

_____

_____

_____

RANNÓG 2

Filíocht Chomónta Ainmnithe

Filíocht: Moltaí agus Cleachtaí

Ag Foghlaim

- Bíodh na dánta ar eolas go maith agat.
- Cleacht ceisteanna ó na ceisteanna samplacha sa leabhar seo. Mar a deir an seanfhocal, 'Cleachtadh a dhéanann máistreacht'.
- Bí cinnte go bhfuil tú soiléir maidir le hainm an fhile, ainm an dáin agus an dán atá i gceist agat agus tú ag freagairt na ceiste.
- Bíodh sliocht agat as an dán do théama, d'íomhá agus do mhothúcháin an dáin.
- Bí in ann comparáid a dhéanamh idir dhá dhán.

Sa Scrúdú

- Léigh amach an cheist i d'intinn féin agus cabhróidh sé leat le do chuid tuisceana.
- Is féidir an freagra a scríobh san aimsir chaite nó san aimsir láithreach. Roghnaigh aimsir amháin.
- Beidh ort do shamhlaíocht a úsáid sa chuid seo den scrúdú. Tabhair buille faoi thuairim muna bhfuil freagra ar eolas agat. Is fearr sin ná spás a fhágáil.

> **nod don scrúdú**
> Ná caith am ag scríobh rudaí nach bhfuil gá leo. Tá na scrúdaitheoirí ag iarraidh freagra díreach a thugann freagra soiléir ar an gceist.

TÉARMAÍ FILÍOCHTA

Seo iad na téarmaí is tábhachtaí don Fhilíocht ag leibhéal na hArdteiste.

Athrá (*repetition*): Nuair a úsáideann an file an líne, focal nó frása céanna arís is arís eile tríd an dán chun béim a chur ar rud éigin.

Caint dhíreach (*direct speech*): Nuair a scríobhtar focail duine síos, díreach mar a dúradh iad.

Uaim (*alliteration*): Nuair a bhíonn focail in aice a chéile agus ag tosú leis an bhfuaim chéanna, bíonn uaim i gceist.

Friotal (*expression*): Is é seo na focail a úsáideann an file sa dán. Bíonn sé dearfach nó diúltach, i gcoinne nó ar son rud éigin.

Téama (*theme*): Seo an príomhábhar atá á phlé ag an údar, mar shampla, grá, an nádúr nó an teaghlach.

Íomhá (*image*): Uaireanta cruthaíonn an file íomhá/íomhánna sa dán. Cabhraíonn siad le tuiscint agus le brí an dáin a nochtadh don léitheoir.

Rím (*rhyme*): Nuair a úsáideann an file focail leis na fuaimeanna céanna, idir focail nó ag deireadh línte.

Meafar (*metaphor*): Is meafar é nuair a deir tú go bhfuil rud éigin ina rud eile chun cur síos níos láidre a dhéanamh, gan 'cosúil le' nó 'mar a bheadh' a úsáid.

TÉARMAÍ FILÍOCHTA

Pearsantú (*personification*): Tugann an file tréithe daonna (*human traits*) d'ainmhithe, do phlandaí nó do rudaí.

Mothúcháin (*emotions*): Feictear mothúcháin dhearfacha agus dhiúltacha sna dánta. Déanann siad cur síos ar dhuine nó ar an gcaoi a mothaíonn an file faoi rud.

CLEACHTAÍ

Meaitseáil na focail leis na habairtí cearta.

A. Athrá

B. Caint dhíreach

C. Friotal

D. Íomhá

E. Meafar

F. Mothúchán

G. Pearsantú

H. Rím

I. Téama

J. Uaim

1. Uaireanta cruthaíonn an file íomhá/íomhánna sa dán. Cabhraíonn siad le tuiscint agus le brí an dáin a nochtadh don léitheoir.

2. Feictear mothúcháin dhearfacha agus dhiúltacha sna dánta. Déanann siad cur síos ar dhuine nó ar an gcaoi a mothaíonn an file faoi rud.

3. Nuair a scríobhtar focail duine síos, díreach mar a dúradh iad.

4. Is meafar é nuair a deir tú go bhfuil rud éigin ina rud eile chun cur síos níos láidre a dhéanamh, gan 'cosúil le' nó 'mar a bheadh' a úsáid.

5. Seo an príomhábhar atá á phlé ag an údar, mar shampla, grá, an nádúr nó an teaghlach.

6. Nuair a úsáideann an file an líne, focal nó frása céanna arís is arís eile tríd an dán chun béim a chur ar rud éigin.

7. Tugann an file tréithe daonna d'ainmhithe, do phlandaí nó do rudaí.

8. Nuair a bhíonn focail in aice a chéile agus ag tosú leis an bhfuaim chéanna bíonn uaim i gceist.

9. Is é seo na focail a úsáideann an file sa dán. Bíonn sé dearfach nó diúltach, i gcoinne nó ar son rud éigin.

10. Nuair a úsáideann an file focail leis na fuaimeanna céanna, idir focail nó ag deireadh línte.

nod don scrúdú
Cabhróidh na habairtí seo leat cur síos a dhéanamh ar an dán. Bain úsáid astu sa scrúdú.

Abairtí úsáideacha le cur síos a dhéanamh ar dhán

Tuairimí ginearálta maidir le dánta	General opinions about poems
Chuir an dán ag smaoineamh mé mar gheall ar…	The poem made me think about…
Chuir an dán áthas/brón orm mar…	The poem made me happy/sad because…
Nuair a léigh mé an dán, thosaigh mé ag smaoineamh ar…	When I read the poem, I started to think about…
Is dán nua-aimseartha é an dán seo.	This is a modern poem.
Is dán seanaimseartha é an dán seo.	This is an old-fashioned poem.
Pléann an file téama an teaghlaigh/ghrá/dóchais/éadóchais/nádúir/na timpeallachta sa dán seo.	The poem discusses the theme of family/love/hope/lack of hope/nature/environment in this poem.
D'úsáid an file meafar/friotal/focail éifeachtacha sa dán.	The poet used effective metaphors/expression/words in the poem.

CLEACHTAÍ

1. Cuir na habairtí seo a leanas san ord ceart.
   (a) áthas/brón orm Chuir an dán mar...

   (b) mé an dán, thosaigh ag smaoineamh ar Nuair a léigh mé...

   (c) seanaimseartha Is dán é an dán seo.

   (d) téama na Pléann an file timpeallachta sa dán seo.

2. Cuir isteach an focal ceart.
   (a) Chuir an dán _____ mé mar gheall ar...
   (b) Is dán _____ é an dán seo.
   (c) D'úsáid an file _____ éifeachtacht(a) sa dán.

3. Aistrigh na habairtí seo a leanas.
   (a) The poem made me think about...

   (b) The poem made me happy/sad because...

   (c) When I read the poem I started to think about...

   (d) This is a modern poem.

   (e) This is an old-fashioned poem.

   (f) The poet discusses the theme of family in this poem.

   (g) The poet used effective metaphors/expression/words in the poem.

Tuairimí dearfacha maidir le dán	Positive opinions about a poem
Thaitin an dán liom.	I liked the poem.
Chuaigh an dán go mór i bhfeidhm orm.	The poem greatly influenced/affected me.
Thaitin brí an dáin liom.	I enjoyed the meaning of the poem.
Bhain mé an-sult as an dán.	I enjoyed the poem.
Dán an-dearfach a bhí ann maidir leis an nádúr/teaghlach/timpeallacht.	It was a very positive poem about nature/family/the environment.
Bhí an dán éasca le tuiscint.	The poem was easy to understand.
Bhí friotal an dáin an-deas.	The expression in the poem was lovely.

CLEACHTAÍ

1. Cuir na habairtí seo a leanas san ord ceart.

   (a) i bhfeidhm Chuaigh go mór an dán orm.

   _____

   (b) as an dán an-sult Bhain mé.

   _____

   (c) maidir leis an Dán a bhí ann an-dearfach nádúr.

   _____

   _____

   (d) an dáin Bhí friotal an-deas.

   _____

2. Cuir isteach an focal ceart.

   (a) _____ an dán liom.

   (b) Thaitin brí an _____ liom.

   (c) Bhí an dán _____ le tuiscint.

3. Aistrigh na habairtí seo a leanas.

   (a) I liked the poem.

   _____

   (b) This poem greatly influenced/affected me.

   _____

   (c) I liked the meaning of the poem.

   _____

   (d) I enjoyed the poem.

   _____

   (e) It was a very positive poem about family.

   _____

   (f) The poem was easy to understand.

   _____

   (g) The expression in the poem was lovely.

   _____

Tuairimí diúltacha maidir le dán	Negative opinions about a poem
Níor thaitin an dán liom.	_I didn't like the poem._
Níor thuig mé an dán mar bhí an friotal ródheacair.	_I didn't understand the poem because the expression was too difficult._
Níor thaitin téama an dáin liom.	_I didn't like the theme of the poem._
Níl aon suim/spéis agam sa chineál sin ábhar.	_I have no interest in this type of topic._
Dán gruama a bhí ann.	_It was a gloomy poem._
Dán brónach a bhí ann.	_It was a sad poem._

CLEACHTAÍ

1. Cuir na habairtí seo a leanas san ord ceart.

   (a) bhí an friotal an Níor thuig dán mar ródheacair mé.

   _____

   (b) suim/spéis Níl sa chineál aon agam sin ábhair.

   _____

   _____

   (c) a bhí ann Dán brónach.

   _____

2. Cuir isteach an focal ceart.

   (a) Níor thaitin _____ liom.

   (b) Níor thaitin _____ an dáin liom.

   (c) Dán _____ a bhí ann.

3. Aistrigh na habairtí seo a leanas.

   (a) I didn't like the poem.

   _____

   (b) I didn't understand the poem because the expression was too difficult.

   _____

   (c) I didn't like the theme of the poem.

   _____

   (d) I have no interest in this type of topic.

   _____

   (e) It was a gloomy poem.

   _____

   (f) It was a sad poem.

   _____

Abairtí eile le cur síos a dhéanamh ar dhán san Aimsir Chaite	Other sentences to describe poems in the Past Tense
Mhúscail an dán go leor mothúcháin éagsúla ionam.	The poem evoked a lot of different emotions in me.
Thaispeáin an file áthas/brón.	The poet showed happiness/sadness.
D'fhorbair an file téama an dáin.	The poet developed the theme of the poem.
Léirigh an dán an tábhacht a bhaineann le clann.	The poem showed the importance of family.
Spreag an dán mé.	The poem inspired me.

CLEACHTAÍ

1. Cuir na habairtí seo a leanas san ord ceart.
    (a) an file Thaispeáin áthas/brón.
    _____

    (b) dán an tábhacht a Léirigh an bhaineann le clann
    _____

2. Cuir isteach an focal ceart.
    (a) Mhúscail an dán go leor _____ éagsúla ionam.
    (b) D'fhorbair an _____ téama an dáin.
    (c) Spreag an _____ mé.

3. Aistrigh na habairtí seo a leanas.
    (a) The poet evoked a lot of different emotions in me.
    _____

    (b) The poet showed happiness/sadness.
    _____

    (c) The poet developed the theme of the poem.
    _____

    (d) The poem showed the importance of family.
    _____

Abairtí eile le cur síos a dhéanamh ar dhán san Aimsir Láithreach	Other sentences to describe poems in the Present Tense
Déanann an file cur síos éifeachtach ar…	The poet effectively describes…
Pléann an file…	The poet discusses…
Forbraíonn an file an téama sin go héifeachtach.	The poet develops that theme effectively.
Úsáideann an file an meafar go héifeachtach.	The poet uses the metaphor effectively.
Ciallaíonn an meafar sin…	That metaphor means…

CLEACHTAÍ

1. Cuir na habairtí seo a leanas san ord ceart.
    (a) an Pléann file…
    _____

    (b) an file Úsáideann go héifeachtach meafar…
    _____

2. Cuir isteach an focal ceart.
    (a) Déanann an file cur síos _____ ar…
    (b) _____ an file an téama sin go héifeachtach.
    (c) Ciallaíonn an _____ sin…

3. Aistrigh na habairtí seo a leanas.

(a) The poet effectively describes...

_____

(b) The poet discusses...

_____

(c) The poet develops that theme effectively.

_____

(d) The poet uses the metaphor effectively.

_____

(e) That metaphor means...

_____

Téamaí éagsúla sna dánta

áthas	joy	áilleacht	beauty	an óige	youth
an nádúr	nature	bochtanas	poverty	crógacht	bravery
daoine óga	young people	daoirse	oppression	díomá	disappointment
dóchas	hope	eagla	worry	fearg	anger
Gaeilge	Irish	grá	love	grá áite	love of place
grá do dhuine	love for a person	idirlíon	internet	saoirse	freedom
imní	worry	misneach	courage	teicneolaíocht	technology
spraoi	fun	spórt	sport	an timpeallacht	environment

CLEACHTAÍ

Líon isteach an ghreille thíos leis na focail chearta.

joy		beauty		youth	
nature		poverty		bravery	
young people		oppression		disappointment	
hope		worry		anger	
Irish		love		love of place	
love for a person		internet		freedom	
worry		courage		technology	
fun		sport		environment	

Dán 1

'Dínit an Bhróin[1]'
le Máirtín Ó Díreáin

Nochtaíodh domsa tráth[2]
Dínit mhór an bhróin,
Ar fheiceáil dom beirt bhan
Ag siúl amach ó shlua[3]
I bhfeisteas caointe dubh[4]
Gan focal astu beirt:
D'imigh an dínit leo
Ón slua callánach mór[5].

Bhí freastalán[6] istigh
Ó línéar ar an ród,
Fuadar[7] faoi gach n-aon,
Gleo[8] ann is caint ard;
Ach an bheirt a bhí ina dtost[9],
A shiúil amach leo féin
I bhfeisteas caointe dubh,
D'imigh an dínit leo.

[1] Dignity of grief/ sorrow

[2] It was revealed to me once

[3] Walking away from a crowd

[4] In black mourning attire

[5] From the noisy, big crowd

[6] Tender (a type of small boat)

[7] Rush

[8] Noise

[9] Silence

Achoimre ar an Dán

Chonaic an file beirt bhan i bhfeisteas dubh ag siúl leo féin amach ón slua mór. Bhí an slua callánach agus gnóthach, ach bhí na mná ciúin agus sollúnta. Níor labhair siad. Léirigh siad brón agus dínit ina n-iompar. Bhí an-mheas ag an bhfile orthu agus thuig sé go raibh an tost níos láidre ná focail.

Foclóir Úsáideach

Gaeilge	Béarla	Gaeilge	Béarla
Dínit	*Dignity*	Tost	*Silence*
Brón	*Sadness*	Caoineadh	*Mourning*
Slua callánach	*Noisy crowd*	Fuadar	*Rush/bustle*
Feisteas dubh	*Black clothes*	Meas	*Respect*

CLEACHTAÍ

Meaitseáil na focail Gaeilge agus Béarla.

Focal Gaeilge	Focal Béarla	Freagraí	
A. Dínit	1. *Noisy crowd*	A	5
B. Brón	2. *Respect*	B	
C. Slua callánach	3. *Rush/bustle*	C	
D. Feisteas dubh	4. *Black clothes*	D	
E. Tost	5. *Dignity*	E	
F. Caoineadh	6. *Silence*	F	
G. Fuadar	7. *Sadness*	G	
H. Meas	8. *Mourning*	H	

CEISTEANNA BUNÚSACHA

1. Cé a chonaic an file sa dán?

2. Cén cineál éadaí atá ar na mná?

3. Cad a rinne na mná nuair a d'imigh siad ón slua?

4. Cá raibh an slua mór?

5. Cad a bhí ar siúl ag na daoine eile?

6. Cén fáth ar cheap an file go raibh dínit ag na mná?

Tréithe na gCarachtar

An Bheirt Bhan

- gléasta i ndubh

- ciúin

- brónach

An Slua Callánach

- callánach

- gnóthach

- suairc

nod don scrúdú

Cuimhnigh...
- Bhí an bheirt bhan ciúin agus measúil.
- Léirigh siad brón gan focal a rá.
- Bhí an slua gnóthach agus callánach.
- Bhí meas ag an bhfile orthu agus ar a ndínit.

CLEACHTAÍ

Léigh na habairtí agus líon na bearnaí leis na focail thíos.

Focail le cur isteach: dínit, ciúin, slua, bhrón, éide dhubh, meas

Chonaic an file beirt bhan ag siúl amach ón _____.

Bhí siad _____ agus níor labhair siad.

Bhí _____ orthu mar shiombail den _____.

Bhí _____ agus sollúntacht le feiceáil ina n-iompar.

Bhí _____ ag an bhfile orthu.

PRÍOMHTHÉAMAÍ AN DÁIN

[10]*Sadness and dignity*
[11]*Mourning*
[12]*Quiet and respectful*

1. **Brón agus Dínit**[10]

   Tá brón le feiceáil sa dán seo. Bhí na mná **ag caoineadh**[11] ar dhóigh chiúin, mheasúil. Níor labhair siad, rud a léiríonn go raibh siad **ciúin agus measúil**[12]. Mar a deirtear: 'Gan focal astu beirt'. Thug siad ómós don duine a fuair bás agus léirigh siad dínit ina gcuma agus ina n-iompar: 'D'imigh an dínit leo'.

2. **Tost agus Torann**

[13]*Noisy*
[14]*Contrast*

   Bhí an slua **glórach**[13] agus gnóthach. Luaitear 'Gleo ann is caint ard' agus 'Fuadar faoi gach n-aon'. Ach i measc an torainn sin, bhí na mná ciúin. Bhí **codarsnacht**[14] idir an slua callánach agus an bheirt bhan: 'I bhfeisteas caointe dubh / Gan focal astu beirt'. Bhí meas ag an bhfile ar thost na mban, agus dúirt sé: 'Ach an bheirt a bhí ina dtost / A shiúil amach leo féin / I bhfeisteas caointe dubh / D'imigh an dínit leo'.

3. **Éide Dhubh**

[15]*With their appearance and their behaviour*

   Bhí éadaí dubha ar na mná, siombail shoiléir den bhrón. Luaitear go raibh siad 'I bhfeisteas caointe dubh'. Léirigh siad a mbrón **ina gcuma agus ina n-iompar**[15]. Bhí an éide dubh mar chomhartha gur fhulaing siad cailliúint.

4. **Difríocht idir an Slua agus na Mná**

   Bhí an slua gnóthach, ag déanamh neamhaird ar na mná: 'Fuadar faoi gach n-aon'. Ní raibh siad ag tabhairt aird ar an mbrón a bhí thart orthu. Bhí na mná difriúil: ciúin, brónach agus measúil. Léiríonn an líne 'D'imigh an dínit leo' gur sheas siad amach ón ngnáthshaol timpeall orthu.

CEISTEANNA BUNÚSACHA

1. Cé na mothúcháin atá sa dán? (*Brón agus Dínit*)

   _____
   _____

2. Cé a bhí ciúin sa dán? (*Tost agus Torann*)

   _____
   _____

3. Cén fáth a raibh na mná ag caitheamh éadaí dubha? (*Éide Dhubh*)

   _____
   _____

4. Cad a bhí ar siúl ag an slua mór? (*Difríocht idir an Slua agus na Mná*)

   _____
   _____

5. Cad a cheap an file faoin tost? (*Tost agus Torann*)

   _____
   _____

Anois scríobh faoi na príomhthéamaí sna boscaí thíos.

2 TOST AGUS TORANN

3 ÉIDE DHUBH

TÉAMAÍ

1 BRÓN AGUS DÍNIT

4 DIFRÍOCHT IDIR AN SLUA AGUS NA MNÁ

ÍOMHÁNNA AN DÁIN

1. **An Bheirt Bhan i bhFeisteas Dubh**

Chonaic muid beirt bhan ag siúl leo féin. Bhí éadaí dubha orthu, mar a deirtear sa dán: 'I bhfeisteas caointe dubh'. Léirigh siad brón agus dínit. Níor labhair siad ('Gan focal astu beirt'), ach thaispeáin siad a mbrón ina n-iompar ciúin agus measúil.

2. **Tost na mBan**[16]

Bhí na mná ciúin. Ní dúirt siad **tada**[17]: 'Gan focal astu beirt'. Chruthaigh an tost **íomhá mhachnamhach**[18] agus láidir. De réir an fhile, 'D'imigh an dínit leo', rud a léiríonn gur thaispeáin siad meas agus brón gan aon fhocal a rá.

3. **Slua Glórach**[19]

Bhí an slua mór gnóthach agus callánach. Luaitear sa dán go raibh 'Fuadar faoi gach n-aon' agus 'Gleo ann is caint ard'. Bhreathnaigh an file orthu agus chuir sé i gcodarsnacht iad leis an mbeirt bhan, a bhí ciúin agus measúil 'Ón slua callánach mór'.

4. **Siúl Amach Leo Féin**

Shiúil na mná leo féin amach ón slua: 'Ag siúl amach ó shlua'. **Níor fhan siad**[20], níor amharc siad siar. Léiríonn an íomhá seo neart, dínit agus brón domhain. Críochnaíonn an íomhá ar líne chumhachtach: 'D'imigh an dínit leo'.

[16]*Silence of the women*
[17]*Nothing*
[18]*Reflective image*
[19]*Noisy crowd*
[20]*They didn't stay*

CEISTEANNA BUNÚSACHA

1. Cé a chonaic an file ag siúl leo féin? (*An Bheirt Bhan i bhFeisteas Dubh*)

2. Cén dath a bhí ar éadaí na mban? (*An Bheirt Bhan i bhFeisteas Dubh*)

3. Ar labhair na mná sa dán? (*Tost na mBan*)

4. Cén íomhá a léiríonn torann sa dán? (*Slua Glórach*)

5. Cad a rinne na mná ag deireadh an dáin? (*Siúl Amach Leo Féin*)

Anois scríobh faoi na híomhánna sna boscaí thíos.

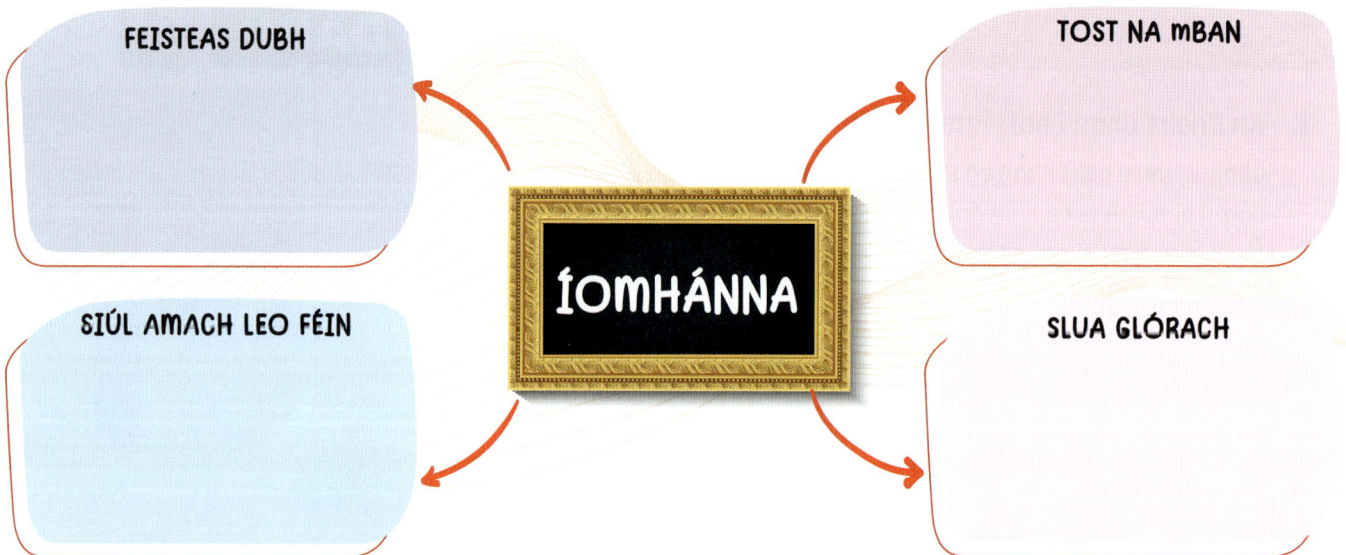

FEISTEAS DUBH

TOST NA mBAN

ÍOMHÁNNA

SIÚL AMACH LEO FÉIN

SLUA GLÓRACH

MOTHÚCHÁIN AGUS ATMAISFÉAR AN DÁIN

1. **Brón agus Cailliúint**

Bhí brón ar na mná sa dán. **Chaill siad duine**[21], agus léirítear é seo ina n-iompar agus ina gcuma. 'I bhfeisteas caointe dubh' a bhí siad, agus 'Gan focal astu beirt'. Níor labhair siad, ach léirigh siad an brón ina gcuma agus ina n-iompar. Cruthaíonn sé atmaisféar ciúin agus **dáiríre**[22] a mhothaíonn an léitheoir.

[21]*They lost someone*

[22]*Serious*

2. Dínit agus Maorgacht

Bhí na mná **díniteach**[23] agus láidir. Níor fhéach siad ar an slua ná níor idirghníomhaigh siad leo: 'D'imigh an dínit leo / Ón slua callánach mór'. Shiúil siad leo féin go mall agus go ciúin. Thaispeáin siad go raibh meas acu ar an duine a fuair bás. Bhí **neart agus maorgacht**[24] sa tslí ar shiúil siad amach, rud a mhothaigh an file mar íomhá chumhachtach agus uaigneach.

[23]Dignified

[24]Strength and stateliness

3. Tost agus Machnamh

Bhí na mná ina dtost, 'Gan focal astu beirt'. Níor labhair siad, ach thuig muid a mbrón. Cruthaíonn an tost atmaisféar machnamhach agus ceanúil. Léiríonn sé nach mbíonn gá le focail uaireanta nuair atá an brón fíor, agus gur leor an ciúnas le mothúchán doimhne a chur in iúl.

CEISTEANNA BUNÚSACHA

1. Cé na mothúcháin a bhain leis na mná? (*Brón agus Cailliúint*)

   _____

   _____

2. Cad a léirigh tost na mban faoin gcailliúint? (*Brón agus Cailliúint*)

   _____

   _____

3. Cén fáth a raibh meas ag an bhfile orthu? (*Dínit agus Maorgacht*)

   _____

   _____

4. Conas a shiúil na mná ón slua agus cén tábhacht a bhain leis sin? (*Dínit agus Maorgacht*)

   _____

   _____

5. Cén ról a bhí ag an tost sa dán? (*Tost agus Machnamh*)

   _____

   _____

Scríobh faoin atmaisféar agus faoi na mothúcháin sna boscaí thíos.

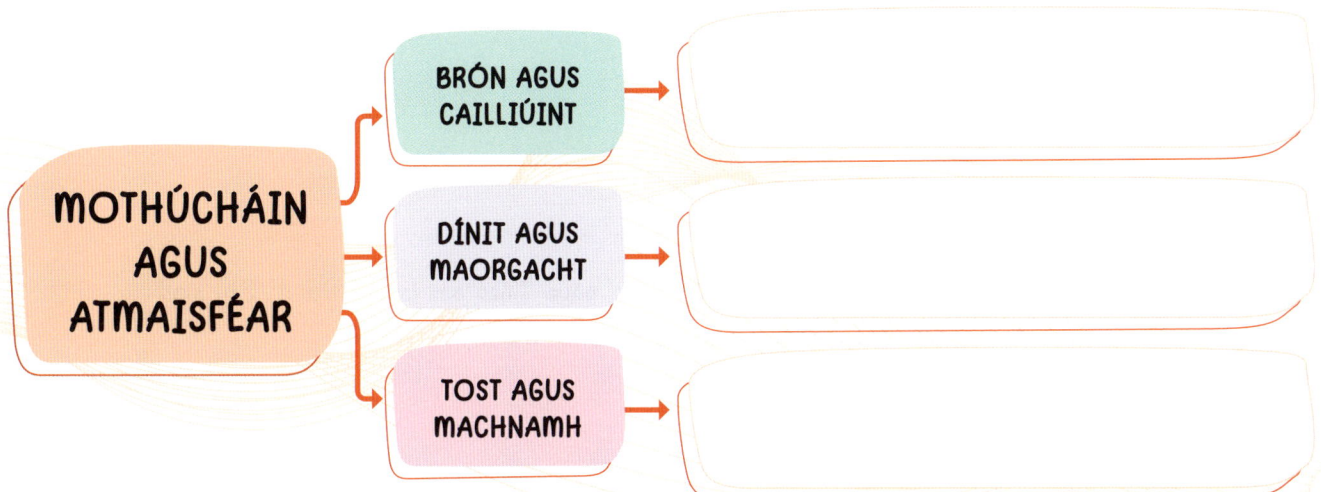

MOTHÚCHÁIN AGUS ATMAISFÉAR

- BRÓN AGUS CAILLIÚINT →
- DÍNIT AGUS MAORGACHT →
- TOST AGUS MACHNAMH →

FREAGRAÍ SAMPLACHA ARDTEISTIMÉIREACHTA

Ceist: Cé a chonaic an file sa dán?

Chonaic an file beirt bhan ag siúl leo féin in éadaí dubha: 'beirt bhan / Ag siúl amach ó shlua' i 'bhfeisteas caointe dubh'. Bhí siad ag siúl leo féin, ciúin agus discréideach.

Ceist: Cén fáth a raibh meas ag an bhfile ar na mná?

Bhí meas ag an bhfile orthu mar gur sheas a gciúnas amach i measc 'Gleo' agus 'caint ard'. Níor labhair siad, ach léirigh siad brón le ciúnas agus maorgacht.

Ceist: Cén fáth a raibh éide dhubh ar na mná?

Bhí siad i bhfeisteas caointe dubh mar chomhartha go raibh brón orthu. Léiríonn an líne 'I bhfeisteas caointe dubh' go raibh duine sa teaghlach tar éis bás a fháil.

Ceist: Luaigh mothúchán amháin atá sa dán.

Tá brón láidir sa dán. Léirítear é trí chiúnas na mban agus an tslí ar shiúil siad leo féin ón slua callánach.

Ceist: Déan cur síos ar an slua sa dán.

Bhí an slua 'callánach mór', le 'Fuadar faoi gach n-aon' agus 'Gleo ann is caint ard'. Bhí siad gnóthach agus níor thug siad mórán airde ar an mbeirt bhan a bhí faoi bhrón.

Ceist: Cad a tharla ag deireadh an dáin agus cén fáth, dar leat, ar scríobh an file é?

FREAGRA

Ag deireadh an dáin, shiúil an bheirt bhan leo féin ón slua. Níor labhair siad le héinne, agus níor chuir siad isteach ar éinne ach 'D'imigh an dínit leo / Ón slua callánach mór'. Léiríonn sé sin go raibh siad ag iompar a mbróin le ciúnas agus le meas.

Is dócha gur scríobh an file an dán mar bhí sé tógtha lena ndínit agus leis an gcaoi ar léirigh siad a mbrón gan aon torann. Bhí meas aige orthu mar gur sheas a gciúnas amach i measc 'Gleo' agus 'caint ard'.

Ceist: (a) An maith leat an dán seo?

(b) Cad is dínit ann, dar leat, sa dán?

(c) Tabhair íomhá amháin a thaitin leat.

FREAGRA

(a) Is maith liom an dán mar tá sé cumhachtach ach simplí. Taispeánann sé brón ar shlí an-chiúin agus tugann sé ómós do dhaoine atá ag caoineadh le dínit.

(b) Dar liomsa gur meas ciúin é an dínit sa dán, an cineál nirt nach n-éilíonn focail. Deir an file 'Gan focal astu beirt / D'imigh an dínit leo', rud a léiríonn go raibh an tost chomh cumhachtach leis na focail.

(c) Íomhá amháin a sheas amach dom ná 'beirt bhan / Ag siúl amach ó shlua / I bhfeisteas caointe dubh'. Seasann an íomhá seo don bhrón agus don chailliúint, agus tugann sí léiriú láidir don téama lárnach.

SCILEANNA SCRÍBHNEOIREACHTA

1. Scríobh síos príomhthéama an dáin, i d'fhocail féin. Tabhair dhá phointe eolais faoin téama sin. (*Línte 2, 5, 11*)

   _____
   _____
   _____

2. Déan cur síos ar an atmaisféar atá sa dán. Tabhair dhá shampla ón dán. (*Línte 4, 9–10*)

   _____
   _____
   _____

3. Tabhair rud amháin a thaitin leat agus rud amháin nár thaitin leat faoin dán. (*Freagra oscailte*)

   _____
   _____
   _____

4. Scríobh síos dhá phointe eolais, i d'fhocail féin, faoin íomhá atá sa dán den bheirt bhan. (*Línte 3–5, 11–13*)

   _____
   _____
   _____

5. Cén fáth, dar leat, ar tharraing an bheirt bhan aird an fhile orthu? (*Línte 5–6, 12–13*)

   _____
   _____
   _____

6. Scríobh síos an mothúchán is láidre atá sa dán. Tabhair dhá shampla, i d'fhocail féin, den mhothúchán sin. (*Línte 2, 5, 11*)

   _____
   _____
   _____

7. Luaigh íomhá amháin sa dán a cheapann tú atá cumhachtach. Tabhair dhá phointe eolais faoin íomhá sin. (*Línte 3–6 nó 11–13*)

   _____
   _____
   _____

8. Cén fáth, dar leat, ar chuir an file béim ar an tost? Tabhair dhá chúis, i d'fhocail féin. (*Línte 5, 10, 12*)

_____

_____

_____

9. Conas a chuireann an file codarsnacht idir an bheirt bhan agus an slua mór in iúl? Tabhair dhá phointe eolais. (*Línte 6, 8, 9*)

_____

_____

_____

10. An maith leat an dán seo? Tabhair dhá fháth le do fhreagra. (*Freagra oscailte, ach tagairtí ó línte 2, 5, 6 nó 13*)

_____

_____

_____

Spás le haghaidh nótaí breise

_____

_____

_____

_____

_____

_____

_____

_____

_____

_____

_____

_____

'Deireadh na Feide'
le hAilbhe Ní Ghearbhuigh

Inniu féin
is cuimhin le muintir Aas[1]
go mbíodh teanga[2]
á **feadaíl**[3]
ag na **haoirí**[4] fadó,

fead a ghabh[5]
bealach fuaime an ghleanna[6]
idir féarach is sráidbhaile[7],

fead a d'iompair[8]
nuacht an lae
idir aoirí
agus na mná a d'oibrigh
sna goirt máguaird[9],

feadaíl nach dtuigtí[10]
lasmuigh den bparóiste.

Nuair a tháinig na Naitsithe
choimeád an fheadaíl
Giúdaigh slán ó chontúirt[11];
chuir scéalta an *Résistance*
ó bhéal go béal **faoi rún**[12];
chabhraigh le píolótaí bhí imithe amú
teorainn na Spáinne a aimsiú.

Níor chualathas ó shin í.

Maireann sí **i gcuimhne na ndaoine**[13],
an teanga feadaíola seo,
ach níl ar chumas éinne
na fuaimeanna a aithris[14].

Níor deineadh aon **taifead**[15].

[1]*The people of Aas remember*
[2]*That there was a language*
[3]*Whistling*
[4]*Shepherds*
[5]*A whistle echoed*
[6]*The glen's path of sound*
[7]*Between pasture and village*
[8]*A whistle that carried*
[9]*In the surrounding fields*
[10]*Whistling not understood*

[11]*Jews safe from danger*

[12]*In secret*

[13]*In people's memories*

[14]*To reproduce the sounds*

[15]*Recording*

Achoimre ar an Dán

Bhí teanga feadaíola ag muintir Aas fadó. D'úsáid na haoirí agus na mná í chun nuacht a scaipeadh idir na cnoic agus an sráidbhaile. Chabhraigh sí le daoine le linn aimsir na Naitsithe chun daoine a chosaint agus scéalta a chur ar aghaidh. D'imigh an teanga leis na glúine, agus níor deineadh aon taifead uirthi.

Foclóir Úsáideach

Gaeilge	Béarla
Feadaíl	*Whistling/whistled communication*
Aoirí	*Shepherds*
Bealach fuaime	*Sound path/sound route*
Féarach	*Pasture/grazing land*
Sráidbhaile	*Village*
Nuacht an lae	*News of the day*
Goirt	*Fields (often used for tillage or labour)*
Nach dtuigtí	*That wasn't understood*
Lasmuigh den bparóiste	*Outside the parish*

CLEACHTAÍ

Meaitseáil na focail Ghaeilge agus Bhéarla.

Focal Gaeilge	Focal Béarla	Freagraí	
A. Feadaíl	1. *Secretly*	A	3
B. Aoirí	2. *The Spanish border*	B	
C. Féarach	3. *Whistling*	C	
D. Sráidbhaile	4. *Shepherds*	D	
E. Nuacht an lae	5. *Pastures*	E	
F. Faoi rún	6. *Not understood*	F	
G. Nach dtuigtí	7. *News of the day*	G	
H. Teorainn na Spáinne	8. *No recording was made*	H	
I. Níor deineadh taifead	9. *Village*	I	

TÁBHACHT AN CHAOMHNAITHE

CUIMHNE AN PHOBAIL

LUACH STAIRIÚIL AGUS CULTÚRTHA

MEAFAR DEN GHAEILGE

TÉAMAÍ AGUS COMHTHÉACS

CAILLIÚINT NA TEANGA

CEISTEANNA BUNÚSACHA

1. Cén cineál teanga a bhí ag muintir Aas?

   _____

   _____

2. Cé a d'úsáid an teanga seo?

   _____

   _____

3. Cén saghas eolais a scaip siad leis an bhfeadaíl?

   _____

   _____

4. Conas a chabhraigh an teanga le daoine le linn aimsir na Naitsithe?

   _____

   _____

5. An bhfuil aon duine in ann an teanga a úsáid sa lá atá inniu ann?

   _____

   _____

6. An ndearnadh taifead ar an teanga?

   _____

   _____

CLEACHTAÍ

Léigh na habairtí agus líon na bearnaí leis na focail thíos.

Focail le cur isteach: taifead, haoirí, caillte, nuacht, fheadaíl, Giúdaigh

Bhí teanga speisialta ag na _____ fadó.

D'úsáid siad an _____ chun _____ a scaipeadh.

Chabhraigh sí leis na _____ le linn an Dara Cogadh Domhanda.

Níor deineadh aon _____ ar an teanga sin.

Tá an fheadaíl _____ anois.

nod don scrúdú

Cuimhnigh...
- Bhí teanga feadaíola ag na haoirí in Aas fadó.
- D'úsáid siad í chun nuacht a scaipeadh idir na cnoic agus an sráidbhaile.
- Chabhraigh an teanga le daoine le linn aimsir na Naitsithe.
- Mhair sí i gcuimhne na ndaoine, ach níor deineadh aon taifead uirthi.

PRÍOMHTHÉAMAÍ AN DÁIN

1. Cailliúint na Teanga[16] agus an Chultúir

Bhí teanga speisialta ag na haoirí in Aas fadó. D'úsáid siad an fheadaíl chun labhairt le chéile ó áit i bhfad i gcéin. Níor thuig daoine í '**lasmuigh den bparóiste**[17]'. Ní raibh éinne in ann '**na fuaimeanna**[18] a aithris' níos mó. 'Níor deineadh aon taifead' ar an teanga agus d'éag sí.

2. Meafar don Ghaeilge[19]

Bhí an dán cosúil le scéal faoin nGaeilge. Dá stopfadh daoine ag úsáid na Gaeilge, d'fhéadfadh sí imeacht freisin. Bhí 'cuimhne na ndaoine' agus **iarracht**[20] ag teastáil chun **í a choinneáil beo**[21]. Bhí sé tábhachtach í a thabhairt don chéad ghlúin eile. Thug an dán teachtaireacht faoi thábhacht na Gaeilge.

3. Cuimhne an Phobail[22]

D'imigh an teanga feadaíola, ach '[mhair]' sí i gcuimhne na ndaoine'. Ní raibh éinne in ann í a aithris níos mó, cé go raibh 'bealach fuaime an ghleanna' ina cuid den saol. Bhí an teanga beo uair amháin, ach tháinig deireadh léi. Bhí sí fós mar chuid den stair agus den **oidhreacht**[23].

4. Tábhacht an Chaomhnaithe[24]

Thug an dán rabhadh faoin gcaillteanas cultúir. Níor taifeadadh an teanga feadaíola, agus d'imigh sí go deo. Cuireann an line 'Níor chualathas ó shin í' i gcuimhne dúinn gur féidir leis sin tarlú do theanga ar bith dá ndéanfadh daoine dearmad uirthi. Bhí sé tábhachtach aire a thabhairt don chultúr agus do na teangacha. Thaispeáin an dán cé chomh tábhachtach is a bhí an caomhnú.

[16]*Loss of the language*

[17]*Outside of the parish*

[18]*The sounds*

[19]*Metaphor for Gaeilge*

[20]*Effort*
[21]*Keep her alive*

[22]*Public memory*

[23]*Heritage*

[24]*The importance of preservation*

CEISTEANNA BUNÚSACHA

1. Cad a rinne na haoirí chun cumarsáid a dhéanamh eatarthu? (*Cailliúint na Teanga agus an Chultúir*)

   _____

   _____

2. An féidir le daoine í a úsáid anois? (*Cailliúint na Teanga agus an Chultúir*)

   _____

   _____

3. Ar cheap na daoine go raibh sí tábhachtach? (*Cuimhne an Phobail*)

   _____

   _____

4. Conas atá an dán cosúil leis an nGaeilge? (*Meafar don Ghaeilge*)

   _____

   _____

5. Ar choimeád siad an teanga? (*Tábhacht an Chaomhnaithe*)

   _____

   _____

Anois scríobh faoi na príomhthéamaí sna boscaí thíos.

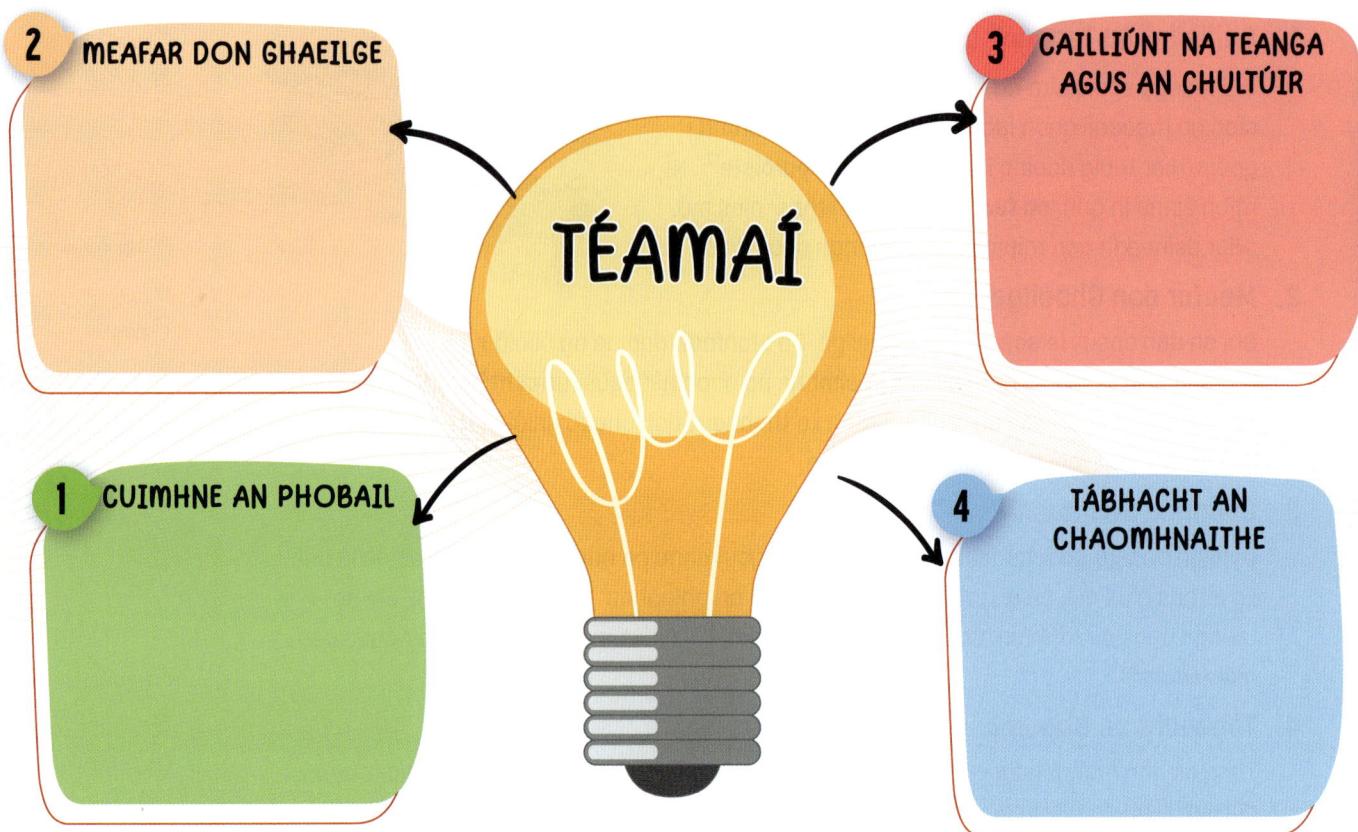

2 MEAFAR DON GHAEILGE

3 CAILLIÚNT NA TEANGA AGUS AN CHULTÚIR

TÉAMAÍ

1 CUIMHNE AN PHOBAIL

4 TÁBHACHT AN CHAOMHNAITHE

🖼 ÍOMHÁNNA AN DÁIN

[25]Communication through whistling

1. **Íomhá na dTeangacha Feadaíola agus Cumarsáid Tríd an bhFeadaíl[25]**

   Feicimid aoirí ag úsáid na feadaíola chun cumarsáid a dhéanamh thar fhéarach agus trí ghleann. Bhí an teanga mar chuid de shaol laethúil an phobail agus léirigh sí ceangal leis an dúlra. Mar a deir an dán: 'fead a ghabh / bealach fuaime an ghleanna / idir féarach is sráidbhaile' agus 'fead a d'iompair / nuacht an lae / idir aoirí / agus na mná a d'oibrigh / sna goirt máguaird'.

[26]The period of history

2. **An Tréimhse Staire[26] agus Cailliúint na Teanga**

   Úsáideadh an teanga feadaíola chun cabhrú le daoine le linn aimsir na Naitsithe. Deirtear: 'choiméad an fheadaíl / Giúdaigh slán ó chontúirt' agus 'chuir scéalta an *Résistance* / ó bhéal go béal faoi rún'. Tar éis na tréimhse sin, **chuaigh an teanga i léig[27]** agus níor chuala éinne arís í: 'Níor chualathas ó shin í' agus 'níl ar chumas éinne / na fuaimeanna a aithris'.

[27]The language died out

3. **An Tírdhreach Stairiúil agus Sóisialta**

   Bhí teanga speisialta ag an bpobal agus léirigh sí bród agus féiniúlacht. Thug an dán pictiúr dúinn de phobal a bhí ceangailte lena dteanga agus lena **dtírdhreach[28]**. Mar a dúirt an file: 'is cuimhin le muintir Aas / go mbíodh teanga / á feadaíl / ag na haoirí fadó' agus 'feadaíl nach dtuigtí / lasmuigh den bparóiste'.

[28]Landscape

CEISTEANNA BUNÚSACHA

1. Cé a d'úsáid an fheadaíl sa dán? (*Íomhá na dTeangacha Feadaíola agus Cumarsáid Tríd an bhFeadaíl*)

   _____

   _____

2. Cén fáth a raibh an teanga feadaíola tábhachtach sa saol laethúil? (*Íomhá na dTeangacha Feadaíola agus Cumarsáid Tríd an bhFeadaíl*)

   _____

   _____

3. Cén uair a úsáideadh an teanga chun cabhrú le daoine i gcontúirt? (*An Tréimhse Staire agus Cailliúint na Teanga*)

   _____

   _____

4. Ar lean an teanga ar aghaidh tar éis an chogaidh? (*An Tréimhse Staire agus Cailliúint na Teanga*)

   _____

   _____

5. Cad a léirigh an teanga faoi phobal an cheantair? (*An Tírdhreach Stairiúil agus Sóisialta*)

   _____

   _____

Anois scríobh faoi na híomhánna sna boscaí thíos.

An Tréimhse Staire

An Tírdhreach Stairiúil

Íomhá na dTeangacha Feadaíola

ÍOMHÁNNA

MOTHÚCHÁIN AGUS ATMAISFÉAR AN DÁIN

1. **Bród agus Grá don Oidhreacht**

   Bhí bród ar na daoine as an teanga feadaíola. Bhí sí tábhachtach sa **saol laethúil**[29] agus mar chuid den tírdhreach: 'fead a d'iompar / nuacht an lae / idir aoirí / agus na mná a d'oibrigh / sna goirt máguaird'. Bhí grá ag an bpobal don **oidhreacht speisialta**[30] seo, rud a fheicimid i línte cosúil le 'feadaíl nach dtuigtí / lasmuigh den bparóiste' agus 'is cuimhin le muintir Aas...'.

2. **Brón agus Uaigneas**

   Bhí brón le brath sa dán mar gur cailleadh an teanga. Ní raibh sí **beo**[31] níos mó agus **ní fhéadfaí**[32] í a thabhairt ar ais. Léirítear an chailliúint seo sa líne: 'Níor chualathas ó shin í' agus 'níl ar chumas éinne / na fuaimeanna a aithris'. Tá ciúnas agus uaigneas fágtha ina diaidh.

3. **Cumha agus Cuimhne**[33]

   Bhí cuimhne ag na daoine fós ar an teanga, cé nach raibh sí in úsáid. Bhí sí speisialta, ach anois tá sí imithe. **Mhair sí**[34] i gcuimhne an phobail, mar a deirtear: 'Maireann sí i gcuimhne na ndaoine'. Cé nach ndearnadh 'aon taifead', tá cuimhne an phobail fós beo.

[29]*Daily life*
[30]*Special heritage*
[31]*Alive*
[32]*One couldn't*
[33]*Longing and memory*
[34]*She lived*

CEISTEANNA BUNÚSACHA

1. Céard a cheap an pobal faoin teanga feadaíola? (*Bród agus Grá don Oidhreacht*)
   _____
   _____

2. Cén fáth a raibh an teanga tábhachtach don phobal? (*Bród agus Grá don Oidhreacht*)
   _____
   _____

3. Cé na mothúcháin a bhí sa dán nuair a tháinig deireadh leis an teanga? (*Brón agus Uaigneas*)
   _____
   _____

4. Ar mhair cuimhne ar an teanga sa phobal? (*Cumha agus Cuimhne*)
   _____
   _____

5. Céard a léiríonn an ciúnas a tháinig tar éis don teanga dul i léig? (*Brón agus Uaigneas*)
   _____
   _____

Scríobh faoin atmaisféar agus na mothúcháin sna boscaí thíos.

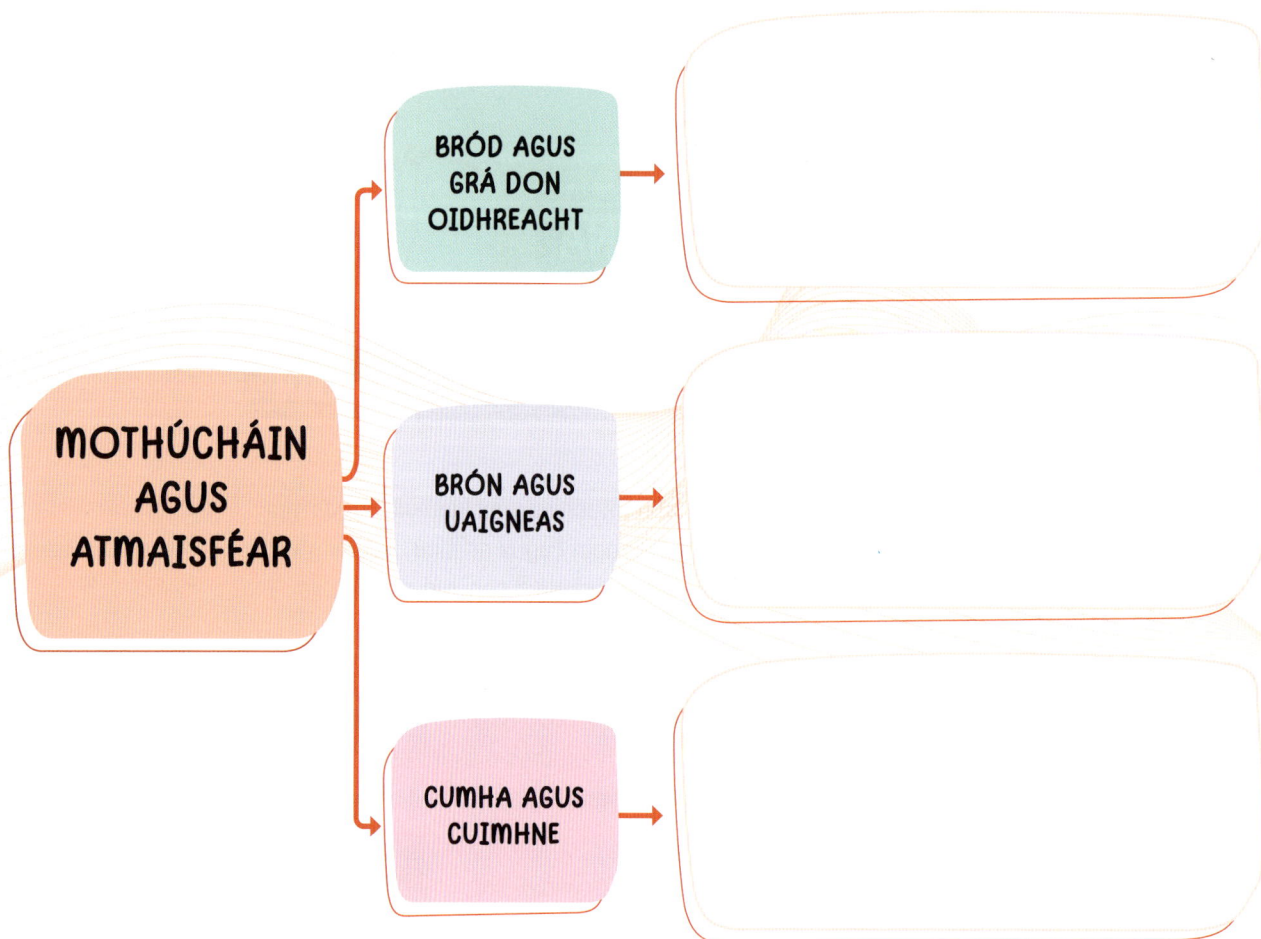

MOTHÚCHÁIN AGUS ATMAISFÉAR

- **BRÓD AGUS GRÁ DON OIDHREACHT** →
- **BRÓN AGUS UAIGNEAS** →
- **CUMHA AGUS CUIMHNE** →

FREAGRAÍ SAMPLACHA ARDTEISTIMÉIREACHTA

Ceist: Céard faoi an dán seo?

Is faoi theanga feadaíola a d'úsáid muintir Aas fadó an dán seo. Déanann sé cur síos ar an gcaoi ar úsáideadh í, ach gur imigh sí le himeacht ama. Léirítear é seo sa líne: 'is cuimhin le muintir Aas / go mbíodh teanga / á feadaíl / ag na haoirí fadó'.

Ceist: Cé a d'úsáid an teanga feadaíola?

D'úsáid 'na haoirí' agus 'na mná a d'oibrigh / sna goirt máguaird' an teanga. Bhí sí ina cuid den ghnáthshaol acu: 'fead a d'iompair / nuacht an lae / idir aoirí / agus na mná'.

Ceist: Cén fáth a n-úsáidfeá teanga mar seo?

Bhí sí úsáideach ar 'b[h]ealach fuaime an ghleanna / idir féarach is sráidbhaile', agus bhí sí oiriúnach don timpeallacht. Chabhraigh sí le cumarsáid, agus fiú i gcúinsí fíorchontúirteacha: 'choimeád an feadaíl / Giúdaigh slán ó chontúirt'.

Ceist: Cad a tharla don teanga feadaíola?

Tháinig deireadh léi. Níor úsáideadh í níos mó agus chuaigh sí i léig. Deirtear: 'Níor chualathas ó shin í', agus 'níl ar chumas éinne / na fuaimeanna a aithris'. De bharr nach ndearnadh 'aon taifead', tá an teanga caillte anois.

Ceist: Cad é príomhtheachtaireacht an dáin?

Cuireann an dán béim ar thábhacht na teanga agus na cuimhne. Is cuid dár bhféiniúlacht í an teanga, agus léiríonn sé caillteanas nuair a imíonn sí i léig: 'Maireann sí i gcuimhne na ndaoine...'. Ach tugtar rabhadh freisin: 'Níor deineadh aon taifead'. Tá an teachtaireacht soiléir: caomhnaímis ár dteangacha sula mbeidh sé ródhéanach.

Ceist: Cá háit ar úsáideadh an teanga feadaíola agus cén fáth a raibh sí tábhachtach?

FREAGRA

Úsáideadh an teanga i gceantar tuaithe Aas mar mheán cumarsáide idir daoine i bhfad óna chéile: 'is cuimhin le muintir Aas / go mbíodh teanga / á feadaíl / ag na haoirí fadó'. Bhí sí úsáideach sa timpeallacht, mar d'iompar sí 'nuacht an lae / idir aoirí / agus na mná a d'oibrigh', idir 'féarach is sráidbhaile'. Bhí sí tábhachtach sa chogadh fiú, mar 'choimeád an fheadaíl / Giúdaigh slán ó chontúirt'.

Ceist: Cad a tharla don teanga tar éis an chogaidh, agus ar léirigh an file meas uirthi?

FREAGRA

Tar éis an chogaidh, d'imigh an teanga i léig agus níor taifeadadh í: 'Níor chualathas ó shin í', mar 'níl ar chumas éinne / na fuaimeanna a aithris.' Léiríonn an file meas ar an teanga trí í a chur i gcomhthéacs na cuimhne agus na hoidhreachta: 'Maireann sí i gcuimhne na ndaoine'.

SCILEANNA SCRÍBHNEOIREACHTA

1. Déan cur síos, i d'fhocail féin, ar ról na teanga feadaíola le linn aimsir na Naitsithe. (*Línte 8–10*)

2. Scríobh síos an mothúchán is láidre sa dán, dar leat. Tabhair dhá shampla, i d'fhocail féin, den mhothúchán sin sa dán. (*Línte 13–15*)

3. Scríobh síos príomhthéama an dáin seo. Tabhair dhá phointe eolais faoin téama sin. (*Línte 1–4, 13–15*)

4. Cén t-atmaisféar atá sa dán seo, dar leat? Tabhair dhá shampla ón dán. (*Línte 5–7, 13–15*)

5. Scríobh síos rud amháin a thaitin leat agus rud amháin nár thaitin leat faoin dán seo. (*Freagra oscailte, ach ba chóir tagairt a dhéanamh do línte 1–15*)

6. Luaigh dhá rud a rinne na haoirí agus na mná leis an teanga feadaíola. (*Línte 5–9*)

7. Déan cur síos ar an gcaoi ar chabhraigh an teanga le daoine le linn an Dara Cogadh Domhanda. (*Línte 8–10*)

8. Scríobh síos dhá fháth a raibh brón le feiceáil sa dán seo. (*Línte 13–15*)

_____

_____

_____

9. Cén fáth a bhfuil an dán seo tábhachtach, dar leat? Tabhair dhá phointe eolais. (*Tagairtí ó línte 1–15*)

_____

_____

_____

10. Cad é an pictiúr is láidre a chruthaíonn an file sa dán? Mínigh an pictiúr sin. (*Sampla ó línte 5–9, 11–12*)

_____

_____

_____

_____

Spás le haghaidh nótaí breise

_____

_____

_____

_____

_____

_____

_____

_____

_____

_____

_____

_____

_____

_____

'Iníon' le hÁine Durkin

Tá **deora**[1] i do shúile anois,
ag do **ráiteas gontach searbh**[2],
'Níl *clue* a'd, *Mom*!' a dúirt tú liom,
's tú **ag iompú uaim**[3] le fearg.

Bhí mise freisin **i d'áitse**[4] tráth,
i mo dhéagóir **meidhreach**[5] *cool*,
a cheap gur **óinseach cheart**[6] an bhean
a chuir cosa i dtaca romham.

Anois tuigim **ciall na máthar**[7] sin,
agus iníon óg a'm fhéin,
is déanaim mar a mhol sí dhom,
lena **comhairle láidir thréan**[8].

Is ceapann tú **go dteipim ort**[9],
bhuel, tuigim duit, a chroí,
ach níl aon lá nár **mhéadaigh mo ghrá**[10]
ó tháinig tusa ar an saol.

[1] *Tears*
[2] *Short, bitter statement*
[3] *Turning away from me*
[4] *In your place*
[5] *Cheerful*
[6] *Real fool*
[7] *Mother's wisdom*
[8] *Strong, steady advice*
[9] *That I'm failing you*
[10] *That my love hasn't grown*

Achoimre ar an Dán

Sa dán 'Iníon' le hÁine Durkin, labhair an iníon go borb lena máthair agus d'imigh sí léi agus fearg uirthi. Smaoinigh an mháthair siar ar a hóige féin. Thuig sí ciall na comhairle a fuair sí óna máthair féin. Mothaíonn sí grá mór dá hiníon i gcónaí.

Foclóir Úsáideach

Gaeilge	Béarla
Deora	*Tears*
Ráiteas gontach	*Sharp/short statement*
Fearg	*Anger*
Ag iompú uaim	*Turning away from me*
Déagóir	*Teenager*
Meidhreach	*Cheerful/lively*
Óinseach	*Fool (female)*
Cosa i dtaca	*Standing firm/being stubborn*
Ciall	*Sense/meaning*
Mol	*Advise*
Comhairle	*Advice*
Láidir	*Strong*
Teip	*Fail*
Mo ghrá	*My love*
Ó tháinig tusa ar an saol	*Since you came into the world*

CLEACHTAÍ

Meaitseáil na focail Ghaeilge agus Bhéarla.

Focal Gaeilge	Focal Béarla	Freagraí	
A. Deora	**1.** *Advice*	A	2
B. Ráiteas	**2.** *Tears*	B	
C. Ag iompú	**3.** *Advise*	C	
D. Déagóir	**4.** *Turning*	D	
E. Meidhreach	**5.** *Teenager*	E	
F. Óinseach	**6.** *Cheerful*	F	
G. Ciall	**7.** *Sense/meaning*	G	
H. Mol	**8.** *Statement*	H	
I. Comhairle	**9.** *Fool (female)*	I	
J. Teip	**10.** *Fail*	J	

CEISTEANNA BUNÚSACHA

1. Cad a dúirt an iníon lena máthair?

2. Conas a mhothaigh an mháthair?

3. An raibh sé deacair ar an máthair an iníon a thuiscint?

_____

_____

4. Cad a thuigeann an mháthair anois?

_____

_____

5. An bhfuil grá ag an máthair dá hiníon fós?

_____

_____

6. Cad a cheapann tusa faoin máthair sa dán?

_____

_____

An Gaol Casta: Máthair vs Iníon

Máthair

- Bhí sí ina déagóir.
- Tuigeann sí go raibh an grá níos casta ná mar a cheap sí.
- Tugann sí comhairle mhaith dá hiníon.
- Féachann sí ar a máthair féin mar dhuine.

GRÁ

Iníon

- Déagóir faoi láthair.
- Mothaíonn sí nach dtuigeann a máthair í: 'Níl _clue_ a'd, _Mom_!'
- Mothaíonn sí fearg agus b'fhéidir uaireanta strus.

CLEACHTAÍ

Léigh na habairtí agus líon na bearnaí leis na focail thíos.

Focail le cur isteach: fearg, comhairle, grá, déagóir, óinseach

Bhí an iníon lán le _____ agus d'iompaigh sí óna máthair.

Bhí an mháthair ina _____ freisin tráth den saol.

Cheap sí gurbh _____ a máthair.

Chuir a máthair _____ uirthi.

Bhí _____ ag an máthair dá hiníon i gcónaí.

PRÍOMHTHÉAMAÍ AN DÁIN

[11]*The tension*

[12]*Tension was shown*

[13]*Happens*

1. An Teannas[11] idir Máthair agus Iníon

Sa chéad véarsa, taispeánadh an teannas[12] idir máthair agus a hiníon óg. Bhí an iníon ina déagóir. Bhí fearg uirthi agus bhí díomá ar an máthair. Mhothaigh an iníon nár thuig a máthair í. Dúirt sí, 'Níl *clue* a'd, *Mom*!', rud a tharlaíonn[13] go minic idir tuismitheoirí agus déagóirí.

2. Tuiscint na Máthar

[14]*Old fashioned*

[15]*Common*

Sa dara véarsa, smaoinigh an mháthair siar ar a hóige. Bhí sí ina déagóir 'meidhreach *cool*' freisin agus cheap sí gur duine seanfhaiseanta[14] a bhí ina máthair féin. Thaispeáin sé seo gur rud coitianta[15] é idir máthair agus iníon.

3. Athrú Meoin

[16]*She followed the advice*

[17]*Passing of time*

Sa tríú véarsa, thuig an mháthair go raibh ciall ag a máthair féin. Lean sí an chomhairle[16] a cuireadh uirthi nuair a bhí sí óg. D'athraigh sí a meon. Thaispeáin sé seo go dtagann tuiscint le himeacht ama[17].

4. Grá na Máthar

[18]*Difficulties between them*

Sa véarsa deireanach, dúirt an mháthair gur mhéadaigh a grá gach lá. Níor stop sí riamh ag tabhairt grá dá hiníon, fiú nuair a bhí deacrachtaí eatarthu[18]. Léirigh sí grá mór, seasmhach.

CEISTEANNA BUNÚSACHA

1. Cén fáth a raibh an iníon crosta sa chéad véarsa? (*An Teannas idir Máthair agus Iníon*)

2. Cad a smaoinigh an mháthair nuair a chuimhnigh sí ar a hóige? (*Tuiscint na Máthar*)

3. Cad a cheap sí faoina máthair féin nuair a bhí sí óg? (*Tuiscint na Máthar*)

4. Cad a thuig an mháthair sa tríú véarsa? (*Athrú Meoin*)

5. Conas a léirigh an mháthair grá dá hiníon sa véarsa deireanach? (*Grá na Máthar*)

Anois scríobh faoi na príomhthéamaí sna boscaí thíos.

2 TUISCINT NA MÁTHAR

3 ATHRÚ MEOIN

TÉAMAÍ

1 AN TEANNAS IDIR MÁTHAIR AGUS INÍON

4 GRÁ NA MÁTHAR

ÍOMHÁNNA AN DÁIN 🖼️

1. Brón na hIníne

Sa chéad íomhá, feicimid an iníon agus **brón agus díomá**[19] uirthi. Bhí sí gortaithe agus feargach nuair a labhair sí **go borb**[20] lena máthair. Léirítear **pian mhothúchánach**[21] na hiníne sna línte: 'Tá deora i do shúile anois, / ag do ráiteas gontach searbh'.

2. An Iníon Fheargach

Léirítear an iníon[22] mar dhuine feargach agus frustrach. Deir sí le teann frustrachais nach dtuigeann a máthair í, agus **iompaíonn sí uaithi**[23]. Ní thuigeann sí go bhfuil grá ag a máthair di fós. Léirítear é seo sna línte: 'Níl *clue* a'd, *Mom*!' a dúirt tú liom, / 's tú ag iompú uaim le fearg'.

3. An Mháthair Mar Dhéagóir

Smaoiníonn an mháthair siar ar a hóige féin. Bhí sí ina déagóir freisin agus cheap sí gur **óinseach**[24] a máthair ag an am. Déanann an file cur síos macánta air seo: 'Bhí mise freisin i d'áistse tráth, / i mo dhéagóir meidhreach *cool*, / a cheap gur óinseach cheart an bhean / a chuir cosa i dtaca romham.' Tuigeann sí anois go bhfuil a hiníon ag dul tríd an gcéim chéanna den saol.

4. Grá na Máthar

Sa véarsa deireanach, léiríonn an mháthair nár laghdaigh a grá riamh. A mhalairt ar fad, de réir mar a chuaigh an t-am ar aghaidh, mhéadaigh sé: 'Níl aon lá nár mhéadaigh mo ghrá.' Tugann sí le fios go raibh sí i gcónaí ag smaoineamh ar a hiníon, **fiú nuair a bhí fadhbanna eatarthu**[25].

[19] *Sadness and disappointment*
[20] *Sharply*
[21] *Emotional pain*
[22] *The daughter is shown*
[23] *She turns away from her*
[24] *Fool*
[25] *Even when they had problems*

CEISTEANNA BUNÚSACHA

1. Cé a bhí ag caoineadh sa chéad íomhá? (*Brón na hIníne*)

   _____

   _____

2. Cad a dúirt an iníon lena máthair? (*An Iníon Fheargach*)

   _____

   _____

3. Cad a rinne an iníon tar éis di labhairt léi? (*An Iníon Fheargach*)

   _____

   _____

4. Cad a cheap an mháthair faoina máthair féin nuair a bhí sí ina déagóir? (*An Mháthair Mar Dhéagóir*)

   _____

   _____

5. Cad a dúirt an mháthair faoina grá sa véarsa deireanach? (*Grá na Máthar*)

   _____

   _____

Anois scríobh faoi na híomhánna sna boscaí thíos.

2 An Iníon Fheargach

3 An Mháthair mar Dhéagóir

ÍOMHÁNNA

1 Brón na hIníne

4 Grá na Máthar

MOTHÚCHÁIN AGUS ATMAISFÉAR AN DÁIN

1. **Teannas agus Coimhlint ag an Tús**[26]

Thosaigh an dán le mothúcháin láidre mar bhrón agus fearg. Bhí an mháthair trína chéile agus gortaithe nuair a labhair a hiníon go borb léi. Léirítear a pian go soiléir sa chur síos a thugann sí ar an méid a dúirt an iníon léi, a 'ráiteas gontach searbh'. Bhí teannas eatarthu agus léirítear nár thuig an iníon mothúcháin a máthar.

2. **Machnamh agus Aithint sa Lár**[27]

Sa lár, smaoinigh an mháthair siar ar a hóige féin. Chuimhnigh sí gur cheap sí féin riamh go raibh a máthair mícheart freisin. Léirítear a tuiscint sna línte: 'Bhí mise freisin i d'áistse tráth, / i mo dhéagóir meidhreach *cool*, / a cheap gur óinseach cheart an bhean / a chuir cosa i dtaca romham.' Thaispeáin sé seo go raibh **tuiscint níos fearr**[28] aici ar a hiníon anois mar aithníonn sí a cuid botún féin mar dhéagóir.

3. **Grá Buan ag an Deireadh**[29]

Sa deireadh, léiríonn an mháthair grá mór dá hiníon. Fiú nuair a bhíonn deacrachtaí eatarthu, feictear seasmhacht an ghrá: 'Ach níl aon lá nár mhéadaigh mo ghrá / Ó tháinig tusa ar an saol'. Chríochnaigh an dán ar nóta dearfach **le dóchas agus le grá**[30].

[26]*Tension and conflict at the start* [27]*Reflection and realisation in the middle* [28]*Better understanding* [29]*Lasting love at the end* [30]*With hope and love*

CEISTEANNA BUNÚSACHA

1. Conas a mhothaigh an mháthair ag tús an dáin? (*Teannas agus Coimhlint ag an Tús*)

2. Cad a dúirt an iníon lena máthair? (*Teannas agus Coimhlint ag an Tús*)

3. Céard air ar chuimhnigh an mháthair sa lár? (*Machnamh agus Aithint sa Lár*)

4. Cad a thuig an mháthair? (*Machnamh agus Aithint sa Lár*)

5. Cad a mhothaigh an mháthair ag deireadh an dáin? (*Grá Buan ag an Deireadh*)

Scríobh faoin atmaisféar agus na mothúcháin sna boscaí thíos.

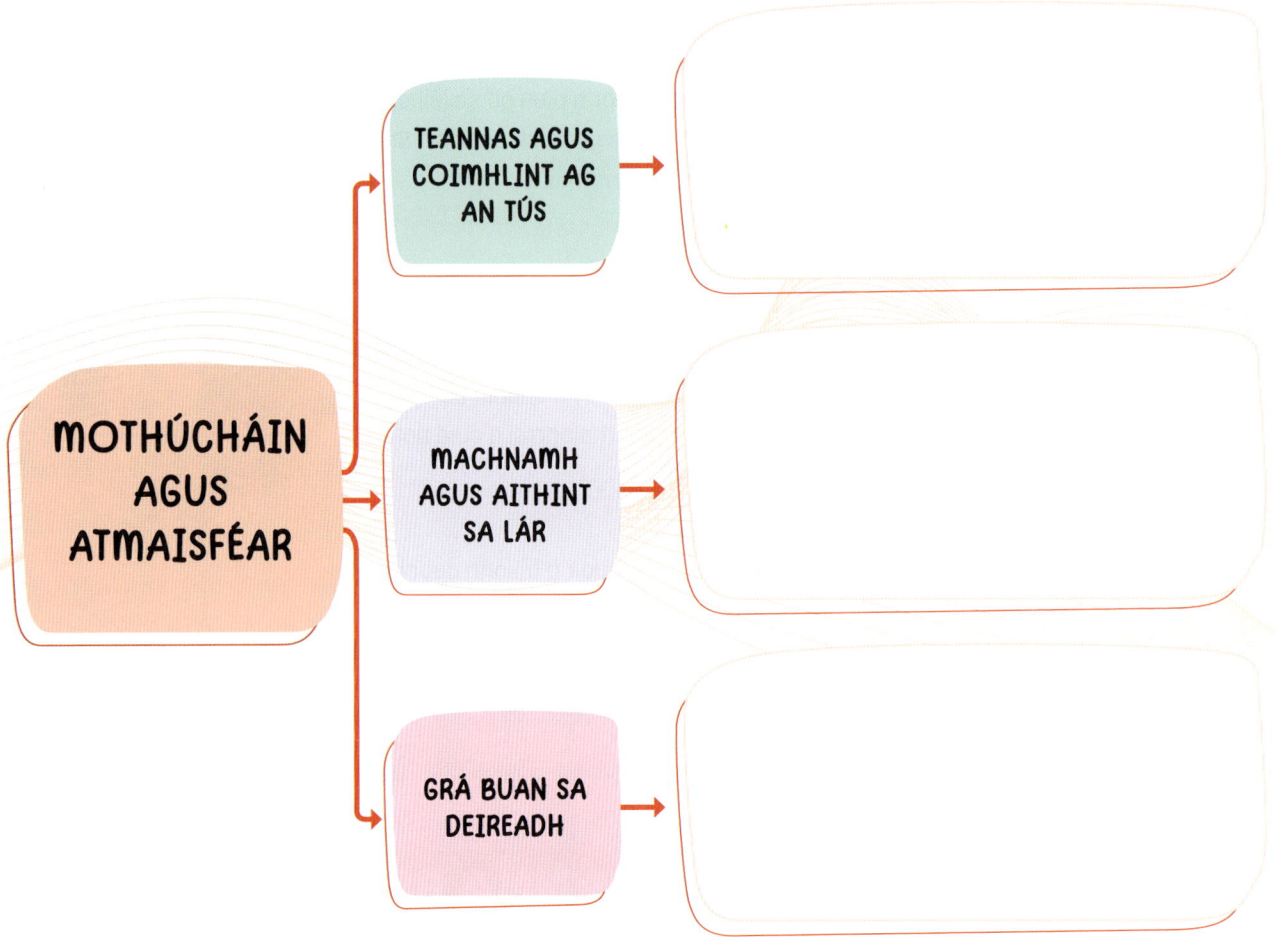

```
MOTHÚCHÁIN
AGUS
ATMAISFÉAR
```

→ TEANNAS AGUS COIMHLINT AG AN TÚS →

→ MACHNAMH AGUS AITHINT SA LÁR →

→ GRÁ BUAN SA DEIREADH →

FREAGRAÍ SAMPLACHA ARDTEISTIMÉIREACHTA

Ceist: Conas a léiríodh brón na hiníne sa dán?

Léiríodh brón na hiníne go soiléir sa líne: 'Tá deora i do shúile anois, / ag do ráiteas gontach searbh'.

Ceist: Conas a mhothaigh an iníon sa chéad véarsa?

Bhí sí crosta agus dúnta. Níor éist sí lena máthair agus léirigh sí frustrachas. Léirítear é seo sa líne: ' 's tú ag iompú uaim le fearg'. Thug sí neamhaird ar a máthair agus ar an gcaidreamh eatarthu sa nóiméad sin.

Ceist: Céard a thuig an mháthair agus í ag smaoineamh ar a hóige?

Thuig sí gur mhothaigh sí na mothúcháin chéanna agus í féin óg. Deir sí: 'Bhí mise freisin i d'áistse tráth' agus 'a cheap gur óinseach cheart an bhean / a chuir cosa i dtaca romham'. Thuig sí gurb é seo a tharlaíonn ó ghlúin go glúin.

Ceist: Céard a rinne an mháthair leis an gcomhairle a fuair sí?

Níor chaith sí an chomhairle i leataobh, ach ghlac sí léi nuair a thuig sí a tábhacht. Deir sí: 'is déanaim mar a mhol sí dhom, / lena comhairle láidir thréan'.
  Taispeánann sé seo go raibh sí toilteanach glacadh le heagna a máthar agus gur lean sí an chomhairle sin ina dhiaidh sin.

Ceist: Conas a chríochnaíonn an dán?

Críochnaíonn an dán le teachtaireacht dhomhain faoi ghrá buan na máthar. Cé go gceapann an iníon 'go dteipim ort', tugann an mháthair le fios: 'níl aon lá nár mhéadaigh mo ghrá / ó tháinig tusa ar an saol'. Taispeánann sí grá láidir, seasmhach, in ainneoin gach ruda.

Ceist: Cén fáth a raibh an mháthair trína chéile ar dtús, agus cén t-athrú a tháinig uirthi i lár an dáin?

FREAGRA

Bhí an mháthair trína chéile ar dtús mar bhí a hiníon borb agus feargach léi. Dúirt an iníon: 'Níl clue a'd, Mom!' agus chas sí uaithi 'le fearg'. Bhí brón ar an máthair ag an nóiméad sin: 'Tá deora i do shúile anois / ag do ráiteas gontach searbh'. Mhothaigh an iníon féin díomá freisin mar gheall ar a focail ghonta.

I lár an dáin, tháinig athrú meoin ar an máthair. Thosaigh sí ag smaoineamh siar ar a hóige: 'Bhí mise freisin i d'áistse tráth', agus thuig sí gurbh amhlaidh a mhothaigh sí féin faoina máthair féin: 'a cheap gur óinseach cheart an bhean / a chuir cosa i dtaca romham'. Thug an machnamh sin ciúnas agus tuiscint di.

Ceist: Cad a thuig an mháthair faoina máthair féin, agus cén t-atmaisféar a bhí le sonrú ag deireadh an dáin?

FREAGRA

Thuig an mháthair gur cheap sí féin tráth go raibh a máthair mícheart, díreach mar a cheap a hiníon fúithi anois: 'Anois tuigim ciall na máthar sin'. Léiríonn sé go bhfuil patrún le feiceáil ó ghlúin go glúin, ach freisin go dtagann tuiscint le himeacht ama.

Ag deireadh an dáin, tá atmaisféar dóchasach agus lán le grá ann. Cé go gceapann an iníon 'go dteipim ort', deir an mháthair go bródúil agus go séimh: 'níl aon lá nár mhéadaigh mo ghrá / ó tháinig tusa ar an saol'. Léiríonn sé grá buan na máthar, fiú nuair a bhíonn coimhlint ann.

SCILEANNA SCRÍBHNEOIREACHTA

1. Luaigh dhá phointe eolais faoin gcaidreamh idir an mháthair agus an iníon ag tús an dáin seo. (*Línte 1–4*)

2. Cad a deir an mháthair faoin ngrá atá aici dá hiníon ag deireadh an dáin? (*Línte 10–11*)

3. Cad a thuigeann an mháthair agus í ag smaoineamh ar a hóige féin? (*Líne 7*)

4. Cén teachtaireacht atá sa dán ó thús go deireadh? (*Dán iomlán*)

5. Cén íomhá a chruthaíonn an file sa chéad véarsa den dán? (*Línte 1–4*)

6. Cén fáth a bhfuil brón ar an máthair ag tús an dáin? (*Línte 1–2*)

7. Luaigh sampla amháin d'íomhá láidir ón dán. (*Línte 1–4*)

8. Cén mothúchán is láidre sa dán, dar leat? Tabhair dhá fháth leis an bhfreagra sin. (*Línte 1–4 agus 10–11*)

9. Cad a d'fhoghlaim an mháthair faoina hiníon nó faoina máthair féin? (*Línte 7–11*)

_____

_____

_____

10. Cé hí an cainteoir sa dán? Conas a chuireann sí a mothúcháin in iúl? (*Freagra oscailte, ach tagairtí ó línte 1, 7 nó 10*)

_____

_____

_____

_____

Spás le haghaidh nótaí breise

_____

_____

_____

_____

_____

_____

_____

_____

_____

_____

_____

_____

_____

_____

_____

_____

'Glaoch Abhaile'
le hÁine Ní Ghlinn

Sea sea a Mham
Go diail ar fad[1]
Tá árasán agam
Dhá sheomra
Iad breá cluthar[2]
Teas lárnach[3] *agus uile*
No *níl fón agam go fóill*
Ach beadsa chugaibh[4]
don Nollaig
Sea don Nollaig
le cúnamh Dé[5]

Leagann Páidín
síos an fón
**Crochann
a mhála dufail**[6]
ar a ghualainn[7]
A mhála codlata
faoina ascaill[8] is
siúlann sé ar ais
chuig a bhosca
taobh thiar de
Stáisiún Waterloo

[1] *Great altogether*

[2] *Nice and cosy*
[3] *Central heating*

[4] *But I'll be home*

[5] *Please God*

[6] *Slings his duffel bag*
[7] *Over his shoulder*
[8] *Under his arm*

Achoimre ar an Dán

Chuir leaid óg glaoch ar a mháthair. Dúirt sé léi go raibh sé go breá agus go mbeadh sé sa bhaile don Nollaig. Dúirt sé go raibh árasán breá compordach ina raibh teas lárnach aige. Nuair a chuir sé deireadh leis an nglaoch, thóg sé a mhála codlata agus shiúil sé ar ais chuig bosca taobh thiar de Stáisiún Waterloo. Bhí sé gan dídean, ach níor inis sé an fhírinne dá mháthair.

Foclóir Úsáideach

Gaeilge	Béarla
Árasán	Apartment
Cluthar	Cosy/comfortable
Teas lárnach	Central heating
Fón	Phone
Cúnamh Dé	God's help
Crochann	Hangs
Mála dufail	Duffel bag
Mála codlata	Sleeping bag
Ascaill	Armpit
Bosca	Box (here: shelter box)
Stáisiún	Station

CLEACHTAÍ

Meaitseáil na focail Ghaeilge agus Bhéarla.

Focal Gaeilge	Focal Béarla	Freagraí	
A. Árasán	1. Armpit	A	5
B. Cluthar	2. Sleeping bag	B	
C. Teas lárnach	3. Cosy/comfortable	C	
D. Fón	4. Duffel bag	D	
E. Mála dufail	5. Apartment	E	
F. Mála codlata	6. Phone	F	
G. Ascaill	7. Central heating	G	
H. Bosca	8. Box	H	

CEISTEANNA BUNÚSACHA

1. Cé leis a raibh an leaid óg ag caint ar an bhfón?

2. Cad a dúirt sé faoina árasán?

3. Cathain a dúirt sé go dtiocfadh sé abhaile?

4. Cad a rinne sé nuair a chuir sé deireadh leis an nglaoch?

_____

_____

5. Cad a bhí á iompar aige?

_____

_____

6. Cá ndeachaigh sé ag deireadh an dáin?

_____

_____

Finscéal vs Fíorscéal

Saol Samhailteach
(Ar an bhfón)

» Tá árasán aige

» Dhá sheomra

» Breá cluthar

» Teas lárnach

» Beidh sé sa bhaile don Nollaig

Réaltacht
(Tar éis an ghlao)

» Crochann sé mála dufail

» Tá mála codlata aige

» Tá sé ag siúl ar ais chuig bosca taobh thiar de stáisiún

CLEACHTAÍ

Léigh na habairtí agus líon na bearnaí leis na focail thíos.

Focail le cur isteach: bosca, fón, árasán, mhála dufail, Nollaig

Dúirt sé go mbeadh sé sa bhaile don _____.

Bhí _____ cluthar aige, le teas lárnach.

Ní raibh _____ aige fós, ach gheall sé glaoch arís.

Chroch sé a _____ ar a ghuaile.

Shiúil sé ar ais chuig _____ taobh thiar de Stáisiún Waterloo.

PRÍOMHTHÉAMAÍ AN DÁIN

[9]Emigration

[10]Loneliness and sadness

[11]His life abroad

[12]Cosy apartment

[13]He didn't want

[14]Strong connection

[15]Sadness and hidden truth

[16]Created

1. **Imirce[9] agus Uaigneas**

   Bhí an dán bunaithe ar shaol imirceora óig a d'imigh thar sáile. Chuir sé glaoch ar a mháthair ó Londain. Cé go ndúirt sé go raibh gach rud go breá – *'Go diail ar fad / Tá árasán agam'* – bhí **uaigneas agus brón[10]** le mothú ann. Thuig an léitheoir nach raibh **a shaol thar lear[11]** chomh maith agus a lig sé air, go háirithe nuair a fheicimid é ag siúl 'chuig a bhosca / Taobh thiar de / Stáisiún Waterloo'.

2. **Bród agus Bréag Bheag**

   Dúirt sé go raibh **árasán cluthar[12]** aige, *'Dhá sheomra / Iad breá cluthar',* agus go mbeadh sé sa bhaile don Nollaig: *'Ach beadsa chugaibh / don Nollaig'.* Ach sa deireadh, chonaiceamar nach raibh sé ag insint na fírinne. Ní raibh fón aige ('No *níl fón agam go fóill'*) agus bhí sé ag dul ar ais chuig bosca. Lig sé air go raibh gach rud ceart go leor mar **nár theastaigh uaidh[13]** imní a chur ar a mháthair.

3. **Teaghlach agus Grá**

   Léirigh an glaoch grá agus **ceangal láidir[14]** teaghlaigh. Cé go raibh sé i gcruachás, bhí sé tábhachtach dó glaoch a chur abhaile. Rinne sé iarracht a mháthair a shásamh: *'Sea don Nollaig / le cúnamh Dé'.* Thaispeáin sé go raibh grá aige di agus gur theastaigh uaidh í a shásamh, fiú mura raibh sé ag insint na fírinne.

4. **Brón agus Fírinne Fholaithe[15]**

   Bhí codarsnacht mhór sa dán idir an méid a dúirt an buachaill agus an fhírinne. Ar an bhfón, dúirt sé go raibh sé compordach agus sásta, ach i ndáiríre, 'Crochann / a mhála dufail / ar a ghualainn / A mhála codlata / faoina ascaill'. Bhí sé gan dídean agus ina chónaí i mbosca. **Chruthaigh[16]** an íomhá dheireanach, de Pháidín ag siúl 'chuig a bhosca / taobh thiar de / Stáisiún Waterloo', atmaisféar brónach agus cumhachtach.

CEISTEANNA BUNÚSACHA

1. Cad a dúirt an leaid óg faoin áit a raibh sé ina chónaí? (*Bród agus Bréag Bheag*)

2. Cén fáth ar lig an leaid air go raibh gach rud ceart go leor? (*Bród agus Bréag Bheag*)

3. Luaigh rud amháin faoin áit a raibh an buachaill ag fanacht. (*Imirce agus Uaigneas*)

4. Cad a thaispeánann an glaoch faoin leaid agus a mháthair? (*Teaghlach agus Grá*)

5. Luaigh bealach amháin a léirítear brón sa dán. (*Brón agus Fírinne Fholaithe*)

Anois scríobh dhá líne faoi na téamaí sna boscaí thíos.

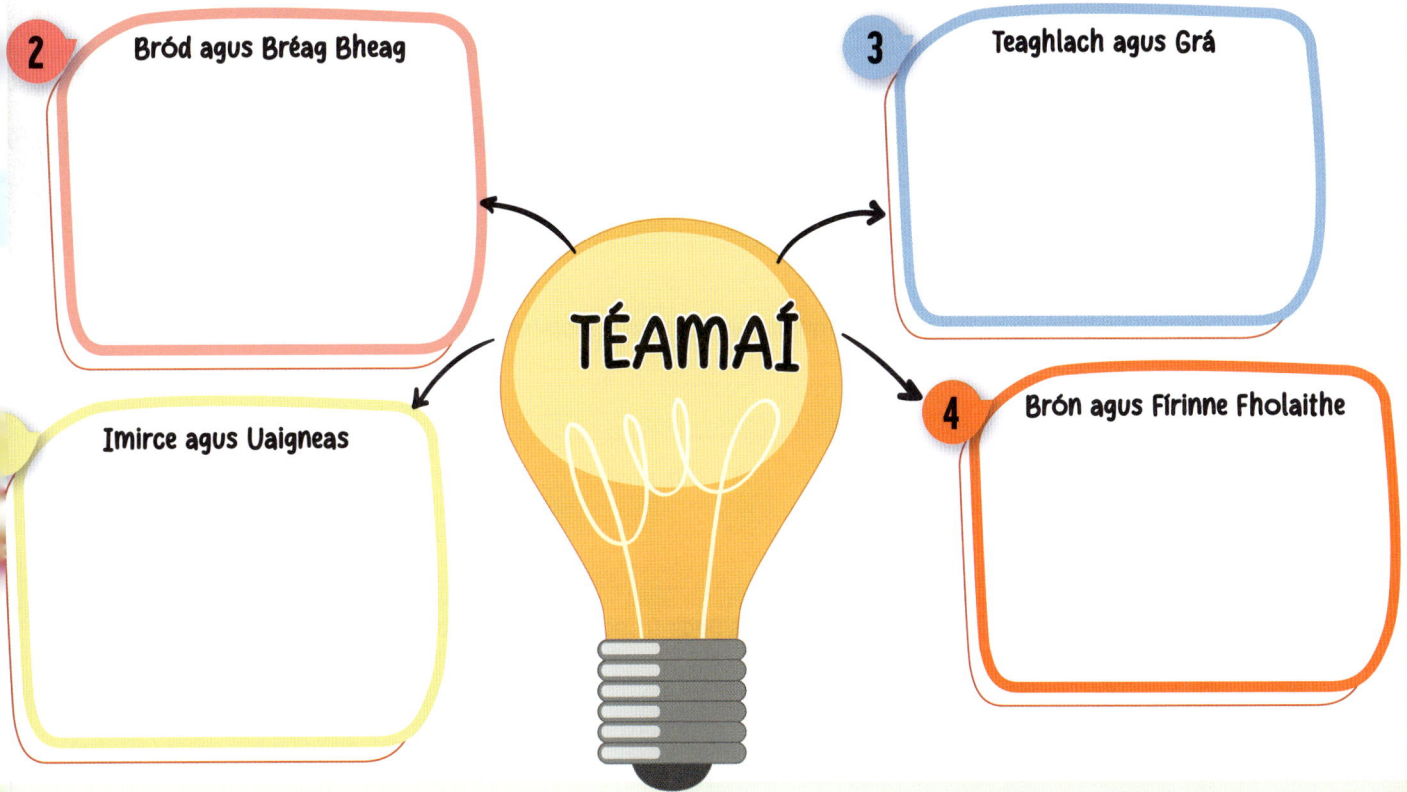

2 Bród agus Bréag Bheag

3 Teaghlach agus Grá

Imirce agus Uaigneas

TÉAMAÍ

4 Brón agus Fírinne Fholaithe

ÍOMHÁNNA AN DÁIN

1. An Glao Fóin

Bhí an leaid ag caint lena mháthair ar an bhfón. Dúirt sé go raibh gach rud *'Go diail ar fad'*. Luaigh sé árasán cluthar agus **pleananna don Nollaig**[17]: *'Tá árasán agam / Dhá sheomra / Iad breá cluthar'* agus *'beadsa chugaibh / don Nollaig / Sea don Nollaig'*. Ach bhí sé **ag insint bréige**[18] chun í a shásamh, mar is léir sa deireadh nach raibh sé ag cur faoi in áit shábháilte i ndáiríre.

[17] *Christmas plans*

[18] *Telling lies*

2. An Mála Dufail

Tar éis an ghlao, **chonaiceamar**[19] go raibh sé ag iompar mála dufail agus mála codlata: *'Crochann / a mhála dufail / ar a ghualainn / A mhála codlata / faoina ascaill'*. Léirigh sé seo go raibh sé **gan dídean**[20]. Ní raibh teach ná **sábháilteacht**[21] ina shaol, ach amháin na rudaí beaga a bhí leis.

[19] *We saw*

[20] *Homeless*
[21] *Safety*

3. Stáisiún Waterloo

Bhí sé ag dul ar ais chuig bosca taobh thiar de Stáisiún Waterloo. **Léirigh sé**[22] nach raibh áit chónaithe aige: *'Chuig a bhosca / Taobh thiar de / Stáisiún Waterloo'*. Bhí sé ag maireachtáil ar na sráideanna, agus chruthaigh an íomhá seo atmaisféar brónach agus cumhachtach.

[22] *He showed*

4. An tÁrasán Samhailteach

Dúirt sé go raibh árasán breá aige agus **teas lárnach**[23]: *'Teas lárnach agus uile'*. Ach ní raibh sé fíor. Bhí sé ag insint bréige dá mháthair chun í a chosaint óna fhíorchás. Bhí codarsnacht mhór idir an rud a dúirt sé agus an fhírinne a léirigh a ghníomhartha ina dhiaidh sin.

[23] *Central heating*

CEISTEANNA BUNÚSACHA

1. Cé a ghaloigh ar an bhfón agus cén fáth? (*An Glao Fóin*)

2. Cén íomhá a léiríonn nach raibh aon bhaile buan ag an leaid óg? (*An Mála Dufail*)

3. Cá raibh an leaid óg ag dul tar éis an ghlao fóin? (*Stáisiún Waterloo*)

4. Cén fáth ar inis an leaid óg bréag dá mháthair faoin árasán? (*An tÁrasán Samhailteach*)

5. Luaigh rud amháin a bhí ag an mbuachaill leis nuair a chonaiceamar é tar éis an ghlao fóin.
(*An Mála Dufail*)

Anois scríobh faoi na híomhánna sna boscaí thíos.

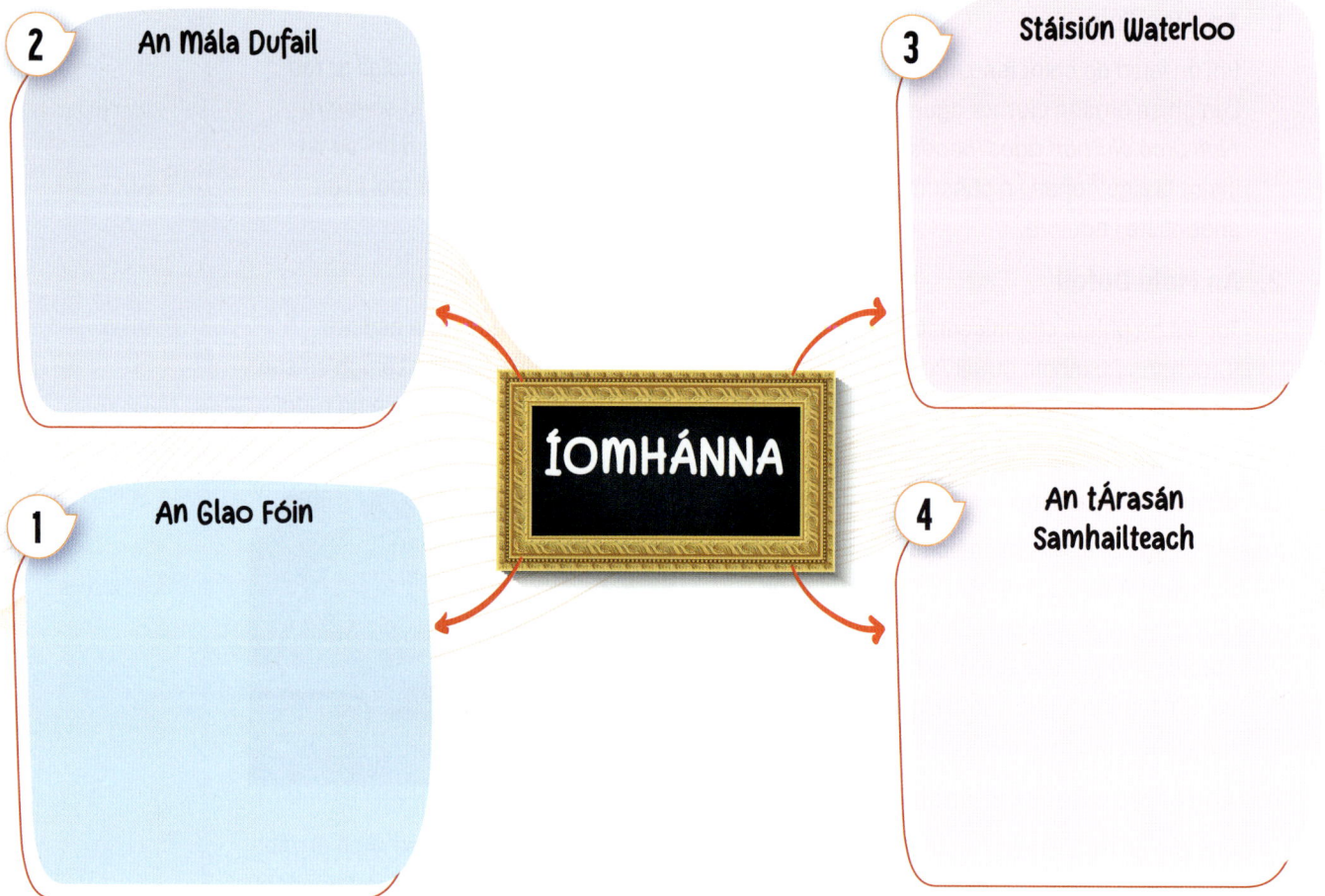

2 An Mála Dufail

3 Stáisiún Waterloo

ÍOMHÁNNA

1 An Glao Fóin

4 An tÁrasán Samhailteach

MOTHÚCHÁIN AGUS ATMAISFÉAR AN DÁIN

1. Brón agus Uaigneas

Bhí an leaid óg brónach agus uaigneach sa dán. Bhí sé **i bhfad óna**[24] mháthair agus óna bhaile. Cé go raibh sé ag caint léi ar an bhfón agus ag rá *'Sea sea a Mham / Go diail ar fad'*, níor inis sé an fhírinne di. Bhí sé **ag iarraidh**[25] teagmháil a dhéanamh léi, ach bhí a shaol **fíordhifriúil**[26] lena raibh súil aici leis, mar a fheicimid agus é ag siúl *'chuig a bhosca / taobh thiar de / Stáisiún Waterloo'*.

[24]*Far from his*

[25]*Wanting to*
[26]*Very different*

2. Bréag agus Náire

D'inis sé bréag dá mháthair nuair a dúirt sé go raibh árasán aige: *'Tá árasán agam / Dhá sheomra / Iad breá cluthar'*. Bhí náire air faoina shaol agus níor theastaigh uaidh go mbeadh sí buartha. Rinne sé iarracht í **a chosaint ón bhfírinne**[27] trí bheith cairdiúil agus dearfach sa ghlao: *'Ach beadsa chugaibh / don Nollaig'*.

[27]*To protect from the truth*

[28]*Insecurity and cold*

3. Easpa Sábháilteachta agus Fuacht[28]

Bhí sé ag maireachtáil i mbosca taobh thiar de stáisiún, áit fhuar agus **neamhshábháilte**[29]. Tugtar le fios dúinn sa líne, *'A mhála codlata / faoina ascaill is / siúlann sé ar ais / chuig a bhosca / taobh thiar de / Stáisiún Waterloo'*. Ní raibh sé sábháilte ná compordach ann. Bhí codarsnacht mhór idir an saol a lig sé air a bhí aige agus an saol a bhí aige i ndáiríre. **Mhothaigh sé**[30] uaigneach, gan tacaíocht, cé gur lig sé air go raibh gach rud ceart go leor.

[29]*Unsafe*

[30]*He felt*

CEISTEANNA BUNÚSACHA

1. Cén fáth a raibh an buachaill brónach agus uaigneach? (*Brón agus Uaigneas*)
   _____
   _____

2. Cad a dúirt an buachaill lena mháthair? (*Brón agus Uaigneas*)
   _____
   _____

3. Cad a dúirt sé faoina áit chónaithe? (*Bréag agus Náire*)
   _____
   _____

4. Cén fáth ar inis sé bréag dá mháthair? (*Bréag agus Náire*)
   _____
   _____

5. Cá raibh sé ina chónaí i ndáiríre? (*Easpa Sábháilteachta agus Fuacht*)
   _____
   _____

Scríobh faoin atmaisféar agus na mothúcháin sna boscaí thíos.

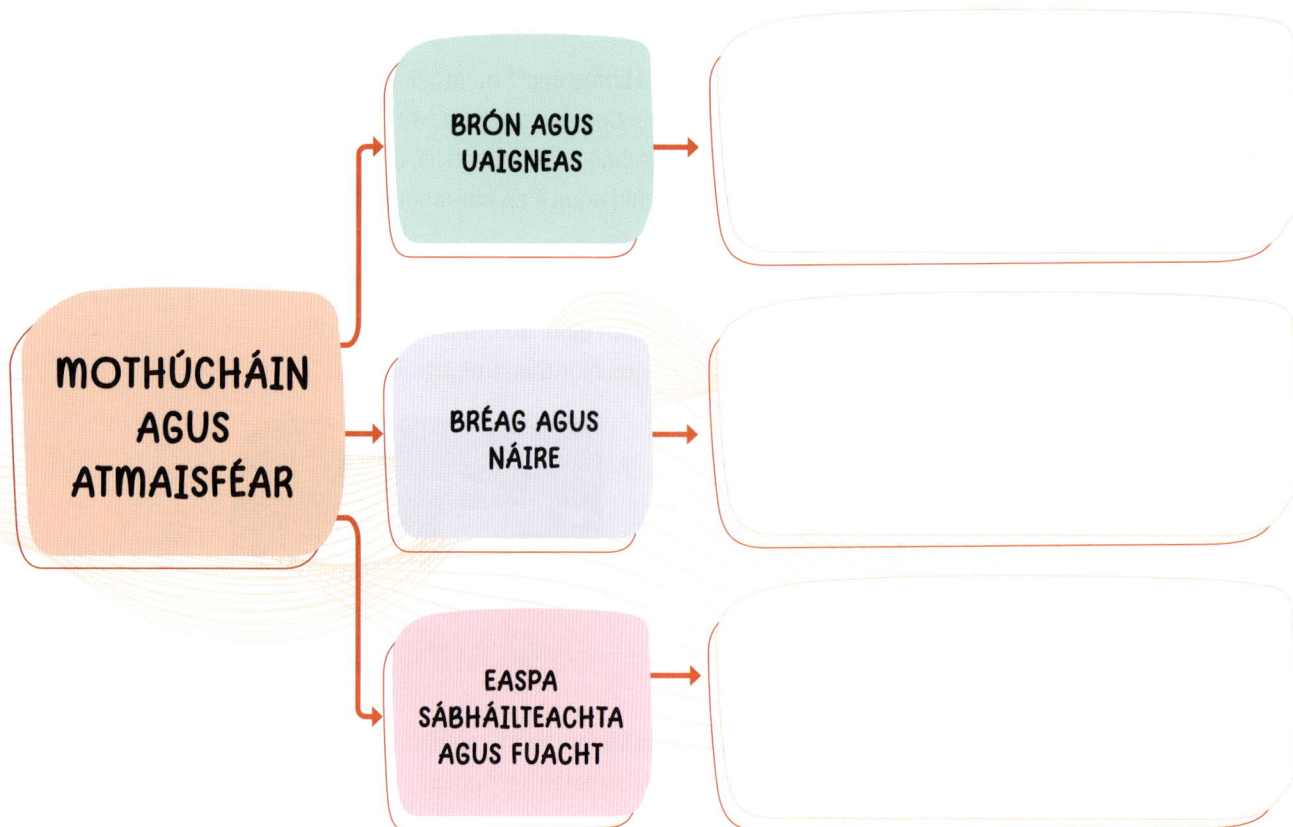

MOTHÚCHÁIN AGUS ATMAISFÉAR

→ BRÓN AGUS UAIGNEAS →

→ BRÉAG AGUS NÁIRE →

→ EASPA SÁBHÁILTEACHTA AGUS FUACHT →

FREAGRAÍ SAMPLACHA ARDTEISTIMÉIREACHTA

Ceist: Cén fáth ar chuir an leaid óg glaoch ar a mháthair?

Theastaigh uaidh teagmháil a dhéanamh lena mháthair agus í a chur ar a suaimhneas. Cé go raibh sé i bhfad ó bhaile agus i gcruachás, bhí sé fós ag iarraidh an ceangal a choinneáil beo.

Deir sé: 'Sea sea a Mham / Go diail ar fad', rud a léiríonn go raibh sé ag ligean air go raibh gach rud ceart go leor.

Ceist: Cad a dúirt sé léi faoin áit ina raibh sé ina chónaí?

Mhaígh sé go raibh sé ina chónaí in árasán compordach, chun an pictiúr a chruthú go raibh ag éirí go maith leis.

Dúirt sé, 'Tá árasán agam / Dhá sheomra / Iad breá cluthar / Teas lárnach agus uile'. Ach i ndáiríre, léiríonn an dán go raibh sé gan dídean: 'siúlann sé ar ais / chuig a bhosca / taobh thiar de / Stáisiún Waterloo'.

Ceist: Cén fáth ar inis sé bréag dá mháthair?

Níor theastaigh uaidh í a chur trína chéile ná a bheith ina chúis bhuartha aici. Bhí sé ag iarraidh dóchas a thabhairt di, fiú más le bréag a rinne sé sin.

Mar a dúirt sé: 'No níl fón agam go fóill / Ach beadsa chugaibh / don Nollaig / Sea don Nollaig / le cúnamh Dé...'

Ceist: Cad a shiombalaigh an mála dufail agus an mála codlata?

Shiombalaigh siad an easpa dídine agus an saol deacair a bhí aige. Ba chomhartha iad de dhuine atá ag maireachtáil gan sábháilteacht ná seasmhacht.

Deirtear: 'Crochann / a mhála dufail / ar a ghualainn / A mhála codlata / faoina ascaill'.

Ceist: Cén t-atmaisféar a cruthaíodh sa dán?

Cruthaíodh atmaisféar brónach, fuar agus uaigneach. Cé gur léirigh sé dóchas lena mháthair, tá fírinne dhorcha i bhfolach taobh thiar de.

Feictear é seo sa deireadh: 'siúlann sé ar ais / chuig a bhosca / taobh thiar de / Stáisiún Waterloo.' Taispeánann sé an chodarsnacht idir a chuid focal agus an saol crua atá aige i ndáiríre.

Ceist: Déan cur síos ar an gcaidreamh atá idir an buachaill agus a mháthair sa dán. Luaigh samplaí ón téacs le do fhreagra.

FREAGRA

Níl an caidreamh idir an buachaill agus a mháthair go hiomlán macánta, ach tá sé fós lán de ghrá. Tá sé ag ligean air go bhfuil gach rud go breá aige, ach is léir ón dán go bhfuil sé ina chónaí ar an tsráid.

Deir sé: 'Sea sea a Mham, / Go diail ar fad'. Tá sé ag iarraidh í a chur ar a suaimhneas, cé nach bhfuil sé ag insint na fírinne.

Feicimid an fhírinne ina dhiaidh sin: 'Crochann / a mhála dufail / ar a ghualainn / A mhála codlata / faoina ascaill is / siúlann sé ar ais / chuig a bhosca'.

Ciallaíonn sé sin go bhfuil sé gan dídean, agus ina chónaí i mbosca taobh thiar de Stáisiún Waterloo.

Tá grá aige dá mháthair, ach tá sé ag iarraidh í a chosaint ón mbrón. Tá náire air faoina shaol agus níor mhaith leis go mbeadh imní uirthi. Cruthaíonn sé pictiúr bréige di, cé go bhfuil sé féin i gcruatan.

Ceist: Mínigh conas a léirítear brón agus easpa sábháilteachta sa dán. Tabhair dhá shampla ón dán chun do fhreagra a mhíniú.

FREAGRA

Léirítear brón sa dán nuair a thuigimid nach bhfuil an leaid óg macánta lena mháthair agus go bhfuil sé ina chónaí ar an tsráid. Tá sé uaigneach agus gan tacaíocht, agus tá brón air go bhfuil air bréag a insint di. Deir sé, 'Sea sea a Mham / Go diail ar fad', cé nach bhfuil sé fíor.

Léirítear easpa sábháilteachta nuair a fheicimid cá bhfuil sé ag fanacht: 'siúlann sé ar ais / chuig a bhosca / taobh thiar de / Stáisiún Waterloo'.

Taispeánann sé seo go bhfuil sé gan dídean, gan seomra, gan tearmann. Ní áit shábháilte ná shocair í an tsráid do dhuine óg.

SCILEANNA SCRÍBHNEOIREACHTA

1. Cad a dúirt an leaid óg faoina shaol sa chéad chuid den dán? (*Línte 1–7*)

2. Cad iad na rudaí a bhí á n-iompar ag an leaid óg tar éis an ghlao fóin? (*Línte 11–12*)

3. Cá raibh an leaid óg ina chónaí i ndáiríre? (*Línte 13–14*)

4. Luaigh íomhá amháin chumhachtach sa dán agus mínigh an fáth a bhfuil sí tábhachtach. (*Línte 3–6, 11–14*)

5. Cad iad na mothúcháin atá le brath sa dán seo? Luaigh dhá cheann. (*Línte 1–2, 10–14*)

6. Cad a dúirt an leaid óg faoin bhfón? (*Líne 7*)

7. Cén cur síos a rinne an leaid óg ar an árasán? (*Línte 3–6*)

8. Cén íomhá a thug le fios nach raibh sé ag insint na fírinne? (*Línte 11–14*)

9. Déan cur síos ar shuíomh amháin sa dán. (*Líne 14*)

_____

_____

_____

10. An maith leat an dán seo? (*Freagra oscailte, ach tagairt don dán ar fad*)

_____

_____

_____

Spás le haghaidh nótaí breise

Dán 5

'Úirchill an Chreagáin'
le hArt Mac Cumhaidh

Ag Úirchill an Chreagáin sea chodail mé aréir faoi bhrón

'S le héirí na maidne **tháinig ainnir fá mo dhéin le póig**[1]

Bhí **gríosghrua ghartha aici**[2] agus **loinnir ina céibh mar ór**[3]

'S gurbh é íocshláinte an domhain bheith ag amharc ar an ríoghain óir. *4*

Ó a fhialfhir charthannaigh[4] ná caitear thusa **i néalta bróin**[5]

Ach éirigh go tapaidh agus aistrigh liom siar sa ród

Go tír dheas na meala nach bhfuair **Gaillibh inti réim go fóill**[6]

'S gheobhair aoibhneas ar hallaí a' mo mhealladhsa le siamsa ceoil. *8*

'Sé mo ghéarghoin tinnis[7] gur theastaigh uainn Gaeil Thír Eoghain

Agus **oidhrí an Fheadha**[8] gan seaghais faoi léig dár gcomhair

Géaga glandaite Néill Fhrasaigh[9] nach dtréigfeadh an ceol

'S chuirfeadh éideadh fán Nollaig ar na hollaimh bheadh ag géilleadh dóibh[10]. *12*

A théagair[11] 's a chuisle más cinniúin duit mé mar stór

Tabhair léagsa is gealladh[12] sula rachaidh muid ar aghaidh sa ród

Má éagaim fán tSionainn **i gCríoch Mhanainn**[13] nó fán Éigipt Mhór

Gurb' i gCill chumhra an Chreagáin a leagfar mé **i gcré faoi fhód**[14]. *16*

[1] *A maiden came to kiss me*

[2] *Her cheeks were aflame*

[3] *Her locks shone bright with a golden flame*

[4] *Oh noble and generous man*

[5] *Clouds of sorrow*

[6] *Foreigners have not yet held power there*

[7] *My deepest grief*

[8] *Heirs of the Feadha*

[9] *The noble branches of Niall Frasach*

[10] *And who'd clothe the learned for whom they were patrons in robes come Christmastime*

[11] *Oh darling*

[12] *Then give me your pledge*

[13] *In the Isle of Mann*

[14] *In the clay under sod*

Achoimre ar an Dán

Chodail an file in Úirchill an Chreagáin agus tháinig bean álainn chuige i mbrionglóid. Thug sí cuireadh dó dul léi go tír álainn gan tionchar na nGall le feiceáil ann. Mhothaigh an file brónach faoi staid na nGael i dTír Eoghain. Luaigh sé na laochra agus na scoláirí a chaomhnaigh an cultúr. Ghlac sé leis nach raibh a dhúchais chomh láidir is a bhí tráth. D'iarr sé go leagfaí é i gcré a bhaile dúchais dá bhfaigheadh sé bás i gcéin.

Foclóir Úsáideach

Gaeilge	Béarla
Úirchill an Chreagáin	Creggan Graveyard
Ainnir	Young beautiful girl
Gríosghrua ghartha	Warm red cheeks
Loinnir ina céibh	Shine in her hair
Íocshláinte	Healing/comfort
A fhialfhir charthannaigh	Oh generous, kind man
Néalta bróin	Clouds of sadness
Réim	Rule/control
Aoibhneas	Happiness/joy
Mealladh	Attraction/charm
Géarghoin tinnis	Deep pain/illness
Oidhrí	Heirs/inheritors
Géaga glandaite	Pure branches/noble descendants
Ollaimh	Poets/high-status scholars
A théagair	Oh darling
Cinniúint	Destiny
Cré faoi fhód	Earth/burial place

CLEACHTAÍ

Meaitseáil na focail Ghaeilge agus Bhéarla.

Focal Gaeilge	Focal Béarla	Freagraí	
A. Úirchill an Chreagáin	1. Rule/control	A	7
B. Ainnir	2. Pure branches/noble descendants	B	
C. Gríosghrua ghartha	3. Attraction/charm	C	
D. Loinnir ina céibh	4. Young beautiful girl	D	
E. Íocshláinte	5. Shine in her hair	E	
F. A fhialfhir charthannaigh	6. Poets/high-status scholars	F	
G. Néalta bróin	7. Creggan Graveyard	G	
H. Réim	8. Healing/comfort	H	
I. Aoibhneas	9. Heirs/inheritors	I	
J. Mealladh	10. Warm red cheeks	J	
K. Géarghoin tinnis	11. Destiny	K	
L. Oidhrí	12. Happiness/joy	L	
M. Géaga glandaite	13. Clouds of sadness	M	
N. Ollaimh	14. Oh generous, kind man	N	
O. A théagair	15. Oh darling	O	
P. Cinniúint	16. Deep pain/illness	P	

CEISTEANNA BUNÚSACHA

1. Cé a tháinig chuige sa bhrionglóid? (Léigh: 'tháinig ainnir fá mo dhéin le póig')
   _____
   _____

2. Cén chuma a bhí ar an ainnir? (Léigh: 'Bhí gríosghrua ghartha aici agus loinnir ina céibh mar ór')
   _____
   _____

3. Cad a d'iarr sí ar an bhfile? (Léigh: 'Ach éirigh go tapaidh agus aistrigh liom siar sa ród')
   _____
   _____

4. Cén fáth a raibh brón ar an bhfile? (Léigh: ''Sé mo ghéarghoin tinnis gur theastaigh uainn Gaeil Thír Eoghain')
   _____
   _____

5. Cá háit ar mhaith leis a bheith curtha dá bhfaigheadh sé bás? (Léigh: 'Gurb' i gCill chumhra an Chreagáin a leagfar mé i cré faoi fhód')
   _____
   _____

6. Cad a léirigh an file faoina mhuintir agus a shinsearacht? (Léigh: 'Géaga glandaite Néill Fhrasaigh nach dtréigfeadh an ceol')
   _____
   _____

Téamaí Úirchill an Chreagáin

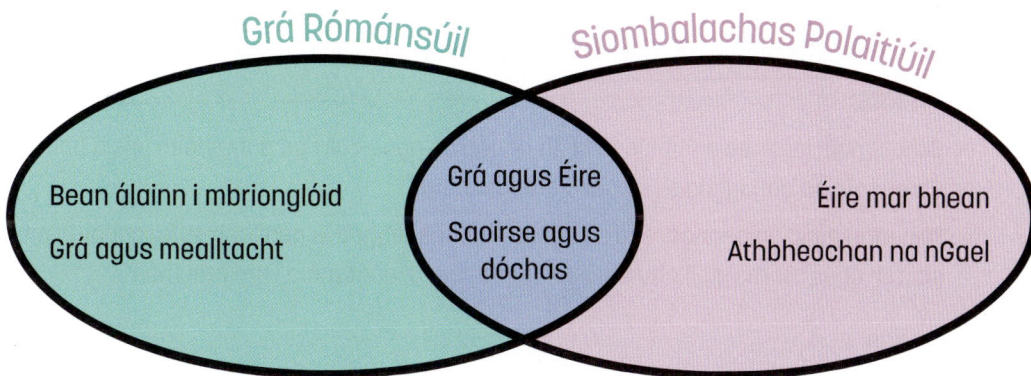

Grá Rómánsúil

Siombalachas Polaitiúil

Bean álainn i mbrionglóid

Grá agus mealltacht

Grá agus Éire

Saoirse agus dóchas

Éire mar bhean

Athbheochan na nGael

CLEACHTAÍ

Léigh na habairtí agus líon na bearnaí leis na focail thíos.

Focail le cur isteach: ainnir, íocshláinte, cinniúint, Tír Eoghain, cré faoi fhód

Bhí an file ina luí ag Úirchill an Chreagáin i d_____.

Tháinig _____ chuige i mbrionglóid.

Dúirt sí go bhfaigheadh sé _____ sa tír álainn a luaigh sí.

Labhair sí faoina _____ agus d'iarr sí air dul léi.

Luaigh an file gur mhaith leis a bheith curtha i g_____.

PRÍOMHTHÉAMAÍ AN DÁIN

1. An Cogadh

Bhí Éire **faoi chois ag**[15] na Sasanaigh sa 17ú haois. **Chaill na Gaeil a gcumhacht agus a dtalamh**[16]. Deir an file, ''Sé mo ghéarghoin tinnis gur theastaigh uainn Gaeil Thír Eoghain' agus 'Go tír dheas na meala nach bhfuair Gaillibh inti réim go fóill'. Bhí brón air faoi sin.

2. An Aisling

Tháinig bean álainn chuige sa bhrionglóid agus **d'impigh sí air**[17] dul léi go háit shíochánta. Thug sí **dóchas**[18] dó faoin saol a d'fhéadfadh a bheith ann.

Léirítear é seo sa líne: 'tháinig ainnir fá mo dhéin le póig'. Dúirt sí leis, 'Ach éirigh go tapaidh agus aistrigh liom siar sa ród / go tír dheas na meala'.

3. Tírghrá

Léirigh an file grá mór dá mhuintir, dá thír agus dá oidhreacht Ghaelach. Luaigh sé muintir Uí Néill agus an ceol a chaomhnóidís: 'Géaga glandaite Néill Fhrasaigh nach dtréigfeadh an ceol'.

4. Brón agus Dóchas

Bhí uaigneas ar an bhfile faoi staid na tíre, ach thug an bhean dóchas agus misneach dó. Spreag sí é chun coinneáil **ag creidiúint i dtodhchaí níos fearr**[19]. D'impigh sí air, 'ná caitear thusa i néalta bróin' Dúirt sí má thagann sé léi 'gheobhair aoibhneas ar hallaí a' mo mhealladhsa le siamsa ceoil'.

5. An Bás

Bhí ceangal láidir ag an bhfile lena áit dhúchais agus dúirt sé gur mhaith leis a bheith **curtha**[20] i gCill Chreagáin dá bhfaigheadh sé bás **i dtír iasachta**[21].

Feiceann muid an ceangal seo sna línte: 'Tabhair léagsa is gealladh sula rachaidh muid ar aghaidh sa ród' agus 'Gurb i gCill chumhra an Chreagáin a leagfar mé i cré faoi fhód'.

---

[15]Under the control of
[16]The Irish lost their power and land

[17]She pleaded with him
[18]Hope

[19]Believing in a better future

[20]Buried
[21]In a foreign land

CEISTEANNA BUNÚSACHA

1. Cé a chuir Éire faoi chois sa 17ú haois? (*An Cogadh*)

_____

_____

2. Cé a tháinig chuig an bhfile sa bhrionglóid? (*An Aisling*)

_____

_____

3. Cé a luaigh an file mar shampla dá mhuintir Ghaelach? (*Tírghrá*)

_____

_____

4. Cad a mhothaigh an file mar gheall ar staid na tíre? (*Brón agus Dóchas*)

_____

_____

5. Cá háit ar mhaith leis an bhfile a bheith curtha? (*An Bás*)

_____

_____

Anois scríobh faoi na príomhthéamaí sna boscaí thíos.

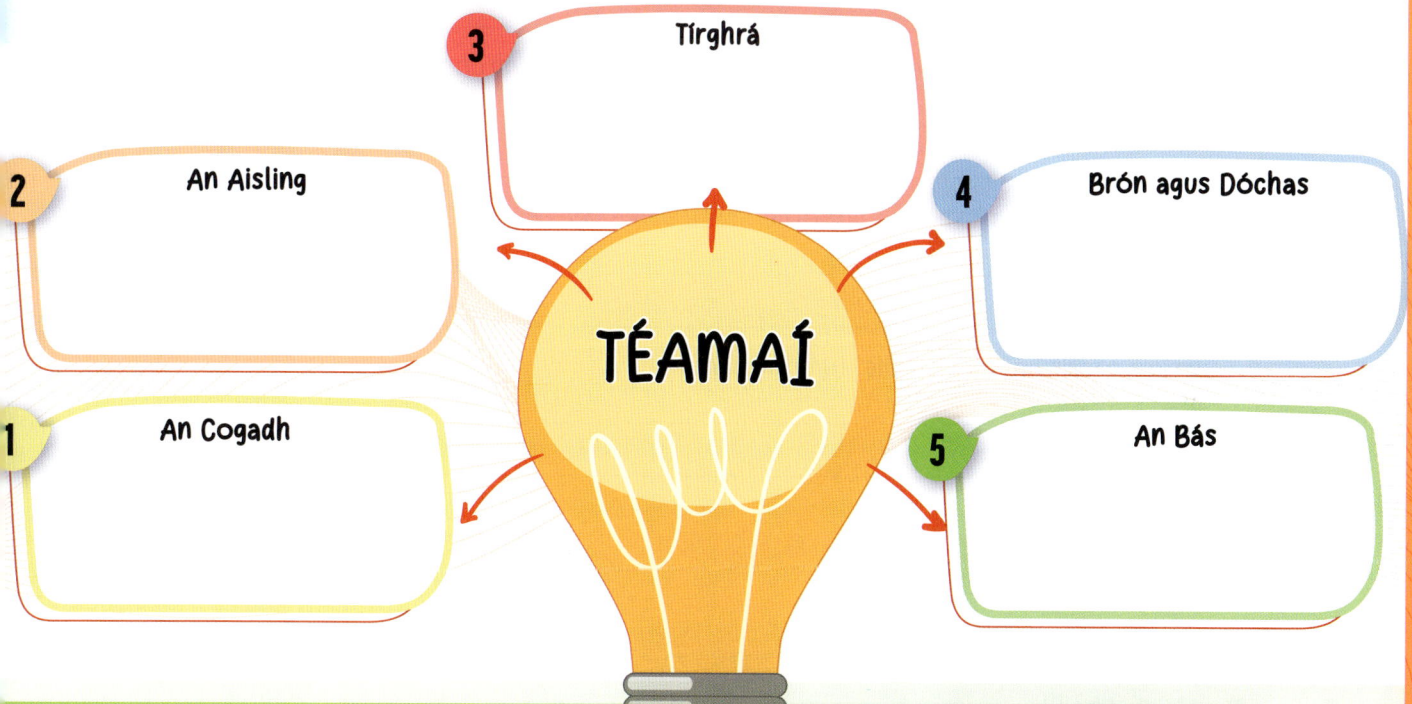

3 Tírghrá

2 An Aisling

4 Brón agus Dóchas

TÉAMAÍ

1 An Cogadh

5 An Bás

ÍOMHÁNNA AN DÁIN

1. Bean Álainn

Chonaic an file bean álainn sa bhrionglóid. Bhí sí ina siombail d'Éirinn álainn agus neamhspleách. Bhí cuma spéisiúil agus uasal uirthi.

Dúirt an file gur 'tháinig ainnir fá mo dhéin le póig'. Bhí '**gríosghrua ghartha**[22] aici', agus '**loinnir ina céibh**[23] mar ór'.

[22]*Rosy cheeks*
[23]*Shine in her hair*

2. Tír Álainn Chaillte

Shamhlaigh an bhean[24] áit álainn agus saor ó dhaoirse na Sasanach, 'tír dheas na meala'. Bhí sí difriúil le hÉirinn an ama sin, agus thug sí dóchas faoin tsaoirse a d'fhéadfadh a bheith sa tír arís.

[24]*The woman imagined*

Thug sí cuireadh dó éalú agus teacht léi 'Go tír dheas na meala nach bhfuair Gaillibh inti réim go fóill'.

3. Brón ar Éirinn

Bhí an file croíbhriste faoin gcaoi ar caitheadh leis na Gaeil agus faoin gcailliúint cultúrtha. Luaigh sé Tír Eoghain agus na laochra a bhí imithe: ''Sé mo ghéarghoin tinnis gur theastaigh uainn Gaeil Thír Eoghain'.

4. Dóchas agus Bás

Tháinig dóchas leis an mbean agus le fís na tíre sa bhrionglóid, ach d'aithin an file a dheireadh féin freisin. Dúirt sé gur mhaith leis a bheith curtha i gCill Chreagáin, ag léiriú a ghrá dá bhaile dúchais: 'Gurb' i gCill chumhra an Chreagáin a leagfar mé i gcré faoi fhód'.

229

CEISTEANNA BUNÚSACHA

1. Cad a chonaic an file ina bhrionglóid? (*Bean Álainn*)

    _____

    _____

2. Cén dath a bhí ar ghruaig na mná? (*Bean Álainn*)

    _____

    _____

3. Cén íomhá a thugann an bhean don fhile faoi thír shaor? (*Tír Álainn Chaillte*)

    _____

    _____

4. Cén áit ar mhaith leis an bhfile a bheith curtha? (*Dóchas agus Bás*)

    _____

    _____

5. Cén fáth a raibh brón ar an bhfile? (*Brón ar Éirinn*)

    _____

    _____

Anois scríobh faoi na híomhánna sna boscaí thíos.

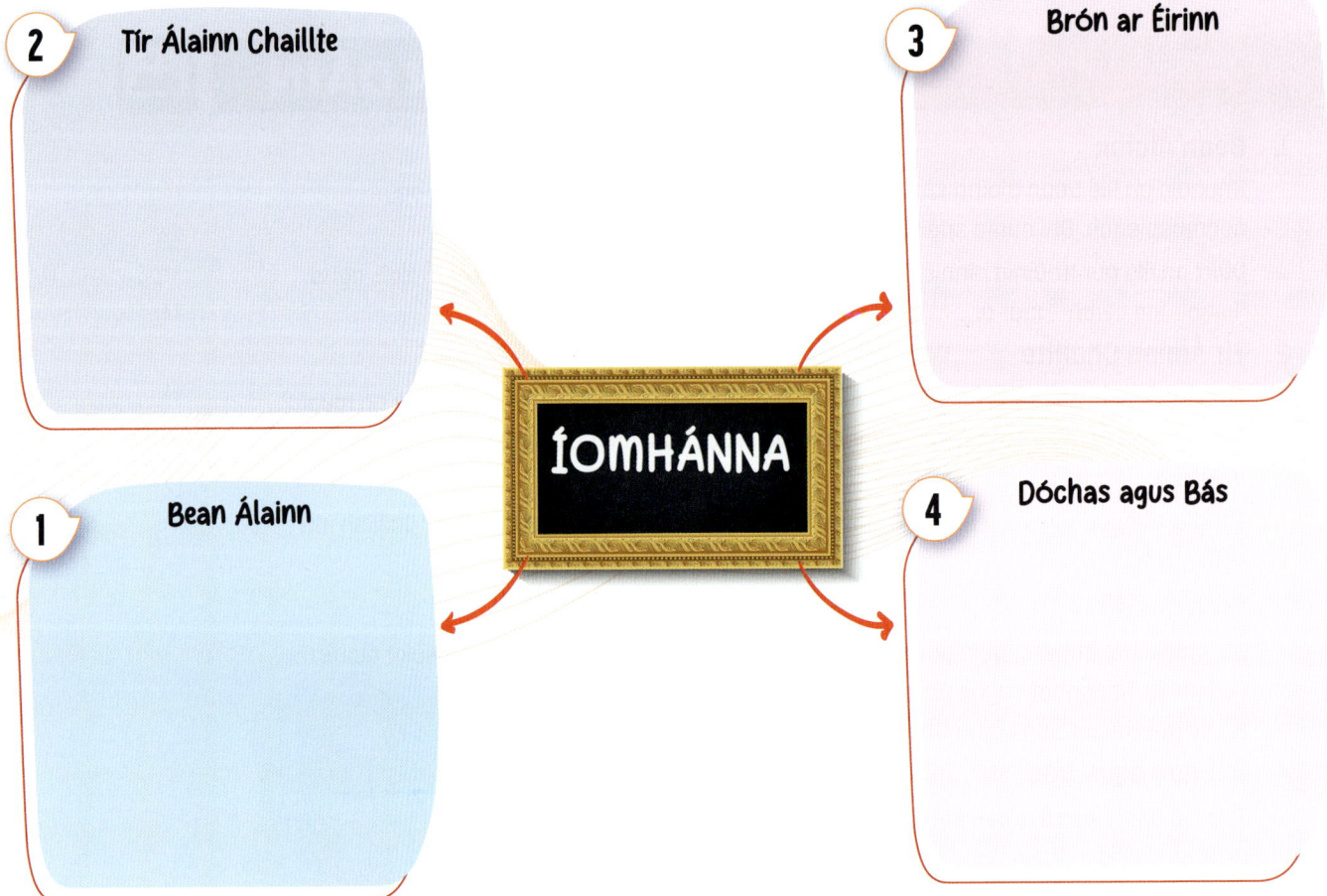

2 Tír Álainn Chaillte

3 Brón ar Éirinn

ÍOMHÁNNA

1 Bean Álainn

4 Dóchas agus Bás

MOTHÚCHÁIN AGUS ATMAISFÉAR AN DÁIN

1. **Brón agus Cumha**[25]

   Bhí brón agus cumha ar an bhfile faoina thír dhúchais. Smaoinigh sé ar laethanta na nGael nuair a bhí Éire láidir agus saor.

   ''Sé mo ghéarghoin tinnis gur theastaigh uainn Gaeil Thír Eoghain / agus oidhrí an Fheadha gan seaghais faoi líg dár gcomhair'

   [25]*Sadness and longing*

2. **Dóchas agus Spreagadh**[26]

   Thug an bhean sa bhrionglóid dóchas don fhile. D'iarr sí air dul léi go tír álainn agus saor, rud a thug dóchas dó faoi thodhchaí níos fearr.

   'Ach éirigh go tapaidh agus aistrigh liom siar sa ród / go tír dheas na meala'

   [26]*Hope and inspiration*

3. **Tírghrá agus Grá don Chultúr**

   Léirigh an file grá láidir dá thír, dá mhuintir agus dá chultúr. Mhol sé na filí, na laochra agus an ceol mar chuid den oidhreacht Ghaelach.

   'Géaga glandaite Néill Fhrasaigh nach dtréigfeadh an ceol / 's chuirfeadh éideadh fán Nollaig ar na hollaimh bheadh ag géilleadh dóibh'

CEISTEANNA BUNÚSACHA

1. Cad a mhothaigh an file faoina thír dhúchais? (*Brón agus Cumha*)

   _____

   _____

2. Cé a thug dóchas don fhile sa dán? (*Dóchas agus Spreagadh*)

   _____

   _____

3. Cén áit ar iarr an bhean ar an bhfile dul ann léi? (*Dóchas agus Spreagadh*)

   _____

   _____

4. Cad a léirigh grá an fhile don chultúr? (*Tírghrá agus Grá don Chultúr*)

   _____

   _____

5. Cén saghas daoine a luaigh an file mar chuid den chultúr Gaelach? (*Tírghrá agus Grá don Chultúr*)

   _____

   _____

Scríobh faoin atmaisféar agus na mothúcháin sna boscaí thíos.

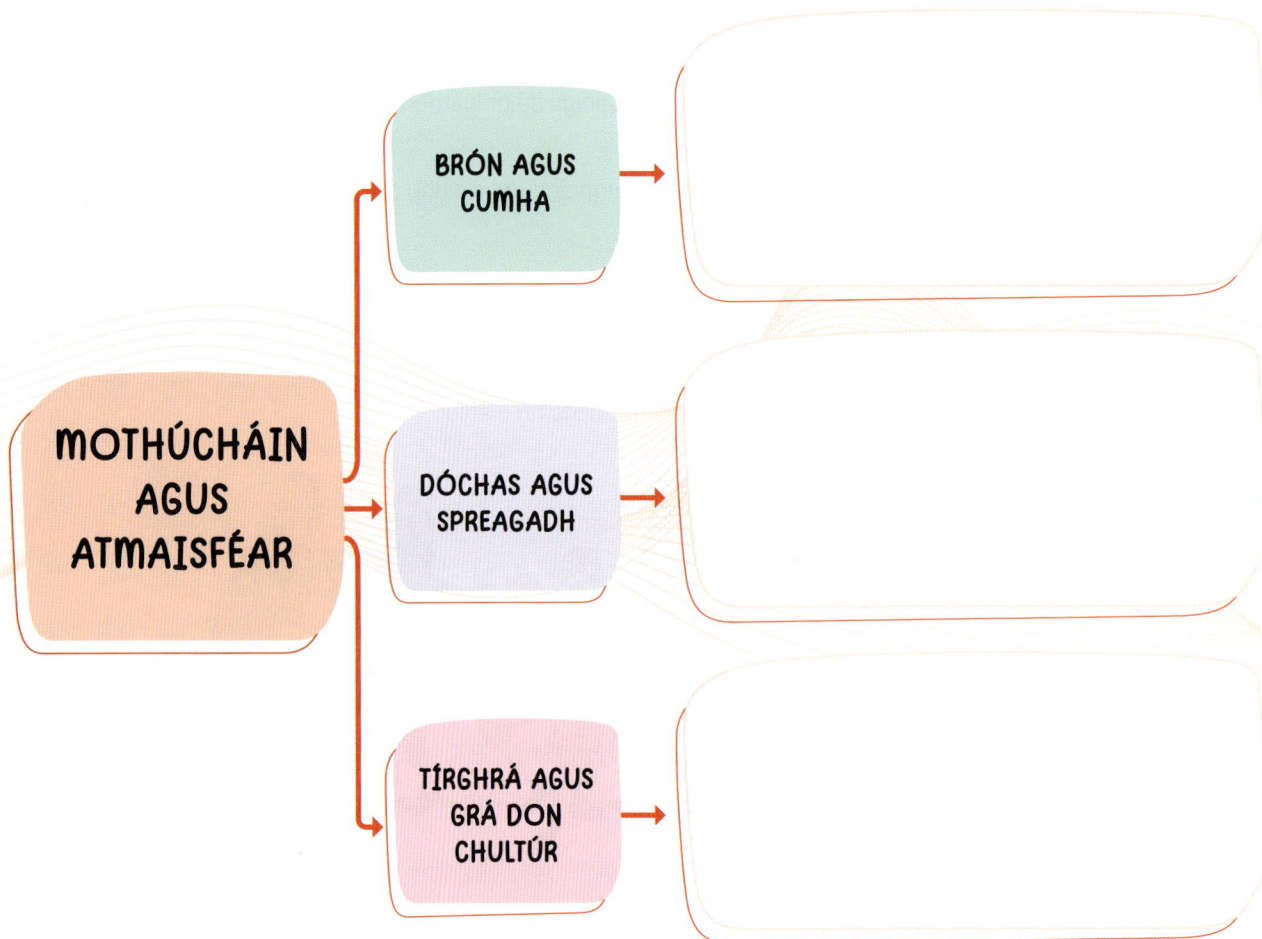

MOTHÚCHÁIN AGUS ATMAISFÉAR

→ BRÓN AGUS CUMHA →

→ DÓCHAS AGUS SPREAGADH →

→ TÍRGHRÁ AGUS GRÁ DON CHULTÚR →

FREAGRAÍ SAMPLACHA ARDTEISTIMÉIREACHTA

Ceist: Cén fáth a raibh brón ar an bhfile sa dán?

Bhí an file faoi bhrón mar chaill a mhuintir a saoirse agus a gceannairí, agus bhí Éire faoi chois ag na Gaill. Tosaíonn an dán leis an líne: 'Ag Úirchill an Chreagáin sea chodail mé aréir faoi bhrón'. Léiríonn sé gur mheabhraigh an file Éire na nGael, tráth a raibh neamhspleáchas, ceol agus cultúr láidir ann.

Ceist: Cé a thug dóchas don fhile sa bhrionglóid?

Tháinig 'ainnir' chuige agus thug sí sólás dó. Bhí sí go hálainn: 'Bhí gríosghrua ghartha aici agus loinnir ina céibh mar ór'. Thug sí cuireadh dó teacht léi 'go tír dheas na meala', áit nach bhfuair 'Gaillibh inti réim go fóill'. Ba í íomhá na saoirse í.

Ceist: Céard dó ar sheas an bhean don fhile?

Sheas sí don dóchas, don tsaoirse agus don Ghaeilge. Ba í 'íocshláinte an domhain bheith ag amharc ar an ríoghain óir'. Is siombail í den Éirinn shaibhir Ghaelach a theastaigh uaidh a fheiceáil arís: tír álainn gan tionchar na nGall inti.

Ceist: Cén áit ar iarr an bhean ar an bhfile dul ann léi?

Thug sí cuireadh dó teacht 'go tír dheas na meala / nach bhfuair Gaillibh inti réim go fóill'. Seasann an áit seo do thír idéalach, saor ón gcoilíneacht, lán de cheol agus d'aoibhneas: 'Gheobhair aoibhneas ar hallaí a' mo mhealladhsa le siamsa ceoil'.

Ceist: Conas a léirigh an file a ghrá don chultúr Gaelach?

Labhair sé le meas faoi 'oidhrí an Fheadha' agus faoi 'géaga glandaite Néill Fhrasaigh', daoine a sheas don Ghaeilge, don cheol agus don eagna. Luaigh sé freisin na 'hollaimh bheadh ag géilleadh dóibh' agus an nós 'éideadh fán Nollaig' a chur orthu, ag léiriú a mheas ar an oideachas, ar an litríocht agus ar an gcultúr Gaelach.

Ceist: Cén áit ar mhaith leis an bhfile a bheith curtha, agus céard a léiríonn sé sin faoina chuid mothúchán?

FREAGRA

Ba mhaith leis an bhfile a bheith curtha in Uirchill an Chreagáin, a áit dhúchais, má fhaigheann sé bás i dtír i bhfad i gcéin. Deir sé go soiléir:

'Má éagaim fán tSionainn / i gCríoch Mhanainn nó fán Eigipt Mhór / Gurb' i gCill chumhra an Chreagáin a leagfar mé i gcré faoi fhód'.

Léiríonn sé seo grá domhain don bhaile dúchais, don tír, agus don mhuintir Ghaelach. Tá sé dílis dá oidhreacht agus tá brón air mar mhothaíonn sé nach bhfuil a thír ná a phobal i gceart leis níos mó, tar éis do na Sasanaigh teacht i gceannas.

Ceist: Conas a léirítear brón agus dóchas sa dán? Tabhair samplaí.

FREAGRA

Léirítear brón ón tús nuair a deir an file: 'chodail mé aréir faoi bhrón'. Tá uaigneas agus caillteanas le brath nuair a labhraíonn sé faoi na Gaeil a 'theastaigh uainn', agus faoi 'géaga glandaite Néill Fhrasaigh' nach bhfuil i réim níos mó. Tá a chultúr agus a cheannairí faoi chois, agus tá an ceol, oideachas agus neamhspleáchas imithe.

Ach tagann dóchas leis an ainnir a thug cuairt air sa bhrionglóid. Deir sí leis:

'Eirigh go tapaidh agus aistrigh liom siar sa ród / go tír dheas na meala...'

Tugann sí fís dó de thír shaor álainn gan tionchar na nGall: 'nach bhfuair Gaillibh inti réim go fóill'. Is siombail í den neamhspleáchas agus d'athbheochan na hEireann. Tugann an bhrionglóid sólás, dóchas agus spreagadh don fhile.

SCILEANNA SCRÍBHNEOIREACHTA

1. Cad a tharla do Ghaeil Thír Eoghain de réir an fhile? (*Línte 6–7*)

2. Cén íomhá a chruthaigh an file dá thír sa bhrionglóid? (*Línte 1–4*)

3. Cén dóchas a thug an ainnir don fhile? (*Línte 6–7*)

4. Cad a léiríonn an líne faoi Chill Chreagáin dúinn? (*Líne 16*)

5. Cad a thugann an dán le fios faoi fhís an fhile d'Éirinn? (*Línte 1–4, 6–7*)

6. Tabhair dhá shampla den bhrón a mhothaigh an file sa dán. (*Línte 1–7*)

7. Scríobh síos dhá rud a d'iarr an ainnir ar an bhfile. (*Línte 3–4*)

8. Tabhair dhá shampla d'íomhánna áille nó brónacha sa dán. (*Línte 3–4, 6*)

9. Scríobh síos dhá rud a léiríonn meas an fhile ar an oideachas nó ar scoláirí. (*Línte 8–9*)

10. Tabhair dhá shampla den teanga a léiríonn brionglóid nó aisling sa dán. (*Línte 1–2*)

Spás le haghaidh nótaí breise

Nótaí